문화 / 메타문화

문화 / 메타문화

프란시스 뮬런 지음 / 임병권 옮김

메타/메타문화

지은이 | 프란시스 뮬런
옮긴이 | 임병권
펴낸이 | 한기철
편집장 | 이리라
편집 및 제작 | 신소영, 이여진, 전미현

2003년 6월 1일 1판 1쇄 박음
2003년 6월 10일 1판 1쇄 펴냄

펴낸 곳 / 도서 출판 한나래
등록 / 1991. 2. 25. 제22 - 80호
주소 / 서울시 송파구 신천동 11-9, 한신오피스텔 1419호
전화 / 02) 419 - 5637 · 팩스 / 02) 419 - 4338 · e-mail / editor1@hannarae.net
www.hannarae.net

Culture / Metaculture by Francis Mulhern

필름 출력 / DTP HOUSE · 인쇄 / 상지사 · 제책 / 성용제책
공급처 / 한국출판협동조합 [전화: 02) 716 - 5616, 팩스: 02) 716 - 2995]

Copyright ⓒ 2000 Francis Mulhern
Korea Translation Copyright ⓒ 2003 Hannarae Publishing Co.
This Translation is published by arrangement with Francis Mulhern c/o Routledge Limited
UK through Korea Copyright Center(KCC), Seoul.

문화 / 메타문화 - Francis Mulhern 지음, 임병권 옮김
―― 서울: 한나래, 2003.
294p.: 23cm(패러다임 총서)

Culture / Metaculture

KDC : 331.5
DDC : 306
ISBN : 89 - 5566 - 015 - 4 93800

1. Culture I. Mulhern, Francis II. 임병권 옮김.
III. Title ―― Culture / metaculture

차례

1부 문화 비평

2부 문화 연구

감사의 말

나는 존 드래커키스의 관대한 마음 덕분에 이 책을 쓸 수 있었다. 더욱 더 고마운 점은 이 책을 끝마칠 때까지 내 게으름을 그가 잘 참아 주었다는 점이다. 아울러 내 책에 대한 그의 비평적 격려와 충고에 대해서 깊은 감사를 드린다.

이 책의 여러 부분들과 전반적인 논쟁점은 세미나 논문의 형태로 이전에 발표되었다. 이런 기회들에 대해서 믹 자딘, 마리아 엘리사 세바스코와 태드히 폴리에게도 감사를 드리고, 킹 알프레드 유니버시티 칼리지(윈체스터)와 상 파울로 대학, 그리고 아일랜드 국립 대학(골웨이) 등에 근무하는 이들의 동료들에게도 감사를 드린다.

전반적인 쟁점의 최초 형태는 <트라베시아 *Travesia*> (지금은 <라틴 아메리카 문화 연구 저널 *Journal of Latin American Cultural Studies*>로 바뀜)와 <월 서평지 *Monthly Review*>에 실렸다. 이 잡지들의 편집자에게 감사를 드린다. 특히, 존 크래니오스카스와 엘렌 마이크신즈 우드에게 감사를 드린다. 나는 <래디컬 필로

소피 *Radical Philosophy*〉(1996년 5, 6월 합본호)에 발표한 "복지 문화 A Welfare Culture"의 일부 자료를 다시 인용했다. 이 점에 대해 편집자들에게 감사를 드린다.

레이첼 맬릭과 피터 오스본은 비평적 지원을 아끼지 않았다. 이들에게 특별한 감사를 전한다.

옮긴이 말

문화라는 단어가 사람들의 관심을 끌기 시작한 지도 벌써 상당히 많은 시간이 흘렀다. 이렇게 문화라는 단어가 관심을 끈 이유는 무엇일까? 문화라는 단어의 의미가 단일했던 시기도 있었지만, 오늘날에 와서는 우리 사회의 경우에도 문화의 의미는 복수의 형태를 갖기 시작했다. 이런 다양한 문화의 의미를 우리 사회가 받아들일 수 있게 된 배경은 무엇일까? 뮬런의 책은 이 점을 역사적 관점에서 보여 준다. 동시에 버지니아 울프나 오웰 또는 엘리엇 등과 같은 작가들의 글을 통해 문학과 문화의 관련성을 집어낸다.

문화 연구가 최근에 이처럼 주목을 끌 수밖에 없는 이유는 여러 가지가 있겠지만, 그 가운데 하나는 아마도 이른바 '인문학의 위기' 의식과 관련이 있을 것이다. (인)문학 위기의 실체는 서구에서 문학이 종교적 권위의 자리를 대신하면서, 문학의 위대성이나 미적 감상 등과 같은 두 가지 개념이 인문학과 문학 교육의 핵심을 이루고 있다는 기본 전제와 관련을 맺고 있다. 우리의 경우 역시 문학이 사회를 인간답게 해 준다는 명제에 지나친 기대를 하는 것으로 보인다. 만일 (인)문학이 우리 사회의 이상에 대한 가장 심오한 표현을 제공하는 것이라면, 당연히 사회적 위기는 인문적 작업 속에 반드시 반영되어야 한다고 본다. 그 이유는 (인)문학의 위기가 사회적 위기를 반영하지 못해서 온 것이라고 본다면, (인)문학에서 전통적으로 주장하는 최고의 가치들 역시 사회적 위기를 반영하는 학문적 실천이 없다면 공허한 담론에 지나지 않을 수 있기 때문이다.

문화 연구는 그 발생론적인 면에서 보자면 문학과 깊은 관련을 맺고 있다. 물론 이 점도 '(인)문학의 위기' 의식과 무관하지는 않다. 사실 문화 연구는 문학 연구를 기초로 해 생산되었고, 전통적인 의미에서의 고급 문학이라는 실천 행위를 넘어서려는 시도를 해 왔다고 볼 수 있다. 뮬런은 이런 점을 의식하고 종전의 문화 연구서들과는 달리 소설가나 시인들의 글을 연구 대상으로 택해 자신의 논지를 전개한다. 실제로 문화 연구의 문을 본격적으로 연 사람들은 주로 문학을 전공한 사람들이었다. 문화 연구를 본격적으로, 달리 말하면, 학문적으로 성립시킨 영국의 호가트나 윌리엄스와 같은 현대 문화 연구소의 문화 연구자들은 기존의 문학이라는 범주가 미학적인 면과 도덕적 가치 면에서 일종의 부르주아적 세계관을 재생산하는 교육 장치의 주요 역할을 담당해 왔다는 점을 밝혀냈다. 이러한 부르주아 세계관의 재생산은 그 부르주아 세계관을 지탱해 주는 대립적 요소가 필요했다. 그것은 바로 대중 문화 또는 대중 문학이다. 제도로서의 문학은 문학의 대립항 역할을 하는 대중 문화를 생산해 낸 다음, 그 대중 문화에 의해 이른바 대문자로서의 문학에 특권을 부여하는 일종의 메커니즘을 추구하고 확립해 왔다. 이런 메커니즘을 통해 문학은 확고한 자신의 위치를 확립하는데, 문화 연구는 이런 점에 근본적인 의문을 제기한다. 문화 연구는 이런 연구를 통해 기존의 문화적 위계 질서에 의문을 제기해 왔다. 뮬런은 이런 점을 문화 비평과 문화 연구라는 대립항을 통해 명확하게 설명한다.

　이 책의 미덕 중에 하나는 문화에 관한 담론을 두 가지 흐름으로 대별해서 일목요연하게 요약하고 있다는 점이다. 문화 관련 담론에는, 대별하면, 적대적인 두 전통인 문화 비평 *Kulturkritik* 과 문화 연구 *Cultural Studies* 가 있다. 문화 비평이라는 독일어는 영미권에서는 문화 비평 *Cultural Criticism* 으로 옮겨졌고 이런 소박한 번역은 개념상의 혼란을 불러일으켰다. 즉 문화적인 것으로 여겨지는 모든 행위에 대한 모든 종류의 형식적인 토의를 암시하는 일반적인 용어로서 문화 비평이란 단어가 사용되는 경향이 있다는 것이다. 예를 들면, 영화 비평, 패션 논평 등과 같은 문화 현상에 대한 수많은 단순한 비평문이나 글들이 문화 연구인 것처럼 오해되게 된 것이다. 오늘날 우리의 실정도 이와 유사하다고 생각한다. 그러나 문화 비평의 역사적 의미는 협소하다. 문화 비평은 문학 텍스트 또는 문화 텍스트가 이상적인 그 어떤 것을 고양시키는 역할을 할 것을 요구하는 담론을 말한다. 이상적인 그 어떤 것은 인간의 삶을 고양시킬 수 있는 능력을 포함하고 있는 문화 행위를 말한다. 따라서 고급 문화 중심일 수밖에 없다. 문화 연구는 이에 대한 반발로 문화의 개념을 확장시켜 삶의 모든 방식 *a whole way of life* 을 문화라고 보고 텍스트가 이런 삶의 모든 방식을 담지하고 있는 것으로 파악한다. 이런 문화 개념의 변화에 따라서, 텍스트의 경계, 이를테면 대중 문학과 고급 문학 등의 경계를, 또는 장르간의 우열이나 경계도 인정하지 않는 것이 문화 연구의 일반적 추세가 되었다. 물론 뮬런이 문화 비평과 문화 연구가 완전히 대립적이라고 주장하지는 않는다. 궁극적으로는 두 전통의 연속성과 공통점을 찾으려는 노력을 기울인다.

문화 비평에서 문화 연구로의 이행이 이루어지면서 다양한 문화 개념의 수용을 가능하게 해 주었다. 이제는 더 이상 단일한 문화 개념은 존재하지 않는다. 뮬런의 이 책은 '문화'라는 단어의 여러 의미들을 탐구한 책이다. 토마스 만, 줄리앙 방다, 오르테가 이 가세트, 칼 만하임, F. R. 리비스 등에 관한 연구를 통해 문화를 '대중 *mass*'이 중심이 된 근대성에 대한 일종의 치료제로서의 문화 개념을 끌어낸다. 이들의 관점은 문화 비평의 흐름과 깊은 연관을 맺는다. 이들은 문화를 본래 국가적인 가치의 저장고로서 이해하는 경향이 있다. 또한 문화를 사회의 원리로서 간주했다. 다음에는 지그문트 프로이트, 버지니아 울프, 조지 오웰, T. S. 엘리엇, 리처드 호가트 등의 글을 통해서 문화 개념이 어떻게 변화했는지 보여 준다. 즉 문화 비평에서 벗어나서 문화 연구의 바탕이 된 이들의 글을 통해 문화 의미의 다의성이 확보되는 과정을 보여 준다. 달리 말하면, 문화를 규범이란 측면에서 바라보는 것에서 문화를 의미화의 실천 과정으로 파악하기에 이르렀다. 그리고 세계 대전 이후, 본격적으로 전개된 '대중 *popular*' 문화 이론과 문화 연구의 발흥 과정을 논의한다. 뮬런은 문화 연구의 발전에 중요한 역할을 했던 레이먼드 윌리엄스와 스튜어트 홀이라는 두 이론가에 논의를 집중한다. 문화가 권위나 정치와 관련을 맺을 수밖에 없는 점을 설명한다. 마지막으로 비록 다른 존재에 의해서 정의되는 존재이기도 하지만, 문화 스스로 자신에 대해서 말을 할 수밖에 없다는 메타문화 개념을 제시하고 논의를 확장하면서 책을 맺는다.

　　문화의 의미에 관심이 있고, 문화 그 자체가 마치 살아 있는 유기체와 같아서 스스로 말을 하는 존재라는 점을 받아들이는 이들과 이 책을 함께 읽고 싶다. 문학 전공자로서 문화 이론서를 번역하게 된 것은 이제 문학 연구에서도 문화 연구의 관점을 수용하는 것이 문학 연구 방법론에 풍요로움을 더할 수 있다는 생각 때문이었다. 조금이라도 도움이 되었으면 좋겠다.

　　언제나 그렇지만, 번역은 고통스럽고, 시간은 덧없이 흘러간다. 채근하지 않고 기다려 준 출판사에 고마움을 진심으로 전하고 싶다.

2003년 5월
임병권

머리말

문화는 오래 전부터 흔하지 않으며, 상처받기 쉬운 것으로 언급되어 왔으나, 문화가 불러일으키는 논의에 대해서 어느 누구도 그런 식으로 말할 수는 없었다. 오히려, 대조적으로, 문화에 관한 논의 자체는 언제나 대단히 생산적이거나 왕성했다고 볼수 있다. 문화라는 단어에 대해서 우리가 익숙하게 알고 있는 근대적 이해는 지금도 여전히 다소 강하게 존속하고 있다. 즉, 이는 문화를 본래 인간적이거나 본래 국가적인 가치의 저장고로서 이해하는 것을 말한다. 그러나 그러한 이해는 이제 문화를 의미의 일상적인 사회적 세계와 역사적 세계로서, 그리고 모든 형식면에서 '상징적'이거나 의미를 포함하는 행위의 일상적인 사회적 세계와 역사적 세계로서 이해하는 좀더 새로운 태도와 상당히 극단적인 긴장 관계에 있다. 그렇게 확장되고 세속적인 정의의 '문화'는 모든 영역의 학문에 자신의 존재를 새겨 넣었다. 예를 들어, 역사와 사회학 그리고 문학 연구에서는 기본적으로 과거의 개념이 주를 이루었고, 특히 문화 연구에서는 더욱 그러했다. 결론적으로 이 문화 연구 분야에서 당대의

17

도서관에 추가적으로 또 한 권의 책을 감히 더하려 하는 사람은 아주 먼 곳에서 온 여행객들이 흔히 쉽게 받게 되는 그런 환대를 기대해서는 안 된다. 독자들은 이 책이, 손쉽게 구할 수 있는 책들과 어떻게 다른지 알고 싶어 할 것이다. 내 주제는 토론 그 자체다. 즉, 20세기 논쟁의 한 가지 화제로서의 '문화'를, 유럽과 특히 영국에서의 논쟁거리로서의 '문화'를 이야기할 것이다.

과거의 엄격한 사용으로 제한해 보자면, 화제 *topic* 라는 것은 단순히 말해지는 대상이 — 현실의 대상이든 상상 속의 대상이든 상관없이 — 아니다. 화제는 논의시 확정된 용어를 갖고 토의하는 확립된 대상이다. 따라서, 화제는 언제나 모임에 참석한 사람들 사이의 갈등 해소 관계를 암시하는 모임 장소일 뿐이다. 가장 성공적인 화제는 우리가 문자 그대로 당연히 받아들이는 은유로서의 일상적 장소의 *commonplace*[1] 지위를 획득한다. 프랑스 사회학자 피에르 부르디외 Pierre Bourdieu 의 표현을 빌리자면, 화제는 "그룹의 모든 사람들이 만나서 서로를 인식하는 담론의 장소이다"(1993: 168). 내가 여기서 탐험하고 싶어하는 '장소'는 **문화**라고 불리는 장소이다. 즉, 20세기 주요 지적 전통 중의 하나인 **화제로서의 '문화'**를 말한다. 그러한 화제에 대한 내 자신의 재기술再記述은, 이는 내가 화제의 비평적 전치轉置로서 또한 의도하는 것인데, **메타문화** 또는 **메타문화적 담론**이다. 다음 단락들에서는 이런 점들과 이 책의 개념적 용어 속에 들어 있는 다른 중요 요소들을 소개하고, 또 그 논

---

1. 화제를 의미하는 *topic*은 어원적으로 장소와 관련이 있다. *commonplace* 의 사전적 의미는 진부함이지만 여기서는 어원과 관련시켜 해석하는 것이 좋을 듯하다. — 옮긴이

쟁점을 개략적으로 소개하고자 한다.

그리스어 접두사 **메타** *meta*(문자 그대로의 의미는 '후에 *after*' 또는 '함께 *with*'이다)로 식별되는 대부분의 다양한 담론은 한 가지 특징을, 때로는 두 가지 두드러진 특징을 갖는 경향이 있다. 그 특징들은 그러한 담론의 영역에서 가장 일반적이고 근본적인 문제들과 관련을 맺는 경향이 있다. 따라서 프로이트는 정신 생활의 가장 체계적인 이론적 설명을 위해서 '메타심리학'이라는 용어를 준비해 놓았다. 그리고 그 체계적인 이론적 설명은 어느 정도는 대단히 재귀적再歸的인 성격을 띠는데, 결국 스스로 말하는 것의 일부분이 된다. 따라서 '메타픽션'은 허구에 관한 일종의 허구를 지시한다. 메타문화적 담론은 따라서 문화가, 비록 문화가 정의되었다고 하더라도, 자신에 대해서 말하는 담론이다. 좀더 정확하게 말하자면, **메타문화적 담론**은 문화가 자기 자신의 일반성과 존재 조건들을 언급하는 담론이다. 이 공식에서 네 개의 용어를 강조할 필요가 있다. 문제가 되는 것은, 말하자면, 종교적 숭배 의식, 윈도 쇼핑, 시, 성인 교육 등의 수많은 다양한 특수 행위들이 아니라 의미를 만드는 행위의 일반성 *generality* 이다. 그 일반성은 **존재의 사회 – 역사적 조건** *social-historical conditions of existence* 에서, 예를 들어 말하자면 '산업주의'나 '자본주의'나 '근대성' 등으로 개념화될 수 있는 사회 – 역사적 조건에서 드러난다. 메타문화라는 용어는 여러 가지로 두루 쓰일 수 있는 용어인데, 그런 의미에서 볼 때 메타문화는 **담론** *discourse* 이라고 할 수 있다. 즉, 메타문화는 개인의 발화를 자극하고 제한하는, 그리고 발화가 한계를 정하는 의미의 영역에서 개인에게 확고한 입장을 부여하는 역사적으로 형성된 일군의 화제들과 과정들을 말한다. 메타문화적 담론에서 보고 말하고 쓰는 것의 입장은 — 여기서 입장은 어떤 개인이 보고 말하고 쓰는 것을 실천할 때 '되어 가는 *become*' 주체의 종류를 말한다 — **문화 자체** *culture itself* 이다. 여기서 간략하게 말해야 될 것이 더 많이 있을 수 있다. 지금은 우선, 내가 알기에는, 그 누구도, '메타문화적 담론'의 실천자로서 그것을 규정할 수는 없을 것이라는 점을 강조하고자 한다. 메타문화적 담론이라는 용어와 그 용어의 개념은 이 책을 쓰는 비평적 작업을 통해 출현했다. 만일 그 어떤 하나의 용어나 관련 용어 또는 제휴 용어가 여기서 논의되는 모든 저술가들을 연결시킬 수 있다고 말한다면 — 솔직하게 말하면 그런 용어는 없다 — 그 용어는 우리에게 좀더 익숙한 용어인 **문화** *culture* 라는 용어가 될 것이다.

하나의 용어가 하나의 의미만을 가지는 것은 아니다. 마찬가지로 '문화 자체'라는 표현도 안전을 보장받을 수 있는 것처럼 보이지는 않는다. '문화'는 실천과 탐구의 상당히 두드러진 영역을, 때로는 서로 이질적인 영역을 지정했고, 근본적으로 대립적인 주장의 깃발들을 포함하기도 했다. 이 책이 다루는 연대의 광범위함, 즉 1918년부터 현재까지의 광범위함이 발전(또는 쇠퇴)의 단순한 서사 흐름을 암시하지는 않는다. 이 책의 주요 구성 원리는 비교로, 문화에 관한 담론의 상호 적대적인 두 가지 전통을 — 문화 비평 *Kulturkritik* 과 문화 연구 *Cultural Studies* — 강조했다. 이 두 개의 용어들은 여기서 명확하게 규정해야만 한다. 첫 번째 용어, 즉 문화 비평이라는 용어가 더 역사가 오래된 용어이다. 두 번째 용어는 의식적으로 첫 번째 용어에 대립적 태도를 취하면서 형성됐다. 그러나 나의 주요 비평적 관심은 이 두 가지 전통 사이에서 연속성의 증거를 찾는 데 있고, 이 두 가지 전통이 공통적으로 가지고 있는 것처럼 보이는 개념적 **형식** *form* 을 찾는 데 있다. 바로 이 점에서 단수로 처리한 '문화 자체'라는 표현이 그렇게 모호한 표현이 아닌 것을 알 수 있다.

독일 용어 **문화 비평** *Kulturkritik* 은 글자 그대로 영어 '문화 비평 *cultural criticism*'으로 옮겨졌다. 그러나 이러한 소박한 번역이 개념상의 혼란을 불러 일으켰다. 이 영어 용어는 문화적인 것으로 여겨지는 모든 행위에 대한 모든 종류의 형식적인 토의를 암시하는 일반적인 용어로서 널리 이용된다. 문학 비평, 영화 비평, 패션 논평, 당대의 성적 모레스 *mores*[2] 에 관한 설교 등이 이러한 친숙하고 광범위한 의미에서의 문화 비평의 수많은 예들이다. 그러나 **문화 비평**의 역사적 의미는 훨씬 더 협소하다. 그러한 이유 때문에 — 사실은 용이함을 위해 — 나는 이 독일 단어를 적절하게 일반적이면서도 제한적인, 그리고 비평적으로 정확한 용어로서 수입하는 것을 (그리고 그 결과 외국어 표시인 이탤릭체로 인쇄하지 않는 것을) 선호했다. 고전적인 유럽 형식으로서의 **문화 비평**은 자본주의, 민주주의, 계몽주의 등의 새로 출현하는 상징적 세계에 대한, 그리고 사회적 삶의 조건과 과정의 가치에 대한 — 이 가치에 대해서는 최근에 프랑스 학계가 중요한 신조어인 **문명화** *civilisation* 라는 프랑스어 단어를 제공했다(Febvre, 1973: 219 ~57) — 비평적인 담론으로서, 일반적으로는 부정적인 담론으로서, 18세기 후반에 모습을 갖추었다. 유럽 대륙에서 독일은 이러한 담론의 심장부였다. **문명화** *Zivilisation* 가 **문화** *Kultur* 의 이름으

---

2. 인류학 용어로 한 집단의 도덕관을 구현한 사회적 관습으로서 법률처럼 간주되는 것. — 옮긴이

로 처음 의문시된 것은 요한 고트프리트 폰 헤르더 Johann Gottfried von Herder 의 철학사에서였다(1774; 1969: 179~224). **문화 비평**의 두 번째 주요 유럽 중심지는 영국이었고, 독일에 대응하는 영국의 전통은 레이먼드 윌리엄스 Raymond Williams 의 고전적인 연구인 ≪**문화와 사회** Culture and Society≫의 주제였다. 윌리엄스는 이 담론의 "기본적 요소는 우리 일상 생활의 전체적 형식의…… 총체적인 질적 평가를 향한 노력이다"라고 결론을 내렸다(1958; 1961: 285). 또는 내가 용어를 붙였던 것, 즉 상징적 삶의 '일반성'과 '존재의 역사적 조건'이라고 결론을 내렸다. 그러한 노력의 비평적 원천은 시인 매튜 아놀드 Matthew Arnold 에 의해서 1680년대에 '문화'로서 확인을 받았다. 아놀드의 관점에서 보자면, 문화는 규범적인 가치였다. 문화는 '세상에서 사람들이 생각하고 말하는 최상의 것이었고,' '기분 좋음과 빛을 향한 열정이었고,' '완벽에 대한 연구였고,' 조화롭고 일반적인 것이었다. 문화는 '대상을 정말로 있는 그 자체 그대로 아는 일에' 관심을 갖고 있는 '올바른 이성'이었다(1869; 1932). 비록 성격 면에서 발전이 있었다고 해도, 문화는 그 도덕적 영역과 적용 문제에 있어서는 보편적이었고, 분명히 인간다운 것으로부터 출현했으며 인간다운 것을 향했다. 문화는 평범한 계층의 '일상적 자아들'이나 다른 사회적 관심을 제한할 수도 있고, 심지어 지배할 수도 있는 '최선의 자아'였다. 문화는, 그 영역 면에서 국가만큼이나 결속력을 갖고 있는 존재로서, 또 관념적으로는 국가만큼 압도적인 존재로서, 가능한 사회적 질서의 정신적 기초였다.[3] 이런 식의 개념 구성에서 볼 때, 문화는 단순히 가치의 저장고일 뿐만 아니라 홀

---

3. 좀더 상세한 논의를 위해서는 Lloyd & Thomas(1998)를 보라.

룽한 사회의 '**원리** *principle*'이기도 하다. 문화 원리에 관한 아놀드의 진술은, 낭연한 것으로 여겨질 수도 있는 것이지만, 20세기에 영어 사용 비평에서는 고전적이 되었다.[4] 그럼에도 문화의 규범들이 필연적으로 보편적 인간성의 규범들이라는 아놀드의 가설은 좀더 널리 알려진 전통의 전형은 아니다. 헤르더 또한 **인간다움** *Humanität* 과 인간다움의 발전을 가치 있게 여겼다. 그러나 그 '인간다움 *human-ness*'을 조정했던 '문화'는 헤르더에게는 언제나 현실에서는 복수였고 역사와 관련을 맺고 있었다. 문화들은 인간 집단의 삶의 상징적 형식이었는데, 이 상징적 형식은 다양한 조건에서 형성되었고, 새로운 요구와 기회를 접하면서 새로운 모습으로 성장해 갔다. 문명화 과정은, 비록 서로 다른 '인간의' 문화들이라고 할지라도, 이런 다양한 문화들을 똑같이 몰아낼 수도 없고 몰아내서도 안 된다. 이런 문화들의 가장 중요하게 출현하는 변종은 민족이었다. '인간의 본성은, 어떤 철학자가 정의를 내린 것처럼, 절대적이고, 변하지 않으며, 독립적인 행복의 그릇이 아니다. …… 심지어 행복의 이미지도 각 조건과 기후에 따라 변한다. …… 각 민족은, 모든 영역이 중력의 중심을 갖고 있는 것처럼, 그 자체 안에 중력의 중심을 갖고 있다'(Herder, 1969; 1774: 185~6). 여기에서도 문화적 원리가 드러난다. 물론, 민족적 가치로서의, 국민의 '전통적' 가치로서의 문화에 대한 이러

---

4. 도버 윌슨 Dover Wilson 이 1932년에 주석을 붙인 아놀드의 ≪문화와 무정부 *Culture and Anarchy*≫(1869)는 그런 종류의 첫 번째 책이었다. 같은 해 1932년에 케임브리지에서 창간된 잡지 <스크루티니>는 공개적으로 아놀드적인 문화적 전략을 추구했다. 미국의 선도적인 아놀드주의자 라이오넬 트릴링 Lionel Trilling 은 1939년에 아놀드의 자서전 ≪매튜 아놀드 *Matthew Arnold*≫(New York: W. W. Norton)를 출간했다.

한 낭만적인 역강조 *counter-emphasis* 는 아놀드의 휴머니즘과 양립하지 않는 것처럼 보인다. 그러나 지성사知性史가 논리학 교과서의 규칙을 따르지는 않는다. 그리고 곧 보겠지만, 20세기의 문화 비평은 '문화'의 다양성과 그 두 가지의 잡종 생산물들을 모두 인정했고, 그것들은 모두 단일한 담론 형식을 공유했다.

그러나 헤르더 사상의 좀더 위대한 역사적 충격은, 다른 곳에서, 즉 T. S. 엘리엇이 '전반적인 삶의 방식'이라고 부르고 싶어했던 '문화'에 관한 일련의 담론에서 기록되었다. 민족주의의 세계를 변화시키는 힘은 19세기 중엽부터 오늘날까지 이러한 의미에서, 즉 사실상, 민족적 관습처럼 '문화'의 보편적 통용을 보증해 주었다. 형식화된 지적 탐구의 영역에서 문화의 주요 후원자는 20세기 후반까지만 해도 인류학이었다. '문화적' 또는 '사회적' 인류학은 단순히 '문화학 *culturology*'으로서 처음 제시된 학문적 추구를 위해 정해진 이름이었는데, 결국 '조직적 사회의 성격 *superorganic*'⁵을 연구하는 추론적 과학으로서의 모습을 갖추었다. 또한 본능적 행위보다는 학습 행위를 연구하는 추론적 과학으로서의 모습을, 좀더 엄격하게 말하자면, 사회의 '상징화하는 *symboling*' 삶을 연구하는 과학으로서의 모습을 갖추었다(White, 1975). 이런 의미에서 '문화'는 가치 있게 여겨질 수도 있지만(이 객원 인류학자의 광명과 의도에 따르면), 아놀드의 일반적인 의미로 볼 때는, 문화는 규범적인 가치도 아니고, 정신적 자산의 소중한 인간의 재능도 아니었다. 문화는 일정한 사회적 공간에서의 상징적 삶의 총체성이었다. 인류학 그 자체는 이 연구의 범위를

---

5. 전체가 하나의 조직체를 이룬다는 의미에서 조직적 사회를 말한다. — 옮긴이

넘어선다. 그러나 엘리엇의 표현은 과거 세기의 좀더 폭넓은 지적인 삶에서 모범적인 지위를 차지한 수많은 예시들 가운데 하나에 불과할 뿐이고, 특히, 20세기 중엽 영국에서 문화에 관한 새로운 담론이 형성될 때 — 지금은 문화 연구라고 불리게 되었다 — 부여받았던 영적인 가치를 지닌 수많은 예시들 가운데 하나에 불과할 뿐이다. 문화 연구의 그러한 계보(나는 이 책에서 내가 인용하는 참고 사항이 문화 연구라는 이름의 학문적인 실천을 의도한 경우를 제외하고는, 문화 연구란 단어를 진하게 표시하겠다)는 영국 문화 비평의 지속과 전치 *displacement* 라는 복잡한 과정 속에서 출현했다. 그러한 과정에 숨어 있는 이론적 위험은 앞으로의 내용에서 중요한 역할을 한다. 그리고 지금은 우선 서론 부분이 결론에 도달할 수 있을 정도로만 글을 쓸 것이다. '문화 연구'는 한 번 이상 진화를 했다(Carey, 1997; Frow & Morris, 1993). '문화 연구'는 영어 사용권에서는 어느 정도 일정한 확립된 위치를 점하고 있고, 지금은 그 위치를 넘어 영역을 확장시키고 있다. '문화 연구'의 영역은 전 지구적인 것처럼 보인다. 내가 이 책에서 전개하는 비평적 설명은 영국적 상황에 기초를 둔다. 그런데 이런 연구가 내가 알기에도 모든 가능한 문화 연구의 시작도 아니고 끝도 아니다. 동시에, 그러한 다양성 때문에 문화 연구는 그 어떤 다른 분야보다도 국제적으로 대단히 활발한 유행을 창조했다. 그리고 설사 그 다양성이 전 지구적 권위에 대한 특별한 주장을 요구하지는 않지만, 그 다양성의 기록은 특별한 관심을 받을 만하다. 같은 이유로, 여기서 개진되는 논쟁은 영국이라는 배경을 넘어서는 함축적 의미를 지닌다.

'문화 연구'는 상관 있는 탐구 영역의 급격한 확대를 선호했고, 그러한 확대 내에서는 윤리적 측면에서 엄격하게 동등한 수준의 관심을 나타냈다. 의미 작용의 그 어떤 형식이나 실천도, '질 *quality*'이라는 측면에서 어떤 사전 심사가 없어도, 원칙적인 면에서는 자격이 있다. 그러나 이러한 '문화 연구'는 단순히 사회학적이거나 인류학적인 것이 아닌 임무를 지닌 연구들이다. '문화 연구'의 합리적 목적은 '대문자 C로 시작되는 문화'의 역사적 특권을 (문화 비평의 숭고한 가치를 말한다) 취소하고 부차적인 다수(이른바 '대중 *masses*'을 말한다)의 가치와 능동적인 의미를 가능한 대안적 질서의 핵심적인 요소로서 옹호하는 것이었다. '권력 *power*'은 이런 관점에서 볼 때 필연적으로 '정치적'일 수밖에 없는 의미와 분리될 수가 없다(Hall, 1997). 내 주장은 '문화 연구'라는 것이 연구 대상을 오인하는 함정에 빠지기 쉽다는 것이고, 또한 '문화 연구'의 지배적 경향이 문화 비평의 심도 있는 형식을 유지하면서도 — 따라서 문화 연구는 그 자신의 전략적 상상력의 유형으로서 그러한 형식을 반복한다 — 문화 비평의 특수한 사회적 가치를 부정하는 것이었다는 점이다. 그런 형식의 좌표들은 **문화**, **권위**, 그리고 **정치**이다.

문화 연구와 문화 비평이라는 두 가지 영역에서, **문화**는 대상이기도 하고, 또한 그리고 결정적으로, 담론의 주체, 즉 이상적 주체이기도 하다. 보는 행위와 말하는 행위의 조건들을 제공하고, 내가 보는 것과 말하는 것을 결정하고, '내'가 그렇게 하는 것으로 결정하는 것은 문화적 원리 자체(문화 원리가 엘리트적이건 대중적이건 상관없이)이다. 이런 점과 보조를 맞추어서, 문화적 원리는 또한 윤리적으로 타당한 지적 실천의 조건들을 결정한다. 메타문화적 담론은 보통, 다른 무엇보다도, 지적인 직업의 의미에 관한 반영이다. 모든 경우에 궁극적인 이해 관계는 사회적 **권위**이다. '문화 연구'에서 표준이 되어 왔던 무차별적인 의미에서의 '권력'은, 여기서는 부족한 이론적 가치의 무딘 도구이다. 명령적인 사회적 실천들은 — 가장 넓은 의미에서의 명령과 통제의 사회적 실천을 말한다 — 재산의 소유 의식과 통제로부터 파생하는 제재制裁를, 그리고 극단적인 경우에는, '권력'이라는 용어가 가장 잘 드러나는 물리적 강제까지도 포함하는 다양한 형식을 취한다. 문화적 명령은 보통은 그러한 종류의 것은 아니다. 문화적 명령의 지배적인 양식은 그 자체가 실질적인 의미에서는 이미 문화적인 경향이 강한 **권위**이다. 권위 관계는 동의가 비강제적인 바탕에서 확보되는 그러한 관계를 말한다. 명령의 형식으로서 권위의 표시는 마치 권위가 권위에 따르는 사람들로 인해 허용되는 것처럼 모습을 드러낸다. 메타문화적 담론은, 전체적으로 사회적 관계의 관점에서, 가장 일반적인 종류의 논쟁적인 권위적 요구를 제기한다. 문화적 원리는 공적公的 덕목의 근거이다. 문화 비평과 '문화 연구'의 사회적인 측면에서의 대조적인 이상적 주체는 이 점에서 유사하다. 두 흐름 모두 '문화'를 사회의, 필요하지만 보호받지 못하는 진리로 볼 것을 강요한다. 문화가 저주하는 것은 일반적 권위의 우세한 형식, 즉 **정치적인 것** the political 의 부적절함이다. 즉, 선언된 원리에서, 문화 비평의 경우나 자신을 패배시키는 최종적인 함축적 의미로서의 '문화 연구'의 경우에서 근본적으로 문제가 되는 것은, 그러한 것으로서의 정치이다. 고급 문화의 특권에 대한 '문화 연구'의 '정치적' 공격은 동시에 정치의 '문화적' 융해, 즉 메타문화적 담론의 대중적 – 좌파적 *popular-leftist* 변종에 대한 새로운 시도로 드러났다.

이 대담한 주장들에 대한 증거와 그 주장들이 의존하는 정교하고 미묘한 뉘앙스의 논쟁들이 이 책의 실질적 내용이다. 1부는 유럽의 문화 비평에 관한 논의로 시작되는데, 다양한 민족적 감수성과 지적 형태를 탐구한다. 소설가 토마스 만, 철학자들인 줄리앙 방다와 호세 오르테가 이 가세트, 사회학자 칼 만하임, 그리고 문학 비평가 F. R. 리비스 등이 1차 세계 대전과 2차 세계 대전 사이의 '대중' 근대성의 고전적 비평가들로서 함께 논의가 됐다. 지그문트 프로이트, 버지니아 울프, 조지 오웰, 그리고 다양한 마르크스주의 등은 1930년대 그러한 비평의 공통적 가정들이 수용할 수밖에 없었던 강조 사항들을 보여 준다. T. S. 엘리엇과 리처드 호가트는 전 후 영국에서의 새로운 용어들의 문화적 반영을 정의한다. 레이먼드 윌리엄스의 중요한 저술은 문화 비평의 전통을, 비평적으로 회상할 수 있게 해 주고 문화를 이론화하는 새로운 방식을 제공해 준다. 넓은 의미로 이해할 때 '문화 연구'는 이 책에서 논의되는 두 번째 주요 전통이다. 2부에서는, 특히 영국의 전통에 초점을 맞추면서, '문화 연구'의 개념적 형성을 재구성한다. 버밍엄 현대 문화 연구소에 근무했던 스튜어트 홀과 그의 동료들은 미디어 분석, 당대의 정치, 민족성, 마르크스주의, 문화 분석에서의 '포퓰리즘 *populism*' 문제의 논란 등에 관한 토론에서 전면에 나섰다. '문화 연구'에 대한 이러한 토의를 통해서, 내가 비평적으로 우선 하고자 하는 일은 '문화 연구'와 문화 비평과의 관계와 '문화 연구'가 대항하고자 했던 전통을 밝혀내서 이끌어내고, '문화 연구' 자신이 존재에 대해서 빚을 지고 있는 이론과 정치학의 전통, 즉 마르크스주의에 대해 갖고 있는 불투명한 양가적 감정을 설명하는 것이다. 이 책의 결론 부분은 모두 메타문화의 논리에 관한 일반적 분석에, 즉 형식적이고 역사적인 분석에 바쳐졌다. 메타문화의 논리는 구 문화 비평과 신 문화 연구에 공통적으로 있는, 문화와 정치 사이의 관계의 긴장을, 정치적 이성 그 자체를 용해하려는 방법으로 해결하려는 유토피아적 충동을 말한다.

　전체적으로 볼 때, 이 책은 구성면에서 역사적으로 기술되었다. 메타문화적 담론은 한정된 사회적 조건들에서 형성되고 재형성되는 존재로서 이해돼 왔다. 메타문화적 담론의 지배적 문제는 비판적 성격을 지닌다는 점이다. 그런 담론의 형식과 논리는 무엇이며, 그 담론은 어디까지 유효한가? 일반적인 성격을 띠는 그런 질문의 형식은 이 책의 주제적 비율을 차례로 구술한다. 즉, 문화 비평과 '문화 연구'의 과거에 대한 관심과 좀더 새로운 관심이 — 두드러진 주제들만을 언급한다고 하더라도 시장, 계급, 젠더 *gender*, 성 *sexuality*, 인종, 그리고 후기 식민주의 등의 주제가 있다 — 이 책에 존재한다. 그러나 이런 모든 주제 목록들이 독립적인 토의의 대상이 되는 것은 아니다. 문화 연구 분야의 경우 일련의 강의 목록을 제공하는 책들이 많이 있지만, 이 책은 그런 책들 가운데 하나가 아니다. 나는 고정된 기대를 갖고 들어설 수 있는 길만큼 더 쉽게 어려움 속으로 들어가는 길은 없다고 믿으면서 강조한다.

　추가적으로 두 가지 언급을 더 하는 것이 도움이 될지도 모르겠다. 비평적 논평은 논평이 논의하는 텍스트들만큼이나 그 자체가 대단한 작품들이고 — 물론 비평적 논평들이 가치가 없을 수도 있지만 그것은 별개의 문제이다 — 또한 텍스트들의 보충으로서 우리의 노력을 절약해 주는 것으로 제공되는 것처럼 여길 수는 없다. 그리고 이런 경우처럼 개인적 논평들이 단일하고 지속적인 논쟁에서 단계들로써의 기능을 할 때, 독서의 순서는 결정적인 요소가 된다. 이 책은 전체를 고려하면서 쓰여졌고, 또한 일정한 연속선상에서 그렇게 읽히기를 바란다 — 그것이야말로, 책을 통한 가장 좋은 접근 가능 방법이라고 하겠다. 이 책이 속한 시리즈 간행물의 발행 계획과 보조를 맞추면서, 나는 간단한 용어 사전을 — 이를테면 사전의 대용물이나 폭넓은 독서를 위해서가 아닌 — 이 텍스트의 핵심적 용어와 개념적 참고 사항에 익숙하지 않은 독자들을 위한 편리한 대조표로써, 부록으로 실었다.

1부 문화 비평

1 ┃ 대중 문명에 반대하며

1914년 1차 세계 대전의 발생과 1945년 2차 세계 대전의 종전 사이에, 유럽은 유럽 역사에서 가장 격렬한 일반적 변모 중의 하나를 겪었다. 세계 대전 동안에 살인 공장들은 단지 피와 돈만을 집어삼킨 것은 아니었다. 그런 살인 공장들은 제도와 사회 질서와 전통을, 즉 삶의 모든 방식을 집어 삼켜 버렸다. 유럽 대륙의 여러 사회들의 경우, 30년에 걸친 무력 갈등을 겪은 후에, 유럽의 길고 긴 19세기의 그 어떤 흔적도 경제적 무질서와 광적인 문화적 혼란과 싸워서 살아 남지를 못했다. 이렇게 길고 복잡한 연속적인 시간의 중엽 무렵, 분명히 무언가 종말에 가까워지고 있는 것처럼 보였다. 그 결과를 해석하고 어쩌면 영향을 미치려는 투쟁적 노력은 당대의 문화사를 형성한다.

적절한 설명을 하자면, 세계 대전 사이의 자본주의의 모순적인 경험을 강조할 수밖에 없을 것이다. 모순적 경험이란 것은 생산이라는 분야 — 즉, 자동차, 라디오, 영화 등의 새로운 세계 — 에서는 뛰어난 발전과, 재정과 무역 면에서의 혼란, 국내와 국제 사회의 무질서에 직면에서 자유주의 의회가 보여 주는 무력증, 조직화된 노동계의 도전, 그리고 무엇보다도, 혁명적 좌파 공산주의, 파시즘의 행진 등을 의미한다(Hobsbawm, 1994). 대부분의 해석에서, 그 당시와 그 후에, 이러한 정치적 표현들은 선택의 궁극적인 조건들을 보여 주었다. 그러나 또 다른 관점에서 보자면, 그러한 표현들은 근본적으로는 일관성 있고, 아마도 저항할 수 없는 유일한 역사적 경향의 다양한 예들일 뿐이었다. 문화 비평의 실천자인 지식인의 한 사람으로서 볼 때, 역사적 위험이 근대성 *modernity* 의 시대에는 — 이제는 명백하게 드러났지만 **근대성**의 절정기의 특징은, **문명** *civilization* 의 뚜렷한 삶의 형식인 **대중**의 등장이었다 — **문화**의 미래였다. 다섯 가지의 고전적 진술을 보면 새로운 시대에 저항하는 일련의 지적인 그룹을 볼 수 있다. 다섯 명의 뛰어난 작가들은 — 독일인, 프랑스인, 헝가리인, 스페인인, 영국인 각각 한 명을 말한다 — 예언적 스타일을 구체화한다. 토마스 만 Thomas Mann, 줄리앙 방다 Julien Benda, 칼 만하임 Karl Mannheim, 호세 오르테가 이 가세트 José Ortega y Gasset, F. R. 리비스 F. R. Leavers 등이 그 다섯 명이다. 이들은 함께 문화 비평의 잠재적 통일을 구체화한다.

반정치적 토마스 만

≪한 반정치적 인간의 고찰 *Betrachtungen eines Unpolitischen*≫는 1차 세계 대전 중에 쓰여졌고, 전쟁 마지막 주에 그 모습을 드러냈다.[1] 만은 소설은 물론이고 파시즘에 대한 지적인 저항에서 선

---

1. 월터 D. 모리스는 제목의 마지막 단어를 '비정치적 *nonpolitical*'으로 번

구적 역할을 한 작가로도 유명하다. 그러나 ≪한 반정치적 인간의 고찰≫에서 만은 자신을, '마치 억압받지 않는 …… 사적인 편지'에서 쓰는 것처럼, 왜 조국이 프랑스와 영국에 굴복해서는 안 되는지, 그 이유를 열심히 설명하려는 독일의 애국자로 표현했다(1918; 1983a: 7). 그의 글의 주요 관심사는 지금 봐도 세계 대전 동안 만이 보여 주었던 민족주의는 아니다(비록 그의 인종 차별은 기억할 만하고, 앞으로 우리가 보게 될, 민족적 – 인종적 정체성의 주제를 불행한 기간의 지나친 언동으로 가볍게 처리할 수는 없지만). 중요한 것은 그가 서구 연합군에 대한 독일의 전쟁에서 근대성의 전복적인 정신적 힘에 대항하는 전통주의자 질서의 마지막 저항을 보았고,[2] 또는 이미 고전이 된 용어들에서는, 독일어 관용어구, 즉 '문명'에 대항하는 '문화'의 마지막 저항을 보았다는 점이다.

독일의 '문화'와 프랑스의 '문명' 사이의 대립은 두 사회의 모든 양상을 분명하게 드러냈다. 알려진 것처럼 그 개인적이고 에세이적인 성격에도 불구하고, 만의 담론은 다음과 같은 도식을 만드는 데 정연한 질서를 보여 주었다(다음 페이지).

역한다(Mann, 1918; 1983a). 그러나 앞으로 나는 관례적인 번역인 반정치적 *unpolitical* 으로 번역하는 것을 선호한다. 그 이유는 이 반정치적이란 번역이 원어에 문자 그대로의 의미에 더 가까울 뿐만 아니라 좀더 적절한 번역이라고 믿기 때문이다. '비정치적'이란 용어는 경쟁적인 용어인 정치적 이익과 관련해서 볼 때는, 자선 조직의 친숙한 경우에서처럼, 중립적 태도를 함축적으로 나타내지만, '반정치적'이란 용어는 사회적 관계의 한 형식으로서의 정치와 구별되는 도덕적 무관심(보통은 비판적)의 자세를 묘사한다.

2. 만은 1918년 9월 16일, 월요일에 다음과 같이 썼다. "그들은(연합군들은) 무엇을 원하는 것일까? 우리로부터 괴테, 루터, 프레드릭 대왕, 비스마르크 등의 경험을 몰아 내려는 것일까, 그래야 우리가 '민주주의에 적응할 수' 있으니까"(Mann, 1983b: 5).

독일	프랑스(그리고 영국)
문화	문명
예술(시와 음악)	문학(산문)
신교	보편 구제설
시민	부르주아
민족 감정	인본주의
비관주의	진보주의
삶	사회
아이러니	급진주의
존경	계몽
내향성	이성
사람	'계급과 대중'
귀족주의	민주주의
윤리학	정치학

만의 텍스트는, 이 두 국가의 집합적 자료들의 도덕적 결합과 이 집합적 자료들 사이의 극복할 수 없는 대립을 보여 주려는 목적으로, 이 이항 대립적 요소들을 노력과 변주의 추상적인 유사 – 악극 *quasi-musical play* 에 배치시켰다. 따라서, 만의 주장에 따르면, 문화는 본질적으로 민족적이었던 반면에 프랑스 모델의 문명은 한 국가 문화의 발전이 아니고 한 민족 문화의 청산이었다. 문명은 '모든 민족이 공통적으로 소유한 것'이다. 실로 문명은 그만큼 요구할 수가 없었다. 그 이유는 프로그램 차원의 '인간성'이 아닌 민족은 '보편적인 것, 그리고 인간 특질의' 진정한 '운반자'이기 때문이다(Mann, 1983a: 179). 만이 사회적 변화의 체계적 프로그램에 대해서 헌신적인 태도를 갖고 있는 프랑스의 급진주의에, 정치적 대안의 이름으로, 도전한다

고 본다면 그것은 아마도 오해일 것이다 ─ '마치 정치적 태도가 언제나 동일한 태도, 즉 민주적인 태도가 아닌 것처럼'(p.15) 정치는 '국가에 대한 참여이고, 국가에 대한 열의와 정열'이기 때문에, 그러한 정치는 개인적 내향성의 종말이었다. 민주주의는 '소설'이나 '문학을 위한 국가'였고, '언어적으로 발화된 지성'으로서의 문학은 문화의 반대 명제였다(p.218). 민주주의는 '음악의 종말 *finis musicae*'이었다(pp.23, 200).

그렇다고 프랑스는 대립적이고 적대적인, 그리고 민족적인 문화만을 단순히 재현하지는 않았다. 오히려 프랑스는 민족적 감정과 존재의 양식으로서의 문화를 종식시킬 수 있는 역사적 경향을 가장 충실하게 재현했다. 이질적인 미래의 형식들이 전선戰線을 넘어서 포진하고 있었다. 독일 입장에서 보자면 세계 대전의 패배는 문명으로의 '개종'을 의미했다. 패배는 단순히 군사적 승리자의 정신적 승리만을 의미한 것이 아니라, 진보와 민주주의에 대한 독일 문학인들의 정신을 좀먹을 정도의 '허무주의적' 열정과 함께, 승리자들의 내적 협력자들인 독일 '문학인들'의 정신적 승리를 의미하기도 했다. (만의 원형적인 '문학인'은 그 자신의 동생 하인리히 Heinrich 였는데, 그 당시에는 두 사람 가운데 하인리히가 더 영향력이 있는 작가였다.) 그러나 독일의 아이러니가 아마도 미래의 급진적 가능성들을 완화시킬 수 있었을 것이다. 만의 정의에 따르면, 아이러니는 '삶을 사랑하는 지식인의 자기 배반'을 의미했고, 다른 말로 하자면, 일관성에 대해서, 그 어떤 희생을 치르고서라도, 갖는 '급진적' 믿음과는 대립하는 정신을 의미했다. 만은 "목숨이 위험에 처할 때, 진실이 논쟁이 될 수 있는가?"라고 물었다(pp.13, 49). 그리고 그런 정신에서, 그는 보통 선거권의 전망에 관한 성찰 쪽으로 눈을 돌리면서, 그

러한 개혁이 '민주주의'에 대한 조건부 항복을 가져올 필요는
없다는 제안, 즉 삶이라는 것이 급진적인 지식인보다 훨씬 뛰
어날 수 있다는 제안을 했다. 전통에 대답하는 의미에서, 이상
적 참정권은, '귀족주의적이고, 솔직하게 말하자면 단계가 있
는' 것이 될 것이다. 만일 보통 선거권이 허용되어야만 한다면,
그것은 단지 "각 개인에게 그 자신만의 영역을 주는 것이 불가
능하기 때문에, 모든 이에게 동일한 것을 줄 수밖에 없는 상황
에서만" 허용될 수 있다(p.194). 그럼에도 개혁의 민주주의적 효
과는, 즉 '당 선거 운동의 혼란'을 조장하는 평등주의자의 존재
는, 진보적인 것처럼 보이지만 꼭 진보적일 필요가 없는 또 다
른 개혁으로 조절될 수도 있을 것이다. '교육을 위한 가장 자
유로운 기회'는, 니체가 촉구했던 것처럼 장점이 있는 귀족주
의의 형성을 촉진할 것이다. 그리고 이러한 교육의 통제적 성
격의 가치는 '내적' 감수성을 가지고 있는, 즉 '프랑스식' 계몽
이 아닌 독일식의 전통주의를 소유하는 국가적 인물에 대한
'존경심'이 될 것이다(p.187). 이성과 개혁에 대한 간절한 욕망에
의해서 내몰린, '문명의 문학인'과 대립되는 한 유형의 인물을
형성할 때, 전형적인 독일적 지식인은 문화의 '초정치적
suprapolitical 이고, 강력한 윤리적 순간'을 구현하고, 모순적인 대
표적 인물, 즉 '반정치적 인간'이 될 것이다.3

---

3. 1918년 10월 5일, 일요일
내 견해는 정치적 영역에서의 민주적 문명의 전 세계적 승리는 성취된 사실
이라는 것이고, 결과적으로, 만일 독일 정신이 보전되어야 한다면, 문화적이
고 국민적인 생활을 정치와 완전히 분리시켜야만 한다는 것이다. 내 ≪한
정치적 인간의 고찰≫의 요지는 그 두 영역의 융합을 반대하는 것이다. 절
대적 지배를 통한 독일의 '정치화,' 또한 문화적 영역에서도 마찬가지로, 민
주적 문명의 승리 원리 *victorious principle* 의 정치화를 반대한다는 것이다

줄리앙 방다, 지식인

비평가이며 철학자인 줄리앙 방다4는 마음에 관한 만의 비교 지질학을 옹호하는 것처럼 보였다. 그는 예술과 철학에 있어서 모든 형식의 낭만주의에 공격적으로 반대했고, 18세기의 고전 주의 에토스의 상실을 한탄했다. 그는 지적인 작업에서 애국적 인 연관성에 호소하는 모든 행위를 혐오했다. 그런 모든 행위 는 '본질적으로 독일의 발명품이었다'(Benda, 1928; 1969). 실로 그 는 여기서 한 걸음 더 나아가서, 인본주의자와 국제주의자의 프로그램들을 동일한 종류의 유사 - 보편적 배타주의로 파악하 고 거부했다. 방다의 사상에 영향을 미친 공적 경험은 간첩 행 위라는 그릇된 혐의 때문에 한 육군 장교가 재판을 받고 투옥 된 사건, 즉 1890년대의 드레퓌스 사건에 관한 격렬한 논쟁이 었다. 이 사건은 프랑스 지식 계급의 신화적 성격의 내전에서 민족적 가치에 대항하는 보편적 가치를 함정에 빠뜨렸다. 문화 는 그가 대항해서 싸웠던 모든 것의 축도였다. '아이러니'는 그 의 글쓰기에 관한 한 그 어떤 독자에게도 떠오르는 그런 단어 는 아니다. 그의 글쓰기는 객관적이고 영구적인 가치들을 주장 함에 있어 오히려 '급진적 *radical*'이고 '교조적 *dogmatic*'이었다. 그는 한 마디로 충분하게 표현하자면 '프랑스적이었다.'

방다가 볼 때, 근대성의 위기는 지적 생활의 윤리적 위기 였다. 배신은 — 배반 또는 반역 — 그가 1928년의 유명한 논

(Mann, 1983b: 12).

4. 줄리아 방다(1867~1956)는 프랑스 비평에서 반낭만주의 운동의 리더 역할을 했던 프랑스 소설가이자 철학자. 앙리 베르그송의 철학적 직관주 의에 대항해서 이성과 지성의 힘을 지속적으로 옹호했다. — 옮긴이

쟁을 불러일으킨 책 ≪지식인의 반역 *La Trahison des Clercs*≫에서 새로운 세기의 지식인들에게 가한 혐의였다. 그가 지식인을 기소하는 용어로서 좀더 요령이 있었다면 '이단 *heresy*'이란 용어를 선택했을지도 모른다. 그 이유는 그가 현대적 명사인 지식인 *intellectuel* 이란 단어를 옆으로 제쳐두고 시대 착오적 용어인 성직자란 의미의 '**지식인** *clerc*[5]'이란 단어를 선호하면서, 그는 믿음과 행위의 불가침 약호에 전체 사회의 범주를 위임했기 때문이다. 그 약호의 모델은 중세의 성직 제도였다.[6] 방다 개념의 '**지식인**'은 '유일한 종교가 정의의 종교이고 진실의 종교인 회사'를 형성했다(Benda, 1969; 1928: 57, 개정 번역). 지식과 배움은 모든 개인이나 집단의 자기 주장을(p.37), 2000년 거의 대부분의 세월 동안 일상적 존재의 대비적 '리얼리즘'을 포기하고, '이상적인 것'에 봉사해 왔다. 지식인들이 공적인 논란에 참가하게 되었던 곳은, 바로 에밀 졸라가 세속적인 타락에 대항하여 '영원하고,' '사심이 없거나 형이상학적인' 가치들을 옹호하기 위해, "나는 고발한다! *J'Accuse!*"[7]라고 외치면서 드레퓌스 사건에

---

5. 여기서는 지식인이라고 번역을 했지만, 어원적인 면에서 살펴보자면 성직자와 관련이 있다. ― 옮긴이

6. 프랑스어 *clerc* 은 영어로는 '*clerk*'로 번역이 되었다. 이 번역은 관용 용법상의 혼란을 전혀 줄이지 못했을 뿐만 아니라, 사무 직원이나 상점 점원과의 근대적 사이비 연관성을 상기시키고, 실제로 프랑스어의 대응어가 없다는 용어상의 반어적 망설임을 소개하여 방다 논의의 의미를 진부하게 만든다는 점에서 불행한 결정이다. 여기서는, 단지 지식인이라는 단일한 의미로서, 나는 그 어떤 영어 대용어보다 이해하는 것이 쉽다는 의미에서 방다 자신의 용어를 그대로 쓰기로 했다. 그러나 집합 명사인 영어 *clerisy* 는 프랑스어의 복수 단어 *clercs* 와 완벽하게 맞아 떨어진다.

7. 에밀 졸라가 군부를 비난하면서 공개적으로 쓴 편지의 제목이다. ― 옮긴이

개입했던 바로 그 부분이었다. 그러나 지난 세기에 걸쳐서 지식인들이 행동은 점점 더 타락해 갔다. 사회적 '열정 *passions*'으로부터 더 이상 초연하지 못한 채, 지식인들은 유혹에 응답을 했을 뿐만 아니라, 심지어 그 유혹을 강하게 자극하려고도 했다. 영원성의 언어는 지금 일상 생활의 가장 천한 욕구들까지도 '신성화 *divinized*'했다.

방다의 표현인 '열정'은 또한 만의 표현이기도 했다. 이 두 사람의 지적인 계보와 친연성의 다름에도 불구하고, 만의 비평 목적은 방다와 동일했다. 만은 아마도 종족, 민족, 계급 등을 애증의 대상으로 보는 방다의 무차별적 동일화에 동의하지는 않았을 것이다. 그러나 만은 이미 문화에 대한 위협을 추적해서 방다가 지적인 덕의 적으로 확인했던 그 현상까지 나아갔다. 근대성은 '본질적으로 정치의 시대'이고, 근대적 **지식인**의 특별한 배반은 **정치적 증오의 지적 구성의 시대**에서 그 '열정'을 제한하지 않고 '완벽하게' 하면서 정치에 적응을 할 수밖에 없었다(Benda, 1969; 1928: 27). 이 근대적 발전의 순조로운 조건들은 경제적이고 구성적이었다. 물질적 규제들 *conditions* 의 상대적 완화 *relative easing* 는, 물질의 획득 그 자체를 인간 가치의 중요한 지표로 생각하는 경향과 함께, 사회적 가능성을 좀더 충분하게 탐구하도록 촉진시켰다. 귀족적인 특권의 약화와 함께, 대중적 감정이 전례가 없는 힘을 발휘하는 새로운 스타일의 정치적 규칙이 생겼다. 이런 경향은 상업 신문에도 스며들었고, 새로운 지적 에토스를 — 이 에토스를 요약하자면 '싸구려 정치적 일간 신문'이었다 — 유행처럼 만들어 냈다. 한때 '계몽적인 후원 제도'에 부양되었던 지식인들이 이제는 인쇄 매체 시장에 의존했다. '지식인'들은 '동료 지식인'을 위해 글을 쓰지 않고

'대중 *masses*'과 '군중 *crowds*'을 위해 썼다. 따라서 '그 어떤 작가도 민주주의에서는 자기 마음대로 글을 쓰지 못한다'는 것이었다(pp.9~10, 112). 방다의 주장에 따르자면, 이러한 발전의 축적 효과는 사회적 권위라는 인간의 올바른 질서를 전복시켰다. 고대에 플라톤은 정치에 대한 도덕의 우월성을 가정했다. 마키아벨리에게, 초기 근대성의 정점에서, 정치와 도덕은 분리된 영역이었다. 20세기의 '**지식인들**'은 철학을 상황으로부터 벗어나게 만들었고, 덕을 편의주의로, 도덕을 정치적 이해에 관한 평계로 다시 썼다. 방다 개인의 정치적 선택은 ─ 그가 선택을 어쩔 수 없이 해야만 한다고 느꼈을 때 ─ 자유주의자의 선택이었다. 그는 후에 민주주의야말로 진정한 '**지식인**'의 가치들과 양립할 수 있는 유일한 정치적 원리라는 결론을 내릴 수밖에 없었다(Benda, 1975: 81). 그러나 그의 일반적인 입장의 논리는 금욕주의적이고 은둔적이다. 다수의 '현실주의적'인 충동에 지배를 받는 세계에서 권위는 마음의 영원한 진실, 즉 문화 비평의 고향으로 그가 동등하게 생각하는 이상적 영역을 제외하고는 그 어디에서나 존재했다.

칼 만하임의 지식인들

칼 만하임은 근대 문화의 절정이 지식인들에게 주어진 사회 통합 역할의 혼란에, 특히 지식인과 정치와의 관계에 있다는 방다의 확신을 동의했다. 방다의 논쟁을 몰고 나갔던 지적인 광신주의와 회의주의라는 주제는 만하임의 ≪이데올로기와 유토피아 *Ideology and Utopia*≫(Mannheim, 1936)의 사회학적 논쟁에서 다시 살아났다. 또 다시 방다처럼, 또 그의 양자와 다름없었던 동포 토마스 만처럼, 만하임은 위계 질서와 제한적인 유동성을 특징으로 하는, 위기를 역사적인 것으로, 그리고 유권자들과 시장市場의 선의에 아무런 빚도 지지 않았던 정치적이고 문화적인 권위의 형식들을 유지하는 전통적 사회의 해체의 결말로 보았다. 그러나 만하임의 관점을 들여다보면, 방다와 만은 모두 독단론의 혐의는 약하다는 것을 알 수 있다. 방다의 경우는 '정적 static'인 이상 — 이 이상은, 방다 자신이 입증한 중세화된 관용어구로, '지식인들이 폐쇄적이고 철저히 조직화된 계층을 이루는' 중세적 봉건 질서의 추상화된 유물이다 — 에 대한 그의 집착 때문에 비난을 받고(1936: 10), 만의 경우에는 본질적으로 '게르만적 German' 집단적 감수성에 대한 그의 전통주의자 언급 때문에 비난을 받았다. 그러나 만하임은 방다의 역사적으로 상대론적인 면을 저주했다. 또한 방다는 만에게 스타일 면에서 상당히 이질적인 합리주의적이었지만, 만은 진보적인 정치적 – 문화적 결과의 가능성을 방다에게서 확인했다. 만하임의 특정한 목적은 친절한 사회적 잠재력과 함께 지식인의 대중적 역할의 조건과 목적을 — 이 조건과 목적은 아마도 일관성 있고, 원리적이고, 실천적일 것이다 — 밝히는 것이었다. 만하임이 1919년 헝가리 혁명의 실패를 경험했던 바이마르 공화국에서, 그리고 지식 사회학의 — 사실 만하임은 지식 사회학의 선두 주자였다 — 교정적 관점에서 글을 쓰면서, 만하임은 '과학적 정치학 scientific politics'에서 지식인을 위한 하나의 두드러진 전략적 기능을 제안했다.

계급 의식을 강화하는 것이, 만하임이 믿기에는 당대의 보증서였고, 정치적 문화는 상호 적대적인 '당파적 학파'의 우선권에 따라서 더욱 완전하게 조직되었다. 이와 같은 사회적 가

43

치의 당파적 구도에 반대해서, 만하임은 '전체의 관점과 전체
의 이익을…… 옹호할 수 있는' '포럼'의 가능성을 제시했다
(p.144). 만하임의 추론 과정에서, 압도적인 일반적 이익에 대한
이런 호소가 ─ 가능하고 바람직한 지적 연합으로서의 '전체'
를 말한다 ─ 역사를 넘어서는 객관적 진실의 '정적' 영역을
미리 가정하지는 않았고 (방다의 경우에도 그러했던 것처럼), 사회
적 타협에 대한 선호만을 암시하지도 않았다. 만하임의 사회학
원리는 모든 지식은, 특히 정치적 지식은 '관심에 묶여 있고,'
주요 사회적 계급은 ─ 노동자들과 부르주아 같은 ─ '자신들
의 특수한 사회적 상황에 의해서만 직접적으로 결정되는 그들
자신의 전망과 행위를 갖고 있다는 점이었다'(p.140). 그러나 지
식인 경우에, 이 결정론의 효과는 모순적이었다. 사회 계층으로
서, 지식인들은 계급의 기원과 계급 상황에서 혼합되었다. 지식
인들의 유일한 사회적 공통 분모는 사회의 모든 경쟁적 이해
관계와 이데올로기가 서로 부딪치는 장소인 '**교육**'에 있었다.
교육 시스템은 (특히, 고등 교육을 가르치는 대학들과 전문 학습 교육
기관), 마음의 일상적인 헌법 제정 회의와 같은 역할을 했다. 그
와 같은 교육 시스템에서 경쟁적인 사회적 지식들은 공동의 선
을 위해서 '역동적인 중재 *dynamic mediation*'와 '종합 *synthesis*'의
과정에 들어갈 수가 있다. 그리고 바로 이런 점에 지식인들의
적절한 정치적 기능, 즉 '사회 전체의 지적 관심을 이끌고 나
아갈 예정된 옹호자로서의 자신들의 사명'을 수행하고, 따라서
근대성의 문화적 위기를 해결하려는 가능성이 있다고 할 수 있
다(p.140).

'사명 *mission*'이나 '운명 *destiny*'과 같은 예언적 표현은, 과학
적인 체하는 담론에서는 이상하게 들리겠지만, 방다의 행동주

의자 버전을, 즉 방다가 말하는 지식 계급 *clerisy* 으로, 이 경우 대중적 문제에 긍정적으로 공헌하는 지식 계급을 암시한다. 그러나 만하임의 추론의 흐름은 비관주의의 역류에 의해서 방해를 받았다. 만하임은 지식 계급의 정치학을 근대의 사회적 질서의 객관적 경향과, 무엇보다, 교육 시스템의 논리로부터 시작된 것으로 주장을 하면서도, '우리 자신의 시대에' 그 실천은 '거의 가능하지 않다는 점'을 인정했다. 전도사들은, 모두 좀더 절망적인 의무들을 위해 '이를테면 칠흑 같은 어둠에서 야경꾼으로,' 정해진 것으로 생각되었던 것 같다(p.143). 이것은 바이마르 공화국 말기의 한 자유주의자의 수사법으로 이해할 만한 것이지만, 그 논리는 좀더 광범위한 추론적 컨텍스트의 논리이다. 만하임의 사회학은 상대주의자의 사회학으로, '사상 *ideas*'을 '이해 *interests*'의 번역으로 — 근본적으로 계급의 이해를 말하는 것으로 이것의 문화적 결정력은 대부분의 경우에 무제한적이다 — 바라본다. 동시에, 만하임은 그 한정적 가치가 여러 이해의 달성 가능한 조정인, 즉 여러 관계의 구조화된 총체성뿐만 아니라 심층적 전체성의 '미리 예정된' 발견인 그런 정치를 상세히 그렸다. 지식인들의 교육적 실천이 이 사명의 정당한 근거와 수단을 공급했다. 그럼에도 만하임은 지식인들이 계급도 아니고 초계급 계층도 아니라는 점을 강조했다. 지식인들은 교육적 가치에 의해서만 하나로 결합하여 혼합된 계급적 *mixed-class* 존재를 구성했다. 또, 만하임은 지식인들을 잠재적으로 결정적인 정치적 행위자로 지정하면서, '합성 *synthesis*'의 작업은 자신의 일반적 이론이 원칙적인 면에서 무시당하는 것처럼 보일 가능성에 맡겨 놓고 있었다. 즉, 사회적 이해에 동기를 부여하는 생각 그 자체는 생각일 뿐이었다. 이런 기본적인 면에서, 만하임의 사회학적 추론은 '이상적' 가치와 '현실적' 가치라는 방다의 철학적 이원론과는 평행선을 달렸고, 또 만의 문화 비평과 직접적으로 추론적 제휴 관계를 맺고 있다는 점에 제한을 받았다. 한 편, 물질적 이해와 그 이해의 유효한 이데올로기에 내몰린 세계와, 어둠 속에서 보이지 않거나 인공적인 빛으로 앞이 안 보이는 문명이 있고, 또 한 편으로는, 인간 정신의 본질적이지만 이제는 집을 잃은 가치인 문화가 있다.

살기 좋은 미래에 대한 만하임의 강한 확신은 방다와 만과의 친연성을 좀더 강하게 증명할 뿐이었다. 특히, 통일체를 이루려는 지적인 정치에 대한 자신의 비전에서 만하임은, 20세기를 위해서, 중세의 성직자를 되살려 놓았다 — 이런 점은 방다 사상의 기초이기도 하다.[8] 당파들로부터 중재의 포럼에서 제안된 상승은, 좀더 높은 차원의 사회적 판단에서 보자면, 일상적인 정치적 공간에 대한 참여의 형식이라기보다는 차라리 그 일상적인 정치적 공간을 뒤따르려는 시도였다. 행동주의자로서의 지적 중재자 만하임은 반정치적 인간의, 이제는 전혀 강력하지 않을 것 같은, 한 유형이었다.

오르테가의 귀족주의적 비전

호세 오르테가 이 가세트는 동시대의 위험에 대해서 그답게 좀더 신랄하고 공격적으로 요약을 했다. 그것은 1930년 그의 책에서 유명한 구절이 된, 바로 '대중의 반란 *revolt of the masses*'이

---

8. 낭만적 중세주의에 대한 만하임의 친연성에 관한 논의를 위해서는, 마이클 뢰위 Michael Löwy(1979: 87)와 만하임(1953: 123)을 보라.

라는 표현이다. 오르테가는 역사적 전망이 결정되지 않은 상태를 유지했다는 점을 인정할 마음의 준비는 되어 있었다. 즉, "역사적 전망은 그 자체로 승리나 죽음의 쌍둥이 세력을 포함한다"(1932: 59)는 표현이 그것이다. 최근 수십 년 동안 우리는 인간의 잠재 가능성의 전례가 없는 '역사적 수준에서의 상승'을 목격했다. 자유주의적 민주주의와 '기술주의 *technicism*'(즉, 산업과 실험적 과학을 더한 것을 의미함)는 물질적 삶, 정신적 삶, 그리고 도덕적 삶의 영역을 극적으로 확장했다. 한 편 유럽의 인구는 세 배로 증가를 했고, '권리 *right*'라는 사상은 사회적 교섭과 정치적 참여의 핵심 용어로 성장을 했으며, 무엇보다도, 세계는 모든 종류의 '것들 *things*'로 가득 찼다. 이러한 경향은 부인할 수 없는 '양적 진전'을 표현하며, 아마도 '인간성의 어떤 새로운, 전례가 없는 조직으로의 이행'을 지원한다고 할 수도 있을 것이다(pp.15, 29~33, 39). 그러나 바다의 조수는 밀물이 되어서 차 오르는 수위를 대홍수라고 비유를 하기도 한다. 즉, 대중의 상승이 '인간 운명의 재앙이 될 수도 있다'(pp.18, 59). 오르테가는 체념을 하고 좀더 암담한 가망에 맡겼다. 오르테가에게 그 시대의 엄청난 현상은 '대중이 완전한 사회적 힘으로 도달하는 것'이었다. 그리고 대중의 즉흥적인 성향이 대중 자신들을 이끌 것이라는 점은 의심의 여지가 없었다(p.9).

오르테가의 냉소적이고 세속적인 태도는, 만의 내적 성향, 만하임의 과학적 태도, 그리고 방다의 초연한 수사 등과는 대조가 되는데, 철학자일 뿐만 아니라 기자이기도 한, 때로는, 국회의원인 작가의 태도라고 할 수 있다. 그리고 오르테가가 보여 주는 논쟁의 급박성은 자신의 나라, 스페인에서 점점 깊어 가는 위기에 어느 정도 빚을 지고 있다고 할 수 있다. 그러나 그는 자신의 목적이 단순히 정치적인 것을 넘어 선다는 점을 주장했고, 실로 자신의 목적이 '중립적'이며, '정치의 공기와 정치의 불화보다는 훨씬 더 충분한 공기를' 호흡할 수 있다는 점을 주장했다(p.73). 양적인 현상으로서도 대중은 상당히 인상적이었지만, 대중의 출현이 단순히 양적인 현상만은 아니었다. 대중의 출현은 당대의 정치에서 대중적 동원의 중요성이 증대하는 데만 존재하는 것이 아니었다. 비록 무정부주의적 노동 조합과 파시즘이 특정 혐오의 대상이었지만, 실제의 새로움과 위험은 '지금까지 보존된 hitherto reserved' 사회적 공간에서 '다수 multitude'가 절대적으로 현존하는 것과 집단적 정신이 그에 따라 변모하는 데에 있었다. "더 이상 주인공은 없다. 단지 합창이 있을 뿐이다"(p.10). 오르테가의 주장에 따르면, '대중'이라는 개념으로, 단순히 노동 계급을 의미했던 것은 아니었다. 다수와 소수의 '역동적 결합'은 모든 사회적 계급을 정의했다. 전통적인 시각으로 볼 때, 소수 계급이 상위 계급으로서 불균형한 영향력을 행사했다. 그러나 지금은 역시 상위 계급보다 대중이 점점 더 강해지고 있다. '대중적 인간 mass-man'은 단순히 특이성이 부재하거나 사라져가는, 그리고 그 어떤 경우에서든지 그러한 개성이 저하된 '평균적 인간 average man'일 뿐이다. 대중은 두 번에 걸쳐 '무관심'했다. 즉, 교체될 수 있고, 자신들이 교체될 수밖에 없다는 점에 무관심했다. 무기력, 수동성, 무규율, 나르시시즘 그리고 배은망덕 등이 이제는 '압도적이고 폭력적인 도덕적 대변혁' 속에서 번성하고 있다. 이것은 '테러'를 고취하고 '야만주의 barbarism'로의 회귀를 협박하는 '비극적' 과정이다(pp.17, 40).

오르테가는 '역사의 철저한 귀족주의적 해석'을 옹호했다.

사회는 본질적으로 귀족주의적이었다. 귀족주의는 즉, 소수 계급 노력의 지속적인 성취를 말하는데, 그러기를 멈출 때, 사회는 그 어떤 것도 되기를 멈춘다(p.16). 오르테가가 새로운 민주주의에 대해서 '과거의 민주주의'를 방어했던 것도 이런 의미에서였다. 과거의 민주주의는 권리를 존중했다는 점에서, 더욱 중요한 것은 소수 계층의 특권을 존중했다는 점에서 '자유주의적'이었다. 보통 선거권은 한때는 수단의 기능을 했고, 그 수단으로 다수가 '집단적 삶'을 위해서 '소수의 프로그램들' 사이에서 선택을 했다(p.36). 이제 보통 선거는 '과도 민주주의 *hyperdemocracy*'와 공공 영역에서 대중적 인간의 무지하고, 불법적 취향의 존재 근거로서 역할을 했다. 자유주의적 규칙은 '여론'에 의존을 했지만, 이 점은 대중의 자기 주장의 습관과는 이질적으로 다른 선험적인 것에 관해 교육을 받은 자들의 감각을 암시했다(p.97). 인간 사회의 물질적 번성은 '전통적' 통제를 압도했다(p.39). 지식인들은 더 이상 가르치는 것을 기대할 수 없었고, '일상적인 마음'의 무례한 판단에 굴복을 해야만 했다(p.14). 게다가 지식인의 기능 그 자체는 과학적 지식의 급속한 발전으로 위태로울 정도로 수정되어 왔다. 기술자라는 근대적 인물은 — '실제적인 과학적 인간' — 대중적 인간의 원형을 제공했다. 전문화라는 현상은 '문화적' 지식인을 희생하고서 '박식한 무학자 *learned ignoramus*'의 발생을 촉진시켰다. (문화적 지식인은 통일체의 사상에 접근을 한 후에, 통일적인 사회적 비전을 공식화하기를 바랄 수 있는 사람들이다.) 대중적 인간의 습관적인 자동적 충동에 의해서 항상 방해를 받았기 때문에, 문화와 정치에서 '권위의 정상적 행사'는 불가능하게 되었다 (pp.86, 97).

갱신된 권위의 가능성이 오르테가의 글에서 깜박거렸지만,

곧 꺼져 버렸다. '대중들은 어떤 종류의 지시에도 굴복을 할 수가 없다.' 즉, 설사 '잠시라도' 대중들이 애써서 충분한 '선의'의 노력을 했다 해도, 굴복할 수는 없다. 실로, 대중이 어떤 정신적 권위에 굴복할 수밖에 없는지 명확하지 않은 것처럼 보였다. 그것은 오르테가의 작별의 말이 그 작별의 말에 도달하게 만드는 논의를, 평화스럽게, 다시 정해진 틀에 짜 맞추었기 때문이었다. 진실에 관한 오르테가의 직관은 아마도 방다의 직관은 아니었을 테지만, 그 누가 자신 있게 아니라고 말할 수 있을까? 100페이지가 넘는 신랄한 문화적 진단 이후에, 정치보다도 더 심오한, 심지어 '문화' 그 자체보다도 더 심오한 것처럼 보이는 근대 유럽에 관한 '위대한 질문'은 아직 제기되지 않았다.

F. R. 리비스의 비평적 소수

근대성의 맹목적인 물질적 자극, 사회적 생활의 증가하는 범위와 무관심, 일상적 계몽 정신에 직면한 전통적 가치의 약화, 세속적 이익의 손짓에 따른 지적 기준의 타락, 과거의 역사적 상실에 관한 전망. 독일, 프랑스, 그리고 스페인 등에서 친숙하게 알려진 이러한 주제들의 모임이 1950년대 문화 비평으로 영국에서 가장 강력한 영향을 미쳤던 비평가, F. R. 리비스의 책에서 다시 등장했다. 리비스에게 근대의 위기는 바로 '대중 문명 *mass civilization*'이라는 부식적 환경에 처한 '소수 문화 *minority culture*'의 위기였다 (이 두 용어는 오르테가의 ≪대중의 반란 *La Rebelion de las Massas*≫이 출판되었던 1930년에 나온 리비스의 소책자들의 제목이었다).[9] 그것은 도덕

───────────

9. 리비스의 ≪대중 문명과 소수 문화 *Mass Civilization Minority Cuture*≫

적 기억의 생존이 걸린 문제였다 — 또는, 그것은 모국어로서의
영어의 번영이 걸린 문제였다.

리비스는 반체계적 사상가였고, 컴퓨터 프로그램처럼 짜여
진 진술에 뿌리 깊은 불신을 갖고 있었다. 리비스의 저술을 보
면 발췌하기에 편리한 요약 부분은 없다. 그럼에도 리비스의
비평적 실천을 보면 그 누구 못지 않게 체계적이며, 대부분의
사람들보다도 더욱 더 꽉 짜여진 진술을 보여 주었다고 볼 수
있다. 그 개념적 틀은 근대성의 과정에 관한 특별한 해석이었
고, 17세기 이후의 영국 사회사의 서사로 해석되었다. 1600년
이후 200여 년의 세월 동안 '공동체 community'라는 이름을 받을
만했던 사회는 약화되었으며, 조직이 붕괴되었고, 그리고 경제
변화의 논리에 의해 고칠 수 없을 정도로 찢겨졌다. 공동체의
정신적 특성은 바로 개인과 집단의 이익이 이해와 가치 부여라
는 공통의 약호에 의해서 조직되었다는 점이었다. 그런 정신적
특성을 통해 사회 계급의 위계 질서는 삶의 구분적 조건이 아
닌 결속력이 되었고, 상호 이익이 되는 세련되고 대중적인 실
천들의 교차 수정 cross-fertilization 을 선호했다. 또한 그런 정신적
특성을 통해서 관습은 큰 혼란 없이도 변할 수가 있었고, 따라
서, 정신적 삶에서는 균형과 통일을 향해서 나아가고 구어와
문어의 관용어구에 상응하는 '비인격성 impersonality'으로 나아가
는 자연 발생적인 경향이 있었다. 이런 인간 질서의 지지 조건
은 농업 경제였다. 농업 경제의 기술적 변화의 전형적인 속도

는 케임브리지 대학의 마이너리티 Minority 출판사에서 출판되었다. 여기서
인용하는 부분은 《연속성을 위해서 For Continuity》(Leavis, 1933a)라는
비평문 모음집에서 발췌한 부분이다. (《대중의 반란》의 영어 번역은
1932년에 나왔다.)

는 혈연 관계의 실제적, 상징적 연속성과 장소, 그리고 일과 이세 가지와 관련된 가치의 약호들을 분열시킬 정도로 대단한 것은 결코 아니었다. 20세기 중엽의 혁명은 이런 과거의 질서를 분열시켰고 점차로 그 도덕적 조심성을 흩뜨려 버리게 될 사회적 세력을 풀어놓았다. 상업적 활동은 산업화를 이끄는 과정 속에서, 그리고 존재의 일반적 조건으로서의 '공동체'의 사멸 속에서 강화되었다. 의미와 가치의 사회적 질서는 이후에 **문화** (질, 도덕적 가치, 목적의 영역)와 **문명**(양과 수단의 영역) 사이의 모순적이고, 점점 더 적대적인 관계로 구조화되었다. 이것은 동등하지 못한 관계로, 이 관계의 필수적 진행 과정은 문화의 이해와 정반대의 방향으로 달렸다. 그 이유는 문명이 자동화라는 기술적 역학에 의해서 촉진되었기 때문이었다. 그 문명이 산업 경제의 즉각적인 도덕적 감수성이었기 때문이다. 반면에, 문화는 뿌리를 내리고 번성할 수 없는 조건들 속에서 생존해야만 했다. 문화는, '인간의 규약 *human norm*'을 위해서 애쓴다는 점에서, 노출된 생존자였고, 영원히 사라져 버린 공동 생활의 기억이었다.

산업화는, 새로운 형식의 일, 소비, 여흥 등과 함께, 리비스가 '표준화'와 '하향 평준화 *levelling-down*'로 요약했던 과정 속에서 하나의 문화적 연속성을 제공하고, 이어서 또 다른 문화적 연속성을 제공했다(1933a: 18). 종교적 구속력은 약화되었다. 증가된 기동성과 확장하는 의사 소통 수단은 전통적인 친연적 특성을 방해했다. 지금은 영화와 라디오에 의해서 결합되었지만, 신문과 책 발행은 시장의 고정된 수요를 관측했고, 도시 산업 대중의 청중에게 엉터리 계몽 의식, 판에 박힌 의견, 공식적인 만족 등을 다양하게 섞어서 구애를 했다. 좀더 나은 과거에서 단지 하나의 생존자만이 남았는데 — 그 생존자는 가장 발달된 형식의 언어인데, 즉 '가장 섬세한 관용어구의 살아 있는 미묘한 존재'를 말한다(p.40) — 이제 그 생존자가 위험에 빠졌다.

리비스의 동시대 마르크스주의자들은 이런 종류의 분석이 리비스가 한탄했던 징후들의 원인을 오해했을 것이라며 반대했다. 동시대 마르크스주의자들이 원인으로 든 것은 기술적 시스템, 산업 생산, 그리고 사유 재산의 특수한 형식에 근거를 둔 사회의 특수한 형식의 작용으로 마땅히 간주되어야 하는 것, 즉 자본주의였다. 리비스는 문화의 관점에서 볼 때 자본주의와 사회주의 사이의 차이점은 '비본질적 *inessential*'(1933a: 1~12, 160~6)이라고 대답을 했다. 소유의 개념은 사회적 관계에 대한 리비스 이해에는 들어설 자리가 없었다. 생산 수단의 공통 소유 의식은 — 마르크스주의자들에게는 이 의식이 사회주의를 인간의 질서로 근본적으로 구별시켜 줄 수 있는 의식이다 — 추진력이 '기계 *the machine*'였던 시대에 리비스가 보기에는 의심스럽고 공허한 이득이었다. 그리고 사회주의가 산업 발전을 여전히 촉진하려고 했다고 하는 점에서, 사회주의는 사회주의가 대신하려고 했던 사회의 파괴적 경향을 단순히 강조할 뿐이었다. 리비스는 '마르크스주의의 미래는 공허하고, 웰스적이고,[10] 부르주아적으로' 보인다고 썼다(1933b: 322). 리비스가 군대의 전위 부대와 같은 것으로 사회주의와 공산주의를 바라보고 거부한 것은 정치도 그런 것으로 바라보고 정치로부터 근본적으로 멀어지려는 의식의 일부였다. 대중 문명과 기계 문명의 주도적 경향들은 고착화되었고, 상호 도움을 주는 관계였다.

---

10. 영국의 소설가이자 역사가이자 사회학자인 H. G. 웰스 H. G. Wells(1866~1946)를 말한다. 전반적으로 사회적 진보에 대한 강한 믿음을 갖고 있었고, 과학에 대한 낭만적인 견해를 갖고 있었다. — 옮긴이

이들 문명의 논리는 이들 문명을 정지시키거나 방향을 돌릴 정도로 충분한 대항 세력의 출현을 막았다. 적절한 '정치적' 개입은 반드시 흥미와 양식 면에서 분명히 문화적이어야만 한다. 그리고 '전통'의 옹호를 위한 문화 비평의 비평적 지성의 동원은 귀중한 시금석이다. 그리고 그 시금석으로 동시대의 판단 기준이 인증받을 수 있고, 가능한 경우에는 '기계'와 그 기계의 생명 형식의 어리석은 발전을 '감시하고 통제'하는 일에 사용할 수 있다.

대중 문명이 다수의 불찬성을 초래할 수도 있다는 점을 가정하는 것은 자기 모순적이기 때문에 리비스의 문화 정치학은 소수주의를 지향한다. 리비스의 문화 정치학이 선호하는 도구는 저널리즘으로, 행위의 유동적 스타일과 간섭주의자 스타일을 갖고 있다. 이는 리비스의 원칙적이고 '법률적 보호를 박탈당한 사람'의 기회주의 감각과 일치를 했다. 이 문화 정치학의 전략적 무대는 교육인데, 교육은 근대 '기계'를 위한 훈련이 아직도 인간의 배움의 오래된 전통을 완전히 대체하지 못한 공간이었다. 그 정치학의 정의적 실천은 문학 비평이었다. 선생과 비평가로서, 리비스가 보여 준 실천의 분파주의적 명석함과 ≪대중 문명과 소수 문화 *Mass Civilization and Minority Culture*≫의 출간 이후 20년 동안 <스크루티니 *Scrutiny*>의 편집자로서 보여 준 명석함은 전설이 되었다(Mulhern, 1979; MacKillop, 1995). 1960년대 리비스는 영국에서뿐만이 아니라 전 세계 영어권과 비영어권에서도 교육과 문학 서클에 열렬한 신념을 가지고 있었다는 점에 대해서 찬반의 말을 듣는다. 그런 이야기들은 지금도 계속 들리고 있다. 여기서 강조를 해야 하는 것은, 모든 다른 고려를 무릅쓰고서라도, 리비스의 실천이, 가끔은 개성의 표현으로 소홀하게 취급당해 왔지만, 근대의 역사적 과정에 관한 그의 독서로부터 논리적인 연역적 추론의 힘과 함께 따라왔다는 점이다. 언어를 가장 훌륭하게 사용한 경우로서의 문학은 주로 '생활의 기술'로서의 무엇으로 남은 것이었다. 그러나 사회적 즉흥성이 한때 그러한 언어 사용을 부추겼지만, 이제는 그러한 언어 사용을 저지했다. 대중 문명의 기계화되고, 표준화된 관용적 어법, 광고 기구에 대한 냉소적 열광, 독서 클럽과 서평 페이지의 고상하거나 대중 지향적 해설자 등은 기억과 가능성으로서의 문학적 문화를 지우는 데 협력을 하였다. 그리고 그렇게 함으로써, 사이비 교양족들을 저주하고 죽음과도 같은 도덕적 마비 상태에 빠뜨렸다. 살아 있고, 비옥하게 하는 사회적 존재로서의 문학의 미래는 비평적 기준의 재천명에 달렸다. 즉, 문학적 과거의 이종적 축적을 재평가하는 차별의 아끼지 않는 노력에 달렸다고 볼 수 있다. 이 노력은 권위적인 것과 현재 속의 가짜 혹은 단순히 관습적인 것을 좀더 확실하게 구별하려는 노력이다. 이것은 문학 비평의 특별한 임무였고 특별한 권위의 근거였다. 문학을 진정으로 알 때, '비평적 소수'는 대중 문명을 대중 문명 자체가 모를 수도 있는 부분까지도 알았기 때문이다. 비평은 정치적 위치에서 보자면 가장 힘이 없는 것처럼 보일지는 모르겠지만, 그어떤 것도 비평의 정신적 권위에 비길 수는 없었다.

문화 비평의 담론

독일 소설가 한 명, 헝가리 이민 사회학자 한 명, 철학자 두 명 — 프랑스인 한 명, 스페인 한 명 — 그리고 영국 문학 비평가 한 명. 이들 사이의 차이점은 명백하고, 극복할 수 없는 부분이 존재한다. 그럼에도 이러한 대조 사항들은 공통적인 정체성의 좀더 흥미 있는 증거로 우리가 관심을 갖도록 다시 요구한다. 과연 친연성의 근거는 십중팔구 혈연적인 것이다. 만과 만하임은 모두 독일 낭만주의의 직계 후손이라고 볼 수 있다. 리비스는 영국의 선조를 따라가다 보면 아놀드를 거쳐서 코울리지에까지 연결이 된다. 오르테가는 양자 관계에 의해서 이러한 사람들과 친척 관계를 맺는데, 그것은 오르테가가 독일에서 철학 교육을 받았기 때문이다. 방다의 지적 형성은 모호하지 않고 뚜렷하다. 그러나 반낭만주의 합리주의자인 오르테가가 여기서 같이 논의된 다른 사람들과 놀라울 정도로 닮아 있다는 점이 더욱 더 뚜렷하다. 이런 다양한 글 속에서 우리가 단 하나의 담론 형성, 즉 문화 비평이라는 편의적 용어로 알려진 담론 형성의 수많은 예를 찾아볼 수 있다는 역사적 주장을 개진할 경우 전기적 접근의 허용은 약간만 필요할 뿐이다. 이 그룹의 주제적 친연성은 자명하다. 타락으로서의 근대성, 대중에 대한 가치 부여로서의 근대성, 본질적으로 불활성 힘이 모순된 과도 행위로서의 근대성('수동적 passive' 다수의 '반란 revolt'), 전통의 일반적이고 소수인 가치의 타락이나 오염으로서의 근대성, 고급하고 저속한 계몽의 분열적 진전으로서의 근대성 등이 주제적 친연성이다. 이러한 주제들은 이들 그룹의 고정된 인식이고 표준 서사이고 '명백한 것 the obvious'의, 한 마디로 하자면, 상식의 공유적 인용이다. 추가적인 비교 분석을 해 보면 설명과 판단의 용어 속에서 자신들만의 엄격한 형식적 정체성을 알 수가 있고, 자신들만의 윤리 정치적 욕망의 유형을 알 수가 있다.

모든 경우에, 반영의 목적은 어느 정도는 냉혹하고 균형 잡힌 역사적 과정에 있다. 그런 과정에 대해서 오르테가가 붙인 이름은 '자본주의'이다. 비록 오르테가의 읽기가 자본주의의 특수한 사회적 특징보다는 기술적인 특징을 강조하고 있기는 하지만. '근대 사회'에 대한 만하임의 해석은 계급 갈등을 (또 이 부분에서는 마르크스에게 오랜 빚을 지고 있다) 인정하지만, 단지 파괴적 교착 상태로서만의 계급 갈등, 즉 발전적 가치가 없는 만성적 역기능으로서만의 계급 갈등을 인정할 뿐이다. 방다는 상세한 설명을 제시하지는 않는다. 만은 인본주의의 반국가적 규약을 이성과 민주주의와 함께 '로마'의 보편주의, 그리고 이제 프랑스 보편주의의 출현을 묘사한다. 이들 그룹 중에서도 가장 엄격한 결정주의자인 리비스에게, 본질적인 과정은 자체 추진력이 있는 기술 발전과 그 기술 발전의 필요한 효과들의 과정이다. 리비스는 이 과정을, 만이 그런 것처럼, '문명'이라는 규범적인 용어로 요약한다. 정신적인 대립적 가치들은, 근대 세계의 압력을 간신히 감내하면서, 다양한 의미들로 가득 찬 근대 세계에 반대한다. 방다에게, 정의와 진실은 영원하고, 훌륭하지 못한 지적 상품들이다. 만에게, 감수성의 완벽한 전도顚倒 속에서, 문화는 독일 전통과 동일시된다. 만하임의 '합성'은, 미래의 물질적 근거를 가정하면서도, 봉건적 과거에 호소한다. 오르테가의 '문화'는, 만의 문화와는 다르게, 국가적이라기보다는 유럽적이다. 리비스의 문화는 전반적으로 산업주의 이론에서 중요한 역할을 하면서도, 늘 엄청난 강조를 하는 것이지만, 특히 영국의 도덕적 유산의 위대함과 취약성을 의미한다(Mulhern, 1990; 1998: 133~46).

반反역사적 *counter-historical* 가치를 — 문화 또는 정신 — 지향하는 이런 모임은 지적 전통에서 볼 때 단순한 숙고의 대상은 아니다. 이런 모임은 문화 비평의 주체 *subject* 를 담론으로 정의한다. 즉, 그들은 근대 사회 과정을 보는 입장을 구성하고,

근대 사회 과정을 평가할 수 있는 조건들을 제공하고, 또 그 근대 사회 과정을 거부할 수 있는 조건들을 제시한다. 모든 경우에, 근대성에 관한 일반적인 숙고는 어느 정도는 지식인들의 실천에 관한 신랄한 윤리적 담론을 유지한다. 이 저자들 각각은 그 자신만의 사회적 지위에 따라서 이중의 성격학을 고집한다. 한 편으로는 그들은 열정을 가지고 '파벌적 학파'의 작품들이나 선동적인 속인俗人 **설교사** laiques(지식인 clerisy 에 상대 개념으로서의 '속인 지식인 lay'을 말함), 또는 '전문가,' 또는 계몽된 '문학인,' 또는 학문적이고 도시적인 등치기꾼 등을 한탄한다. 또 한 편으로는 그들은 자기 모순이 없는 '지식인,' '문화적 인간,' 내향적인 독일 예술가, '비평적 소수' 등의 의무를 강조한다.

신념으로 가득 찬 이러한 직업들은 모든 경우에 소수적이었다. 역사의 진행은 저항할 수 없는 것처럼 보였다. 비관주의는, 이들 저자들이 대중 사회의 혐오스러운 증거를 조사할 때, 이들의 텍스트에 나타나는 ― 그렇다고 상대적으로 희망에 찬 만하임의 텍스트를 배제하는 것은 아니다 ― 감정의 특징적인 모습이었다. 그럼에도 방다, 만이 동시대의 무질서에 대한 일상적 반응으로서의 물러섬을 권했다. 그리고 그런 식으로 논쟁을 할 때, 방다는 자신과 자신의 최고 행동주의자 상대들을 하나로 묶어 주는 가정을 호소했다. 이 다섯 명의 저자들은 동시대의 정치학에 대한 강한 반감을 공유했다. 관점이라는 면에서 그들은 어떤 일상적인 의미에서도 정치적으로 당파적인 사람들이 아니었다. 방다가 이상주의라는 한계를 갖고서 진술했던 것을 방다와는 대조적으로 세속적인 오르테가도 역시 주장했다. 근대 정치는, 오로지 선택과 실천이라는 현재의 상연 종목 때문만이 아니라 바로 근대 정치가 사회적 권위의 한 양식으로서는 본질적으로 부족했기 때문에 거부되어야만 한다. 만의 공식에서, 문명을 정치적으로 거부하는 것 ― 문명을 거부하는 것은, 엄밀히, 정치적 정신력의 승리였다 ― 은 자기 모순적이었다. 리비스가 판단한 것처럼, 심지어 현재를 지배하는 질서에 대한 가장 근본적인 도전 ― 사회적 혁명 ― 은 기껏해야 '비본질적'이다. 그러나 이런 권위에 대한 거부가 소수의 요구를 포기하게 하지는 않았다. 문화는, 문화가 설사 영원하든지 단순히 전통적이든지 상관없이, 적어도 어느 정도의 정당한 권위를 다시 얻을 수 있는, 사전에 규정이 불가능한 도덕적 현실이다. 이러한 텍스트들에서 자주 엿보이는 귀족 계급과 성직 계급의 이미지는 상실의 이미지들이고 또한 욕망 ― 일상 생활에서 충돌하고 명멸하는 분쟁을 통제할 수 있는 지적知的 회사에 대한 평행적인 비전과 함께, 만하임과 리비스의 저술에서 명확히 프로그램화된 형식을 발견했던 욕망 ― 의 이미지이다. 공통적 화제, 논쟁의 공통적 형식, 비전과 호칭의 공유된 입장, 윤리 ― 정치적 욕망의 유일한 길, 이 모든 것들은 강력한 담론적 형성의 표시들이고, 이러한 담론적 형성의 대표적 예는 문화 비평의 담론이다.

2 세계 대전과 문화 비평

문화적 원리를 절대적인 사회적 권위로 주장하려는 의지 — 이는 문화 비평이 천명했던 원리이다 — 는 진단을 정책으로 변화시키고, 증언을 행동으로 바꾸는 연속적인 시도를 감행하게 했다. 이러한 시도들 가운데 가장 이른 시기의 시도이며 가장 크고 완전히 공적인 시도는 문화에서의 국제 연맹 League of Nations 을 말한다. 1922년, 국제 연맹 협의회는 지적 협력 위원회 Committee on Intellectual Cooperation 를 설립했고, 3년 후에는, 미술과 문학 소위원회를 설립했다. 이 소위원회에는 토마스 만을 위시해서 여러 사람들이 있었다. 양차 세계 대전 사이에 유럽 지성계를 이끌었던 계관 시인이자 프랑스를 대표했던 폴 발레리 는 '문학적 가치들의 교환'을 — 즉 지식인들에 의해서 명확히 해명될 수 있다 — 만에게 제안했다(Valéry, 1963: 69~113). 위원회는 — 이 위원회는 '영원한' 것으로 확인 받았다 — 작업을 1931년에 시작했고, 일련의 국제적인 회의를 (대화 conversation 라는 명칭을 사용함) 조직했고, 당시의 암담한 문제들에 관한 대화록을 (**서신** *correspondences* 이라는 명칭을 사용함) 출판했다. 연속적인 회의를 통해서 '문화'(1933)와 '유럽 정신'(역시 1933)의 미래를 탐구했고, 또는 '새로운 휴머니즘'(1936)을 계획했다. **서신** 시리즈에는 다른 것들도 포함되었지만, 특히 지그문트 프로이트와 알베르트 아인슈타인이 교환한 편지들이 실려 있다(≪왜 전쟁인가? *Why War?*≫ 1932년에 출판됨, Freud, 1985: 341~62).

오르테가의 주도적 움직임은 스케일 면에서 좀더 제한적이었지만, 따지고 보면, 의도 면에서는 좀더 실천적이었다. 1931년 그는 정치적 형식을 취한 '문화인' 그룹의 일원으로서 신新 스페인 공화국 의회에 들어갔다(Preston, 1987: 89). 독일 파시즘의 승리에 좌절한 만하임은 영국과 스페인으로 떠났고, 1930년대 후반에, 자신의 '포럼'을 실천적 존재로 키우려는 또 한 번의 시도를 시작했다. 1938년, 신앙과 일상 생활에 관한 영국 기독교 협의회 교회Christian Council in Faith and the Common 는 발레리의 '교환 *exchange*'의 국가적 해석과 같은 공동 회의체 *the Moot* 를 창조했고, 지식인들을 세미나에 참여시키고, 지식인들의 협력적인 지혜를 발휘해서 근대의 위기를 해결할 수 있는, 그리고 정치에 사상을 스며들게 할 수 있는 모험적 선언을 발표했다(Kojecký, 1971: 163~97; Steele, 1997: 98~117). 공동 회의체가 존재하는 한, 만하임은 그 작업의 중심에 있었고, 교육받은 엘리트들이 이끌던 계획된 사회에 관한 자신의 비전을 애써서 개진할 수 있었기 때문이었다. 공동 회의체 사건에 참여한 사람들 가운데 리비스의 <스크루티니>에 협력하는 사람들도 — 이들은 '교육에서의 진전'을 요청하는 것으로 이 모임에 나름대로의 공헌을 했다 — 있었다. 학교 교실에서 대중 문명에 관한 언론의 진단을 선전하고, 새로운 세대에 사회 일반의 기구에 저항할 수 있는 지적인 수단을 제공했기 때문에, 이 움직임은 영국 문화 비평의 뚜렷한 '정치학'을 구성할 수 있었다(Mulhern, 1979: 107f).

　이러한 주도적 움직임은 그 어떠한 것도 효과적이기는 커녕 유지될 수 없는 것으로 드러났다. 발레리의 교환 개념은 이 개념과 동일하게 추상적인 후원 단체보다도 더 오래 생존하지 못했다. 이미 군세력에 의해서 안정되어가고 있는 미래를 '계획하기' 위해서 마지막 회의가 1938년 니스에서 열렸다. **대화**와 **서신**이라는 이름은 적절하게 명명된 것이었는데, 그것은 공적 약속이 아니라 개인적 교제의 장르라는 의미였다. 오르테가는 문화인 그룹의 일원으로서 활동한 시기(1931~3)의 삶을 통해서, 공유한 직관을 응집력 있는 정치적 실천으로 바꾸려는 문화적 흥미의 능력을 의심할 수밖에 없었다. 그는 사회주의자의 지원을 등에 업고 의장으로 선출되었지만, 마드리드 의회에서는 판에 박힌 반사회주의적 열변을 토했다. 그의 문화적 동료들은 다양한 정치 진영으로 흩어져서, 급진주의자가 되기도 했고, 파시스트의 모체라고 할 수 있는 스페인 전위 Frente Español 에서 독립적인 중도파나 행동주의자가 되기도 했다. 공동 회의체는, 영향의 가망성으로부터 그리고 정치적 위기의 중심으로부터 상당히 멀리 떨어졌기 때문에, 2차 세계 대전 이후에도 살아 남았지만, 집단적 열정이라는 연료를 너무나 적게 공급받았기 때문에 결국 영감을 주었던 인물과 함께 사라졌다. '포럼,' 즉 공동 회의체는, 영국 후원자 식대로 말하자면, 정치적으로는 언제나 다양하고 차분했다. 즉, 공동 회의체는 보수주의자, 자유주의자, 사회주의자 등의 다양한 인물들을 포용했다. 포럼의 문학적 흔적 중에서 가장 널리 알려진 것은 엘리엇의 ≪문화의 정의를 위한 몇 가지 단상 Notes Towards the Definition of Culture≫(1948; 1962)이다.

그런데 이 책은 반어적이게도 문화와 사회에 관한 만하임과 만하임 추종자들의 비전을 반박하는 글이었다. 리비스의 '교육에서의 운동'은, 어떤 면에서는, 동일한 주장을 하는 그 어떤 사람들의 글보다도 좀더 성공적이었다. 영국 문학 연구의 제도적 우월성을 위한 그의 실천적 계획은, 비록 정책으로서는 그 어떤 실효를 거둔 것은 아니었지만, 한 세대의 선생들을 위한 개인적 임무를 수행하는 양식으로서의 역할을 했다. 그러나 그것이 바로 성취의 한계였다. 이것은 조직이나 도구가 없는 독자적인 운동이었다. 이러한 운동 속에서 '정치'의 기치가 문화의 실천적 의도의 기호로서 올려졌지만, 그 이상은 아니었다.

이러한 노력들은 문화 비평이 연속성, 질서, 전체성, 그리고 인간성 등의 직관적 지식을 방어하기 위해서 생각해 낸 수단들이었다. 그리고 가능한 범위에서, 근대성의 무정부주의적 조건들에서 그 스스로의 권위적인 사회적 역할을 발견하기 위해서 생각해 낸 수단들이었다. 물론 그러한 노력들이 직면했던 저항은 전형적이고 즉각적인 표현을 하는 사회적 질서 자체의 저항이었다. 즉, 산업 경제의 맹목적 추진력, 선거 절차와 시장의 불만, 대중의 뻔뻔스러움 그리고 대중의 유사품 같은 지적인 아첨꾼들의 회의주의 등이 바로 그런 저항이었다. 문화 비평이 지성의 협력적인 기능, 즉 사회적 '기구'의 삶에서의 특별한 역할을 식별하고 정당화했던 것은 바로 그러한 위험들을 결국은 명명名名하는 일에서였다. 그러나 또 다른 종류의 도전은 그러한 추정적인 협력의 내부로부터, 즉 질문과 대답이라는 익숙한 종목의 문화 전통과 함께, 자체적인 면에서 올바른 판단의 타당성 있는 근거가 아니라 호기심 그 자체였던, 비평가들과 이론가들의 저술들로부터 왔다.

프로이트의 문화 비평

1차 세계 대전과 2차 세계 대전 사이에 활동했던 유럽 지식인들의 정치에 대한, 위대한 사상가인 지그문트 프로이트의 공헌은 인간의 공격성에 관해서 다른 지식인들과 나눈 대화에 있다고 볼 수 있다. 사실 프로이트는 개인적으로는 이런 대화를 지루하고 무의미한 일이라고 생각했다(Freud, 1985: 34). 이 분야에서 프로이트가 독립적으로 동기화한 중재는 — 여기서 이 분야는 ≪문명과 그 불만 Civilization and Its Discontents≫과, 이 책과 동반자 관계에 있는 ≪환상의 미래 The Future of an Illusion≫(이 두 책은 각각 1930년과 1927년에 나왔다)를 말한다 — 기본적인 원리에서 보면, 그렇게 고매하던 경건에 대한 거부였다. '문화'와 '문명'의 정전적인 대립을 인용하면서, 프로이트는 "나는 그 둘을 구분하는 것을 경멸한다"라고 선언했다(1985: 184). 이것은 어떤 면에서는 도덕적인 몸짓으로, 그 시대와 장소를 반향하고 있다고 볼 수 있다. 토마스 만은 독일의 정신적 독특성을 단언하면서 문화와 문명이라는 용어들을 생각하게 했던 수많은 사람들 가운데 한 명이었다. 그리고 프로이트는 사실 원래 책의 최종적인 제목으로는, 아마도 동일하게 부적절하다고 볼 수 있지만, 프로이트가 영어 번역으로 추천했던 '문명'이라는 단어가 아닌 **문화** Kultur 라는 용어를 고려했다(p.182). 그러한 몸짓은 또한 이론적 근거 면에서는 정당화되었지만, 정신 분석이 사회 과학의 영역에서 설명적 요구를 주장했던 바로 그 논제에 의존했다. 프로이트는 모든 정신적 삶에 대해서 단일한 해석을 제안했다. 그 해석을 문화라고 칭하든 문명이라고 칭하든 상관없이, 학습으로 습득한 사회적 행위는 인간 신체의 필요 조건들이 형성한 단일한 정신적 콤플렉스를 형성했다. 문화 – 문명은 인간이라는 동물이 상호 생존의 목적을 위해서 자신들의 본능을 순응시켰던 양식이다. 너무나 특징적인 실천과 제도는 자연 상태에서 바라보자면 진보적 발전으로, 또는 과거의 전통에서 바라보자면 또 하나의 뚜렷한 정신적 질서의 표현으로, 평가될 수도 있다. 사실, 실천과 제도는 변하지 않는 인간 조건의 기능적인 수정修整이었다. '억압 repression'과 '승화 sublimation'는 구성적 과정인데, 이 과정을 통해서 사회의 용인된 의미들과 가치들이 구성된다. 예를 들자면, 성적 충동과 공격적 충동은 법적 약호와 윤리적 약호에서, 또는 보완적 과정에서 진실과 미를 '좀더 고차원적'으로 추구할 때, 대체적이고 이상화된 만족을 향하고, '숭고하게' 될 때, 금지되는 경향이 있다. 문화 – 문명의 작용 방식은 따라서 통제적이고 형성적이었다. 문화 – 문명은 그 수단으로 명령과 금지뿐만 아니라, 정신과 육체의 정전화된 예술, 즉 철학, 시, 음악, 춤 등을 포함했다. 그럼에도 문화는 분리되어 특권화된 영역으로서가 아니라 안절부절하는 동물들의 행위로서 존재했다. 미학 교육의 전반적인 전통에 반대해서, 그것은 인간의 완전성과 완성에 이르는 획득 가능한 수단이 아니라, 자기 분열, 좌절과 죄의 창조였다. 즉, 행복의 약속이었지만, 아마도, 그러나 필연적으로, 거짓 약속이었다.

정신 분석으로서, ≪문명과 그 불만≫(Freud, 1985; 1930)은 문화의 정신적 주장과 그 지적 대표자들에게 신랄한 논평을 가했다. 우상 파괴를 공언하는 어조는 (이 어조는 프로이트의 이론을, 비판적 사고의 일종의 가학적인 만족을 암시하면서, 예시적으로 보여 주었다) 교묘한 논쟁적 의도를 의미했다. 게다가 좀더 압박을 하고, 문화 비평의 특징적인 사회적 공포를 투사投射의 경우로,

'문명'이 문명을 피하는 '문화'와 결국은 하나이고 동일한 것이라는 승인될 수 없는 징후로서 해석하는 것은 아마도 가능했을 것이다. 20년 후에 테오도르 아도르노 Theodor Adorno 가 프로이트에 대한 간접적이긴 하지만 명백하게 언급했던 것처럼, "문화 비평이 문명에 대해 행복해 하지 않는데, 사실 문화 비평가만이 문명에 대해 불만족스러워 한다. …… 그럼에도 그는 필연적으로 자기 자신보다 열등하다고 여겼던 문명과 마찬가지로 필수적인 존재이다"(Adorno, 1955; 1981: 19). 그러나 정신 분석학적 이유만 프로이트의 인류학에서 작용한 것은 아니었다. 자신의 핵심 이론을 집단적 삶의 영역으로 확장하면서 프로이트는 두 가지 모험을 했다. 그는 사고의 움직임 속에서, 인간의 역사를 하나의 위대한 전기로 구성했고, 전 인류를 하나의 집단적 개인으로 재상정했다. 동시에, 마치 태만으로 그런 것처럼, 그 시대의 지배적인 사회적 담론을 흡수했고, 그 담론을 정신 분석의 언어로 다시 썼을 뿐이었다.

프로이트의 책 제목, 즉 ≪문명과 그 불만≫은 일종의 오기誤記였다. 그의 기본적인 개념적 구분은 개인적인 것과 사회적인 것 사이의 구분이다. 그리고 그 둘 사이에 진정한 유사점은 없다(1930; 1985: 284~5). 문자 그대로의 개인, 즉 유기적 특이성은 정신 분석의 축적된 이론적 자원과 함께 탐험된다. 이 특이성은 동시에 종으로서 개인의 은유를 유지한다. 그러나 이 의문스러운 외부적 삽입에서의 경우를 제외하고는, '문명'의 범주에, 즉 사회적인 것은 특별히 언급되지 않았다. 프로이트에게, 자유주의적 전통에서 볼 때, 개인은 완벽한 범주였고, 에너지, 욕망, 그리고 의도의 원천이었다. 사회는 개인의 보충이고, 보호와 억제의 단순한 기구이다. 노동, 기술, 과학, 그리고 법

67

등에 — 이러한 것들은 생산의 역사적 시스템과 그 시스템을 구성하는 권력에서 분리된 것들이다 — 대한 몇 가지 형식적인 언급은 사회적 질서의 설명으로서 역할을 한다. 프로이트는 공산주의와 사회주의에 대해서 지나가듯이 언급을 했는데, 그 언급은 비판적 개방성이라기보다는 교육적 정중함을 암시했던 방식으로 평가된다(pp.303, 305~6). 명백한 과학적 사실주의의 이름으로 제의된 것이었지만, 프로이트의 주요한 사회 – 인류학적 주장은 일상적인 유사 – 귀족주의의 비관주의를 되풀이했다. '평범한 사람'과 '지도자 유형의 개인,' '좀더 강한 성격'과 '나약한 사람'은 프로이트의 사회적 상상력의 양극단을 나타냈다(pp.261, 294~5, 307). 프로이트는 "대중은 게으르고, 지적이지 못하다"라고 ≪환상의 미래≫에 썼다. 또한 그는 같은 책에서 "대중은 본능을 포기할 의사가 전혀 없고, 본능의 불가피성에 대한 논쟁을 통해 확신을 얻지도 못한다. 대중을 구성하는 개인들은 자신들의 무절제를 자유롭게 인정하는 점에 있어서 서로 옹호한다"라고 썼다(Freud, 1927; 1985: 186).

포기할 수 있는 진보는, 프로이트가 인정했던 것처럼, 비록 그 진보가 제한적이고 비판받기 쉽더라도, 생각할 수 있는 것이었다. '우월하고, 굳세고, 사심이 없는' 소수는 오로지 교육으로 자신들의 통찰력이 전반적인 권위를 얻기를 바랄 수는 없지만, 모두를 위한 문명화된 불행의 추구에 있어서 '권력에 이르는 수단,' '어느 정도의 억압'을 전개해야만 했다. 또는 매튜 아놀드의 슬로건에서, 영국 자유주의 교육의 입법자는 문화가 정부주의 길들이기를 희망할 수는 있지만 어떤 경우에서도 무정부주의를 참아서는 안 된다는 점을 확인해 주었다. 즉, "권리가 준비될 때까지는 강요하라"(Arnold, 1864; 1964: 16).

문화 비평에 대한 프로이트의 이론적 포기, 즉 문화의 정신적 특성의 주장에 대한 그의 '경멸'은 일종의 자기 파괴를 필연적으로 가져왔다. 그것은 엄격한 의미에서 비극적이었다. 그는 자기 자신의 이론적 전제로부터 '문화'와 '문명'의 실질적 통합을 논증했고, 그 논증에 의해서 '교양인 *the man of culture*'의 이론적 근거를 훼손했다. 그러나 특히 사회 – 역사적인 참고 사항의 비평적 개념에 대한 그 어떤 비교할 만한 접근성이 부족했기 때문에, 프로이트는 일반적으로 널리 퍼져 있는, 문화의 사회적 위계 질서를 설명할 수 없었다. 그는 동물적인 인간의 본성에 대한 그의 근본적인 통찰에 따라서 행동을 했지만 — 그럼에도 그는 민주주의 전前 단계의 전통적인 권위주의적 자유주의의 관습에 사로잡혀 있었다 — 당대의 사회적 관계 속에서 단지 또 다른 제2의 본성의 피할 수 없는 형식들과 곤란한 상태를 보았을 뿐이었다. 소수의 우월하고, 빗나가지 않고, 사심이 없는 존재와, 그 소수의 존재 주변에 몰려드는, 게으르고, 무지한 대중이 있을 뿐이다. 이것이 문화 비평의 관점에서 바라보는 세계였다.

울프의 자웅동체

문화 비평 차원이라기보다는 교양 있는 지식인의 자기 지키기의 전시 차원으로 그리 걱정스럽지 않은 이런 담론의 다양성을 검사하고 싶어하는 사람이라면 그 누구도, 블룸즈버리 Bloomsbury 라는 영국 중심 지역에 위치한 프로이트의 영국 출판사인 호가스 출판사 Hogarth Press 의 주변 저 너머까지 쳐다볼 필요는 없었다. 버지니아 울프는 호가스 출판사의 주요 작가였고, 또한 그녀의 남편 레오나르드와 함께 출판사의 소유주였다. 이들 부부의 집은 영국에서 20세기 초엽의 가장 뛰어난 모임 가운데 하나를 위한 회합 장소였다. 그 모임에는 소설가 E. M. 포스터, 버지니아의 여동생인 화가 바네사 벨, 그리고 경제학자 존 메이나드 케인즈 John Maynard Keynes 등이 참여했다. 블룸즈버리 그룹은 — 후일 이런 식으로 불렸다 — 특이하게도 이 이름이 암시했던 강력한 공통적 정체성을 거부했다. 그들은 단순히 '친구들' 모임이었다. 그럼에도 ≪문명 Civilization≫(Bell, 1928)에서, 바네사 벨의 남편 클라이브 벨은 선언서와 유사한 그 어떤 것을 제안했다. 지금은 사라진 ≪새로운 르네상스 The New Renaissance≫라는 이름을 붙여서 좀더 폭넓게 작업을 했던 흔적은 있지만, 벨의 에세이는 이러한 봉쇄 증거에 직면해서 그 그룹의 어떤 분위기도 전달하지 못했다. 그는 문명이, 즉 '훌륭한 정신 상태'의 경험을 선호하는 일반적인 조건은, 문명화된 소수와 문명화하는 소수의 작업이었다고 주장했다. 그것은 유한계급의 존재에 의존했고, 그 점을 지원하기 위해서는 그 문명화 과정으로부터 이익을 충분히 확보하는 노동 인구에 의존했다. 자본과 노동 사이에 존재하는 계급 투쟁은 문외한들의 다툼이었으며, 그런 다툼의 그 어떤 결과에서도, 이 필요한 사회적 기초를 확립할 수 없었다. 기술적 혁신을 포함하는 경제적 발전과 인구 통계학 발전의 동등한 전략과, 비교할 수 없는 노동 잉여를 위해, 선택적 사육飼育과 계획적인 이민은 문명화된 미래가 성립될 수 있는 수단이었다. 이 지점에서 '문명'은, 블룸즈버리의 말투로 하자면, 긍정적 가치였다고 말하는 편이 좋을 것이다.

벨의 책은 버지니아 울프에게 바치는 편지로 시작했다. 울프는 아마도 조금 후에 쓰여진 한 수필에서 여동생 남편의 행복한 사회학을 골상학적骨相學的인 비유로, 즉 '이마 *brow*'1의 지적 위계 질서라는 관점에서 재조명했다(Bell, 1928: v~viii; Woolf, 1942).2 울프의 의도는 '고급 교양인 *highbrow*'과 '저급 교양인 *lowbrow*'의 이분법의 완전함과 상호 의존성을, 제 3의 유형인 '중급 교양인 *middlebrow*'의 침입에 직면하면서, 문화적 유형으로 확인하려는 것이었다. 그녀 자신과 같은 고급 교양인은 '사상을 좇아 시골을 질주하듯이 정신을 모는 철저하게 교육받은 지성인 남녀를 말한다'(Woolf, 1942: 147). 저급 교양인은, '물론,' '생활을 좇아 삶을 질주하듯이 자신의 육체를 모는, 교양 있고 생명력이 넘치는' 사람을 말한다. 고급 교양인은 저급 교양인을 '필요로 했고' '존중했다.' 그러면서 이 각 집단은 상대편에게서 자기 자신의 집단에게 없는 필수적인 보충 부분을 발견했

---

1. 다음에 나오는 세 개념, 즉 *highbrow, middlebrow, lowbrow* 등의 개념에 *brow* 라는 단어가 사용됐기 때문에 골상학적 비유란 말을 사용했음. 앞의 세 단어는 이마의 모습을 보고 지적인 수준을 결정하는 관습에서 나왔음. ― 옮긴이

2. 울프의 수필, "중급 교양인"은 <뉴 스테이트맨 *New Stateman*>이라는 잡지의 편집자에게 보내는 편지의 형태로 작성되었지만, 울프의 생전에는 발표되지 않았다. 유고 수필집 ≪나방의 죽음 *The Death of the Moth*≫ (Woolf, 1942)에 이 수필이 등장하는데, 정확한 작성 날짜가 없고, 단지 이 편지가 편집자에게 전달되지 않았다는 편집 정보만이 실려 있을 뿐이다. 그러나 울프는, 현재 시제를 지속적으로 사용하면서, 1928~9년에 런던의 <이브닝 스탠더드 *Evening Standard*>에서 자신의 책을 검토한 아놀드 베넷의 서평을 암시적이지만 분명히 언급한다. 그리고 <뉴 스테이트맨>은 <네이션 *Nation*>과 그 제목을 1931년 초엽에 인수했다. 따라서 1930년의 어느 날일 가능성이 높아 보인다. 영국의 BBC 방송국이 '방송을 통제'하려는 것에 대해서 울프는 놀리는 듯이 논평을 하고 있는데, 이는 울프의 친구인 소설가 E. M. 포스터가 1931년에 행한 라디오의 검열 제도에 대한 공개적인 비판과 비길 수 있다. "The Freedom of the BBC," *New Statesman and Nation* I (6), (New Series), 1931. 4. 4, pp.209~10.

다. 이 필수적인 보충 부분은 '삶'을 위한 것이었거나 삶에 대한 숙고를 위한 것이었다. 그러나 이 양자가 겹치는 법은 없었다. 울프는 자신의 문화적 분류학과 기존의 사회 계급 질서를 명확히 구분했다. 울프는 결국 이런 담론적 전통을 모범적으로 거부하는 사람이었다. 그리고, 비록 그런 환영받지 못한 연상적 결합은 '시골'과 '삶'의 대립을 불러왔지만 (사실 이 시골이란 장소는 고급 교양인이 말을 타고 다니는 현실적인 재산이었고 삶이라는 것은 저급 교양인의 할당받은 공간이었던, 한 개인의 명목상의 경작지였다), 그 구성에 있어서는 단순히 사회적이 아닌 그 어떤 것이 있었다. 그것은, 울프의 골상학적 이미지와 전원적 이미지가 확인해 주었던 것처럼, 사물의 자연적이고 생산적인 질서였다. 그러나 중급 교양인은 이 점을 이해하려 들지 않았다. 중급 교양인들은 문화적으로 자신들을 고급 교양인들과 동등한 존재로 표현하려고 했지만, 훌륭한 취향 중에서도 치명적인 매너리즘만을 성취했을 뿐이었다. 또한 그들은 까다로운 엘리트들이 저급 교양인들을 무시하는 것으로부터 저급 교양인들을 구해 주고, 그들에게 문화를 가르쳐 주려 했기 때문에, 저급 교양인들을 후원했고 표현에 있어서 그들만의 즉흥적인 아름다움을 향상이라는 무미건조한 구도에 종속시켰다(p.152). 일부 사람들이 교육이라고 생각했던 것에서, 울프는 괴물들의 탄생을 보았다. 울프의 선언에 따르자면, 이 '중개인들 go-between,' 또는 이 '남의 일에 참견하기 좋아하는 사람들 busybodies'은 불모의 잡종이고 문화의 본질에 역행하는 공격적인 존재들이었다. 이들의 야망은 '남편과 아내'라는 전통적 이분법을 넘어 '중간적 성 middle sex'을 창조하는 것만큼이나 터무니없는 일이었다(p.154).

이 글은 가장 편한 모습을 취하고 있을 때의 울프 모습을 보여 주었고, 마치 주말의 여흥거리를 위한 것처럼, 소수 문화의 화제, 그 문화의 자연스러운 특권, 그리고 그 특권을 방해하는 근대의 부자연스러운 태도 등에 관한 특이할 정도로 치명적인 변주곡을 고안해 내었다. 그러나 울프의 글쓰기는 담론적인 면에서 복합적이지만, 여기서는 하나의 관점과 목소리를 가정하고 있다. 그러나 다른 곳에서는 이와는 상당히 다르게 보고 말했다. 그녀는 자신의 <일하는 여성들의 길드에 관한 기억 Memories of a Working Women's Guild>이란 글에서, 대중적인 독학 獨學 문제에 관한 능동적 진취 정신에 대해서 날카로운 비판 능력을 보여 주었다(1967: 134~48). 그리고 그녀는 또한 자신의 고급 교양인의 문화적 유산에 대해 가장 날카로운 비판적 태도를 가질 수도 있었다. 프로이트는 ≪문명과 그 불만≫에서 문화의 정신적인 자의식의 신비적인 면을 제거했고, 문화를 형성하고 강력하게 만들었던 심리적 – 생물학적 충동을 해명했다. 그럼에도 인간 본성이라는 강력한 개념이 그의 설명에 중심적인 것으로 존재하는 한, 비록 물질적인 모습을 취하기는 했지만, 그는 일반적인 타당성과 권위에 대해서 인본주의적 요구를 아낌없이 주장했다. ≪자기만의 방 A Room of One's Own≫(1929; 1977)에서, 울프는 문화적 통일성과 보편성의 전통적 관념을 공격하기 위해서 특히 사회적 유물론을 전개했다.

이 얇은 책은, 논쟁적인 요소로 여겨지지만, '소설가의 모든 자유와 허용'을 이용했던 것으로 유명했다(p.6). 그러나 허구적 요소가 그런 자유와 허용에 얼마나 많이 또는 적게 침투했었는지는 모르겠지만, 처음 세 장의 생각과 추측은 단 하나의 논쟁적 주제만을 옹호했다. 즉 아마도 일반적인 선善은, 특히 인간적인 선 human good 을 포함하는 문화가 '가부장적 규칙'하에서 형성되었다는 주제만을 옹호했다. 이 규칙의 기반은 '대단히 물질적'이다. 울프는 배움과 생각의 수단에 대한 여성의 접근성이 현실적으로, 또한 상징적으로 제한 받고 있다는 점을 묘사했다. 울프는 재산과 수입에 대해서 남성들이 오래 전부터 여성의 권리를 빼앗아 온 것을 여성의 지적인 주변성과 예술적인 주변성을 가능하게 하는 조건으로 동일시하고, 심지어 개혁이 이루어진 상황에서도, 유산으로 이어받은 황폐함이 여성들의 스스로를 위한 노력을 얼마나 제한하는지 계속해서 보여 주었다. 문화는, 형성 과정의 실제 과정이 그러한 것처럼, 단순히 공통 가치의 불평등한 전용專用만의 특징이 있는 것은 아니었다. 그와는 반대로, 지배적인 가치들은 그 자체로 그 심층적 구성에 있어서 젠더 차이를 갖고 있다. 이것은 여성이 남성으로 인해 강박적으로, 때로는 분노할 것처럼 표현되는 재현의 질서였고, 여성은 마치 '우주 속의 그 어떤 동물'처럼 그려졌다 (p.27). 그 우주는 관습적인 상징적 도약이 종속과 주변성이라는 현실을 변모시켰던 곳이었다. 심지어 이런 남성 중심의 문화는, 여성의 입장에서 볼 때 특수한 혁신을 가능하게 했던 곳에서조차도, 보통의 남성이 지배하고 주로 남성에게 보존되었던 세계에서 형성된 스타일과 화제話題의 저장고 앞에서, 여성을 서투르고 외로운 존재로 만들었다. 그러한 실제적이고 심리적인 제한으로 가득 찬 현실에 저항을 해야 하는 시험을 통과해야 한다면, 억압할 수 없는 천재라는 생각은 환상에 불과했다. 주디스 셰익스피어 Judith Shakespeare 가, 만일 오빠의 길을 따라서 똑같이 살았더라면, 아마도 비참하게 죽을 수밖에 없었을 것이다.

그렇다면 억압의 주관적이고 객관적인 체계로부터 여성을 해방할 수 있는 조건은 무엇이 있을까? 울프는 수단과 목표를 제안했다. 울프는 지속적인 유물론을 유지하면서 — 문화 비평의 관습과는 분명 다르게 시장에서 타락했다고 여겨지는 평등보다는 재산과 재산 문제에 따르는 불평등을 강조했다 — 여성에게 있어, 그 어떤 사회적 범주에서 보더라도, 창조성의 사전 조건이 종류 면에서 엄격할 정도로 실천적이었다고 주장했다. 여성의 예술적 창조성의 역사적 양상은 너무나 많이 확인됐다. 구체적으로 말하면 생산 수단이 값싸고 튀지 않는 (말하자면, 펜과 종이) 분야에서 좀더 강력하게 창조성이 발휘되었지만, 좀더 비용이 많이 들고 위압적인 생산 수단이 요구되었던 곳에서는 창조성이 아예 발휘되지 못했거나 거의 발휘되지 못했다. 여성의 물질적 접근과 통제는 여성이 자율적인 문화 생산자로서의 등장 조건이었다. 그 유명한 제유법으로 말하자면, 이 조건은 바로 '돈과 자기 자신만의 방'이었다(p.6). 이런 기본적인 물질적 획득은 여성 작가들로 하여금 성차별이 내재하는 억압적인 문화에서 해방을 향하는 집단의 오랜 여행을 시작할 수 있게 했다. 울프는 이런 점에서 진보가 이미 고착화된 평가 기준들로 측정될 수 있다고 하는 생각을 받아들이지 않았다. 자질과 능력에 대한 지배적인 직관은 무지와 억압의 역사를 양식화한 것이고, 그런 양식화에 굴복한다는 것은 '비참한 배반'이 될 것이다. 그녀는 혁신적이면서도 다루기 어려운 과정을 꿈꾸었다. 그녀는 그 과정이 쓰기와 재현이라는 친숙한 용어들을 변하게 할 것이고, 또 그 과정에 대한 깊은 인식이 자유롭고 충만한 주관적 삶으로 들어가는 해방의 길이 될 것이라고 믿었다. 젠더의 지배적 질서가 단순히 차별적인 것은 아니었다. 지배적 질서는 인간 심성에 선천적인 양성적 특징을 부정했고, 모든 주관성을 성향과 행위라는 협소한 이분법적 구도에, 즉 남성성 또는 여성성이라는 상투적인 관습적 사고에 제한했다. 사실, 여성과 남성은 모두, 정도의 차이는 있지만 '여성 – 남성적'이고 '남성 – 여성적'이다. 하나의 해방된 문화는 이러한 현실을 금지하지 않고 '자웅동체 *androgyny*'라는 도덕적이면서도 문체론적인 가치로 다 끌어안을 수 있는 중심 주제가 될 것이다.[3]

이 점이 《자기만의 방》의 추론에서 나타나는 사고의 주요한 경향이다. 엄격한 페미니스트의 관점에서 볼 때(비록 울프는 이런 명칭에 거리를 두었지만), 이 사고는 혁명적이다. 그러나 이 사고는 발전하면서 반대의 경향에 직면하고, 그 결과는 《자기만의 방》의 구성에 동일하게 공헌을 한다. 그 구성은 문화에 대한 이중 초점, 즉 담론적 입장의 이중성을 드러낸다. 이 책의 요체는, 종종 언급된 것처럼, '분노*anger*'이다. 울프는 가부장적 문화에 보이는 방어적인 성차별주의자의 분노를 경멸했고, 그 가부장적 문화가 억압했던 여성들의 분노에서, 물론 자신의 분노도 포함해서, 그 이유를 발견했다. 그럼에도, 그녀는 예술에서 그런 분노가 차지할 자리는 없다고 주장했다. 사실 그녀가 생각하는 예술의 최고 성취는 과연 그런 '낯선' 감정을 초월하는 것과 관련이 있다. 그녀는 《제인 에어*Jane Eyre*》와 같은 작품에 그런 낯선 감정이 침입했다는 점을 유감스럽게 생각했다. 샬럿 브론테의 소설을 논평하면서 그녀는 다음과 같이 썼다.

이 소설을 쓴 여자는 제인 오스틴보다 더 천재적이라고 볼 수 있다. 그러나 만일 누군가 그 책을 여러 번 읽고 그 책 안에서 뒤틀림, 즉 분노를 표시한다면, 그녀가 결코 자신의 천재성을 온전히 표현하지 못하고 있다는 점을 알게 될 것이다. 그녀는 냉정하게 써야 되는 부

───────────────────

3. 이런 관점에서 울프의 소설 《올랜도 *Orlando*》(1928)와 비교하라.

분에서 분노에 휩싸여 글을 쓰는 경향이 있다. 그녀는 현명하게 써야
되는 부분에서 어리석게 쓰는 경향이 있다. …… 그녀는 자신의 운
명과 전쟁을 한다(Woolf, 1929; 1977: 66~7).

이 글은 페미니스트 비평이 작품에서 혼란스럽게 방향 전
환한 것으로, 그러한 글의 수사적 힘을 창조할 수 있는 작가에
대한 모순적인 판단이다. 울프가 브론테에 관해서 논평한 것처
럼, 이 울프의 글 역시 '연속성이 방해받고 있다'고 볼 수 있다.
여성의 '성 의식 *sex-consciousness*'이 없었다면 ≪자기만의 방≫이
존재하지 못했을 것인데, 오히려 ≪자기만의 방≫에서는 그러
한 성 의식이 여성의 창조적 성취의 적으로서 나타난다.

전략의 문제와 개인적 성향이 이 중요한 점의 형성 과정에
서 중요한 역할을 했다. 그러나 그러한 전략을 고려하는 것은
근본적이지만 결국은 자기 모순에 이를 수밖에 없는 문제를 단
순히 치환하는 것과 같다. 이 논리적 어려움은 울프의 추론을
담론적으로 형성함에 있어 금지선을 설정하게 하고, 울프가 채
용한 역사적 관점에서 계시적 성격의 유사한 대상을 발견하게
한다. 사실 ≪자기만의 방≫은 두 개의 모순된 역사적 서사를
제안한다. 그 가운데 하나는 길고, 계속적이고 종료되지 않은 서
사로, 수세기에 걸친 영문학을 측정할 수 없는 과거로 추적해야
만날 수 있는 억압의 서사이다. 나머지 하나는 짧고, 울프의 생
애와 동일한 연장선상에 존재하고, 둘로 쪼개지는 서사이다. 좀
더 나중이면서 어두운 단계를 알려 주는 울프의 입장은 바로 여
자와 남자의 강화된 '성 의식'이었다. 그러한 성 의식에는, 울프
가 믿기에, 여성의 참정권 운동으로 인해 촉발된 남성 우월주의
자의 비상 상태가 존재했다는 점에 '의심의 여지'가 없다. 이런

단계에 대한 자신의 관찰에 대항해서, 그녀는 좀더 가볍고, 젊음이 넘치는 다양한 스타일의 이성간異性間 교환이라는 몽상을 했다. 이런 몽상은 그녀가 전쟁 전의 옥스브리지4의 추억으로서 제공한 몽상이었다(pp.13~6). 이런 추억은, 사실 이미 언급했듯이, 클라이브 벨이 자신의 ≪문명≫의 헌사에서 울프에게 이미 제시했던 그런 종류의 추억이었다(Bell, 1928: v). 이런 경쟁적인 이야기들은 경쟁적인 담론에 속한다. 그 두 가지 이야기 가운데 으뜸가고 좀더 강력한 이야기는 가부장적 질서와 그것에 대한 여성의 저항 사이의 대립으로 정의되는, 명백한 페미니스트의 이야기이다. 두 번째 이야기 속에서 그 대립은, 예술 사이의 또 다른 대립에 의해서, 예술이 창출하는 문명적 관계에 의해서, 그리고 정치의 의해서, 즉 분열된 사회의 고통스럽고 충격적인 적개심에 의해서 치환된다.

이 관점에서 보면, 자웅동체의 개념은 한 가지 의도라기보다는 두 가지 의도로서의 역할을 한다. 울프의 텍스트에서 담론적 자기 분열을 완화시키는 것은 바로 몇 가지로 해석될 수 있는 이미지이다. 그 여러 의미 중의 하나 속에서, 자웅동체 개념은 유토피아적이고, 억압적인 성 관계로부터 미래에 해방될 수 있는 규정적인 자질이다. 그러나 울프에게 그러한 조건은 다양함과 관계가 있다기보다는 충만함과 관계가 있다. 그 조건을 설명해 주는 용어는, 울프가 믿기에 예술과 문학의 진정한 속성이라고 볼 수 있는 통일성, 온전함, 통합과 해결 등이다.[5]

---

4. 옥스퍼드 대학과 케임브리지 대학교를 말함. — 옮긴이

5. 엘렌 식수는 글쓰기에서 양성 bisexuality 의 개념 내에서 다음과 같은 동일한 구분을 주장한다.

"'양성적, 따라서 중성적인'이라고 말할 때, 나는 양성의 고전적 개념

유토피아적 상상은 보통 과거에서 그 영감을 이끌어 낸다. 그러나 그 징후가 이미 공식적인 기념비가 되어 버린 유토피아가 여기 있다. 창조적인 자웅동체의 개념을 공식화했던 이는 바로 코울리지이다. 셰익스피어와 오스틴은 모범적인 존재였다. 심지어 과거의 고통뿐만 아니라 좀더 나은 미래에 대한 약속을 상징적으로 그리는 비극적인 인물 주디스조차도 그 어떤 사람의 누이는 아니었다. 논의가 이런 식으로 정교하게 전개된 자웅동체란 개념은 그 두 번째 양상을, 비록 모든 전복적인 양상에서는 아니지만, 밝혀 낸다. 첫 번째 것의 비평적 주장을 중화시키는 이런 의미에서는, 자웅동체의 개념은 가부장적 변형으로부터 문화적 가치가 수용된 전범을 회복하고 현재에 대한 판단과 미래에 대한 규범으로서 그것을 회복하는 역할을 한다.[6] 여기서, 울프는 매튜 아놀드와 자신의 정신적 유대 관계를 밝힌다. 리비스가 직접적으로 계승한 아놀드의 문화적 비판은 온전하고 '사심이 없는' 인간성으로 활동하는 '최고의 자아 *best self*'와 특

을 언급하고 있는 것이다. 이 고전적 개념은 거세 공포의 상징 아래에서 으깨어지고, '전체 *total*' 존재의 (비록 두 개의 반쪽으로 구성되어 있지만) 환상과 함께, 손실을 초래하는 수술로서 경험되는 차이를 제거한다. …… 이런 자아를 지우는 양성이나 합병 유형의 양성과, …… 나는 다른 양성을 대조시킨다 …… 즉, 여기서 다른 양성이란 남성과 여성의 현존 자아 — 남성 혹은 여성에 따라서 다양하게 발현되는 집요한 현존 자아를 말한다 — 내에 존재하는 각자의 위치(자아의 표식)나 동일함의 또는 차이의 비배제 *non-exclusion*를 말한다"(Cixous, 1981: 254).

6. 같은 해에 출간된 단명한 책 ≪문화의 의미 *The Meaning of Culture*≫ (New York: Norton, 1929)에서 소설가 존 쿠퍼 포우이스 John Cowper Powys는 남성 – 여성의 상호 보완성을 문화의 가장 유익한 기반으로서 찬양했다. 그는 또한 모든 젊은 여성은 '온전한 자기 자신만의 방'을 가져야만 한다고 주장했다(pp.134, 249, 272).

수하고 적대적인 사회적 이해가 지배하는 '평범한 자아 *ordinary self*' 사이의 전략적인 차이를 유발했다(Arnold, 1869; 1932). 울프식의 자웅동체 개념은 그 감각적인 정신적 짜임새란 면에서 볼 때, 사심이 없는 최고의 자아와 다르다. 그러나 그것의 병렬적인 비평적 기능은 — 이런 기능은 리비스의 문화 비평에서도 인지할 수 있는 기능이다 — 더 높은 수준의 문화적 완전성에 타당성을, 즉 '성 의식'을 포함한 단순히 정치적인 맹목적 분파주의를 규제하는 데 딱 알맞은 권위에 타당성을 부여하는 것이다. 따라서, 자웅동체의 모습은 울프의 페미니즘에 왕관을 부여했고 완성시켰다. 그녀는 지배적 문화의 허위적이고 가부장적인 보편주의를 폭로했고, 동일한 수사적 몸짓으로, 그녀 자신의 계급적 분파 모임의 관습을 해방으로 재상상하면서, 그러한 보편주의를 비난으로부터 해방시켜 주었다.[7]

오웰의 영국론

문화 사회학 분야에서 블룸즈버리 연구 가운데 가장 초기의 연구에서 — ≪하워즈 엔드 *Howards End*≫(1910)라는 소설을 말한다 — E. M. 포스터는 '문명화되고' 자유로운 사상의 쉴레겔 집안 사람들과 속물인 윌콕스 집안 사람들 사이의 대조를 마음에 품고 있었지만, 곧 영국 유한 계급의 문화, 정신적인 삶 등이 문명의 기적을 유지시켜 주었던 제국주의 경제의 기업가들과 행정가들의 이익에 얼마나 의존하는지를 보여 주면서 그 대조를

---

7. 연관성을 고려하는 차원에서, 레이먼드 윌리엄스 Raymond Williams 의 "블룸즈버리 분파 The Bloomssbery Fraction"를 보라(1980: 148~69).

전치시켰다. 그는 또한 이 두 부르주아 유형들이, 그 둘 사이의 관습적인 반감에도 불구하고, 사회적 타자들을 공통적으로 얼마나 많이 혼란스럽게 하는지 보여 주었다. 여기서 사회적 타자는 열망에 가득 찬 중급 교양인 배스트와 그의 저속한 아내 잭키, 그리고 그 두 사람보다 아래에 위치한 어둠 속에 있으며, 두 사람이 상징적으로 봉사하지만 결코 재현할 수 없는 프롤레타리아 등을 말한다. 에릭 블레어 Eric Blair [8]는 성장해서 상대적으로 그리 중요하지 않은 윌콕스 역할을 했지만, 얼마 지나지 않아 그러한 사회적 타자들의 도덕적이고 상징적인 세계에 가입했다. 그리고 그 안에서 동시대의 쉴레겔 집안 사람들에 대한 판단을 발견하고자 했던 조지 오웰은 작가로서 자신의 입지를 굳혔다. 이런 의미에서, 그의 작품은 문화 비평의 지각적이고 평가적인 구도의 논쟁적 전도顚倒를 형성했다.

'이 사람들에 대해서 이상한 점은 바로 그들의 비가시적 특성이다.' 오웰은 이런 경우 마라케쉬의 빈민 노동자들에 관해서 썼는데, 좀더 일반적으로 말하자면, '갈색 피부의 사람들'에 대해서 썼다(Orwell, 1961: 391~2). 또 다른 맥락에서 — 찰스 디킨스에 관한 그의 긴 에세이에서 — 그는 자신의 관찰을 확대해서, 비록 이 '이상함 strangeness'이 관습적이었다는 결정적인 제시도 함께 있었지만, 영국의 노동 계급도 포함시켰다. 이는 다양한 존재라기보다는 문학적 재현의 지배적인 규칙들의 효과와 그들이 확인해 주었던 사회적 가치들의 효과이다. 오웰 작품 대부분을 지배하는 여행과 발견의 모티프는, 보고가 필요한 기능 면에서 윤리적이고 정치적이다. 계시에 대한 의지 또한 폭로와

---

8. 조지 오웰의 본이름인 에릭 아서 블레어 Eric Ather Blair. — 옮긴이

비난에 대한 서약이나 다름없다. 오웰의 글쓰기는 사건의 어떤 상황을 보고하는 것은 아니다. 글쓰기의 특징적인 의도는 보고를 필요한 것으로 만드는 문화적 조건들, 모호함의 조건들을 명확히 말하고, 교정하거나 공격하는 것이다. 이런 점을 염두할 때, 문학과 다른 문화적 형식에 대한 그의 글쓰기는, 비록 언제나 정치적 가치를 강조하지만, 그 과정은 형식주의적이고 사회학적이다. 그것은 또 다른 도덕적 노력이라기보다는 오히려 사려 깊고 자의식적인 탐구 양식이다. 따라서, 오웰은 디킨스의 서사를 빅토리아 시대의 자본주의인 이름은 '자본주의'이다. 비록 오르테가의 읽기가 자본주의의 같이 상당히 통상적인 우주론의 예로서 읽는다. 즉, 계급의 체계에 대한 특수한 구성과 평가, 그리고 있음직하고 바람직한 결과들의 확정적인 배열 등으로 읽는다. 그 어떤 경우에서처럼, 허구의 형식들은 그 자체로 그리고 저절로 정치적이고, 아마도 그러한 용어로 적절하게 판단될 수 있을 것이다. 그러한 형식들이 제공하거나 금지하는 즐거움은, 동일한 이유로, 도덕적 경험 양식이며, 독자들의 성향의 증거로 탐구될 수 있다(1961: 413~60).

'찰스 디킨스'는 문학 비평에서, 단지 그 주제에 의한 것이기는 했지만, 하나의 연구 주제로 존재했다고 볼 수 있다. 동일한 시기에 쓰여진 <소년들의 주말 Boy's Weeklies>과 <도날드 맥길의 예술 The Art of Donald McGill>이라는 두 편의 에세이에서, 오웰은 다시 집을 떠나서, 대중적인 쾌락의 다른 세계와 문화 연구의 비창조적 담론 안으로 들어갔다. 두 편의 에세이 모두, 적절하게도, 소개말의 형식으로 글을 열었다. 이 두 글은 교육적으로 흥미로운 친숙한 문제를 다루지 않고, 다수의 쾌락적인 모호하거나 경멸적인 대상들을 다루려고 하였다. 게다가,

이 두 글은 만화 잡지나 우편 엽서들을 연구하는 글이었는데, 그 목적이 의미의 결여를 확인하기 위해서가 아니라 그 의미를 발견하기 위해서였다. 오웰은 자신이 다루려는 소재를 아주 상세히 묘사했고, 장르와 관습과 화제에 따라서 나누었다. 국적, 인종, 계급 등의 재현들이, 1930년대의 암울한 조건 속에서, 만화 잡지의 분석을 압도했다. 섹슈얼리티, 젠더, 결혼 등과 같은 이미지는 맥길의 음란한 서사 만화의 연구에서 필연적인 주제였다. 그 두 가지 경우에서, 이해의 궁극적인 목표는 텍스트 그 자체를 뛰어 넘어서, 대중적인 독자나 관객에 있었다.

　오웰이 주장한 것처럼 정기 간행물은 영화나 라디오 프로그램과는 달리, 의미 있는 수준에서, 사용자가 선택하기 때문에, 대중 성향의 섬세한 기준을 제공했다. 지방의 신문 가판대를 보면 '영국 대중들이 진정으로 느끼고 생각하는' 것의 '최고의 가능한 기준'을 알 수 있었다(1961: 461). 맥길의 우편 엽서가 도처에 존재하는 현상은 우편 엽서의 해석적 가치의 증거처럼 보였다. 그 어떤 문화 비평 실천가들도 의견이 다르지는 않았을 것이다. 그러나 오웰의 평가적 추정은, 그러한 전통에서는 생각할 수도 없는 것이었지만, 대중 문화가 교육자들을 교육시킬 수 있다는 것이었다. <소년들의 주말>에서 그는, 영국 제국의 모국母國의 모든 반동적인 축하 가운데, 거부될 수 없는 '가족' 애국주의를 인식했다. 무서운 아내들, 큰 가슴으로 유혹하는 여성과 왜소하고 운이 없는 남자들이 등장하는 맥길의 엽서에서, 오웰은 대중 계급이 지닌 사회적 성격의 성적 상상력을, ─ 대중들이 자신들의 것으로 예상하는 욕망과 좌절의 서사체들을 ─ 그리고 또한 다함이 없는 도전 정신의 기호들을 추적했다. 이 엽서들은 '수백만의 보통 남자들'이 공식적인 영국의 '고급 감정'에 응답했던 그런 '합창'의 일부분이었다. '음악 강당처럼, 그 엽서들은 일종의 야단법석이고, 고상한 덕에 대한 해가 없는 반란이었다'(Orwell, 1970a: 194).

오웰이 탐구했던 대중 문화는 착취적인 성격의 계급 질서의 대중 문화였다. 이런 대중 문화에 대한 오웰의 평가는 좌파라는 그의 입장에 근거를 두고 있다. 그러나 그 질서에 대한 그의 이해와 그러한 정치적 입장에 대한 그의 관계는 너무나 양가적 *ambivalent* 이었다. 1941년, 그는 글을 쓰면서, 전쟁이 자본주의의 파산을 노출시켰다고 담담하게 선언했고, 오직 사회주의 혁명만이 성공적인 군사적 노력의 조건들을 확보할 수 있다고 주장했다. 그러나 동일 텍스트 ≪사자와 일각수—角獸 *The Lion and the Unicorn*≫에서, 그는 '계급 전쟁의 교리'를 '시대에 뒤진 복음 노래'라며 물리치고, 영국을 '통제하기가 어려운 구성원으로 이루어진 가족'의 특징이 있다고 규정했다(1970a: 92, 68). 과연, 오웰은 계급 현실을 강렬하게 주장하면 할수록, 오히려 그런 계급 현실을 하찮은 것으로 만들어 버리는 일종의 반비례법을 자주 준수하려는 것처럼 보였다. 즉, '영국은 하늘 아래에서 가장 계급 의식이 강한 나라이다' 라고 그는 썼다. 영국은 '상당히 고루한 느낌의 빅토리아 시기의 가족을 …… 닮았다,' 다시 말해서 '젊은이들은 일반적으로 좌절당하고 권력의 대부분은 무책임한 삼촌과 병으로 누워만 있는 고모나 이모의 손에 있는' 그런 가족을 말한다(pp.67~8). 또 다른 경우에, 그는 중산 계급의 문화적 차별 제도를 추적해서 나쁜 냄새가 나는 중산 계급의 역겨움까지 추적했고, 중산 계급에게 손짓을 해서 '아무 것도 잃을 것이 없다'라는 확신과 함께 사회주의를 향해 달려갈 것을 요구했다(1970d). 마찬가지로, 주요 장르의 소설을 쓰면서 격노하고 종종 일반적인 좌파들과 적대적인 대화를 나누기도 한 사회주의자가 있었다. 비록 <위건 부두에 가는 길 The Road to Wigan Pier>[9]의 후반부가 전반부에서 묘사된 사회적 비참함을 종식시킬 수 있는 사회주의를 향하는 글처럼 보였지만, 가장 널리 알려진 구문은 동료 사회주의자를 조롱하는 구문들이다. 대중 문화 연구는 동일하게 구축되었다. 장군들, 교황들, 독재자들, 금주 운동가들, 또한 '정치적 좌파 정당들' 등이 오웰의 신앙심 돈독한 권위자 목록에 무작위 순서로 등장했다. 사육제에 참가한 맥길의 청중들은 결코 이런 권위자들에게 굴복하려 하지 않았다(1970a: 193). <소년들의 주말>은 후에 대중 문화에 대한 연구의 요청 신호가 될 만한 비평적 모티프를 자극했다. 즉, 좌파가 이해하는 데 실패한 신호인 것이다. 이런 초기 상황에서 좌파가 이해하는 데 실패했던 것은 바로 영국의 '가족' 애국심이라는 현실이었다. 이런 현실에 대해 태동기의 국제주의 internationalism 는 결코 우세하지 못했다. 그 증거는 '대중 상상 문학'에서 찾아볼 수 있지만, 이런 문학은 '좌파의 사상이 결코 들어갈 수 없었던 영역'이었다(1961: 484). 루디야드 키플링의 작품은 아마도 '모임에서 킬킬거리는 웃음을' 유발할지도 모르겠다고 오웰은 거의 같은 시기에 썼다. 그러나 그는 책임감을 갖고 있었다. 그 정치적 맹세가 아무튼 '가짜 sham'인 '중산 계급 좌파 middle-class left'와는 다르게, 그는 '필연적으로 덜 문명화된 다른 사람들이 지켜 주고 식량을 제공하는 동안에, 인간이란 존재는 대단히 문명화될 수 있다는 점을 매우 명확하게' 인식했다(1970a: 215~29).

---

9. 조지 오웰의 정치 논문. — 옮긴이

그런 순간들의 사안별 구별은 ─ 이런 구별은 오웰 작품들의 에세이적인 특징들이 분명하게 보여 주는 구별이고, 또 확실한 목적 때문에 필요하다 ─ 그런 순간들이 오웰 글쓰기의 평범한 특징이라는 사실에, 또 그 순간들이 문화의 정치학에서 오웰 글쓰기의 정체성과 방향을 규정한다는 사실에 관심을 기울일 수밖에 없게 만들었다. 대중 문화에서 이런 연구들을 지배했던 계급과 정치의 대립은, 그 대립이 전체적으로 그의 후기 소설들을 흡수하고자 했던 것처럼, 그 자체로 좀더 근본적인 이항 대립에 종속되었다. 스스로를 '전체 인구의 75%를 구성하는 노동자 계급'에 종속시키면서도, 오웰은 자신의 사회적 목적과 착취당한 계급의 사회적 목적을 단순히, 심지어 원칙적으로도, 일직선상에 나란히 놓으려 하지는 않았다. 그것은 그의 도덕적 사회학에서 그러한 대중들은, 진실로, 민족 그 자체, '영국 국민'이었기 때문이다(1970b: 10). 그리고 '좌파'는, 그에 상응하게, 사회주의의 집단적 전달자보다 못한 그 무엇이거나, 집단적 전달자 이상의 다른 그 무엇이 되었다. 오웰은, "어떤 의미에서 '좌파'가 아닌 지식인은 없다"라고 자신을 존경받는 대상으로 만들어 주었던 그릇된 일반론과, 자신만의 용어로 제안해 필연적인 진실을 포함했다고 썼다. 그것은 노동 계급이 영국의 '보통 사람'의 동시대 존재양식인 것처럼, 좌파도 이국적인 문화적 범주, 즉 지식인의 현재 통용되는 행위 양식이었다. 이러한 쌍생아의 동일화는 문화에 대한 오웰 담론의 성격을 결정했다. 사회적 다수의 미적 선호와 오락적 선호에서 오웰은 국민의 사라지지 않는 도덕적 힘을 구별했다. 지식인의 전형적 성향을 보자면, 무지, 순응주의, 그리고 불신에 이를 정도의 허무주의 등을 제외한 그 어떤 것도 없었다. 문화 비평의 부정적 이미지들은 ─ 오웰은 대체로 이런 이미지들을 일상 생활의 타당한 재현으로서 인정하지 않았다 — 문화적 인물들에 대한 오웰 자신의 성격 묘사에서 강압적이고 공포스러운 남용의 수준으로까지 보존되고 강화되었다. '간들거리는' 좌파, '연약한' 시인, '무기력하고,' '물러빠진' 평화주의자, '영국의 모든 제도를 비웃는,' '유럽 대륙의 무자비한 이데올로기'의 고집스러운 신봉자들 — "만일 이 '지식인'들이 자신들의 일을 좀더 철저하게 했다면, 영국은 1940년에 항복을 했을 것이다"(1970a: 74~5; 1970b: 111, 106, 332~41). 그러한 말은 자신들을 옹호하는 말이기도 하고, 자신들을 비난하는 말이기도 하다.

오웰은 지식 계급의 정치적 외고집에서 '평범한 보통 사람들'로부터 지식인이 소외당하는 것을 알려 주는 지표를 보았다. 이런 분열의 구조적 조건은 '시대 착오적인 계급 시스템'으로, 이런 시스템은 국가의 대중적인 재구성을 통해서 정치적으로 끝날 수밖에 없다. 지적인 소외감의 특수한 문화적 효과는 영어 그 자체에서 자명하게 드러났다. 그것은 다음과 같다.

······ 빈혈이 되어 갔는데, 그 이유는 오랜 과거 동안 영어가 아래로부터 활기를 얻지 못했기 때문이었다. ······ 언어는 시인과 노동자들의 합동 창조물이어야만 했다. 그런데 근대 영국에서 이 두 계급이 만나는 것은 어려운 일이었다. 이 두 계급이 다시 만날 때 — 다른 방식이긴 했지만, 이 두 계급이 중세 시대에 만났던 것처럼 — 영어는 현재보다도 셰익스피어와 디포의 영어와의 친족성을 더욱 명확하게 보여 줄 수 있을 것이다(Orwell, 1970b: 29).

그러나 지금은, 언어적 '타락 decadence'이 있을 뿐이었다. 오웰은 마지막 10년 동안 문화적 측면에서 이 문제에 지속적인

관심을 기울였다. 오웰이 1940년대에 썼던 언어에 관한 논평에
는 문화 비평의 전통이었던 철학적 도덕주의와의 친연성이 분
명하게 존재한다. 미국인 H. L. 멩켄 H. L. Menken 과 오스트리아
인 칼 크라우스 Karl Kraus 는 언론인으로서 전설적인 철학적 도
덕주의의 실천자였다(Mencken, 1919; 1936; Kraus, 1984). 그리고 영
국에서는 <스크루티니> 그룹이 또한 근대의 타락을 판단할
수 있는 일종의 기준으로서 셰익스피어의 언어를 옹호했다. 그
러나 이런 식의 비교는 성취가 아니고, 취향의 문제일 뿐이다.
그 이유는 오웰의 비평적 능력이 이 분야보다는 차라리 규율에
서 더 잘 발휘되었기 때문이다. 오웰은 섬세한 프로그램의 신
조어를 선호했지만, 그러나 또한 그램이나 리터라는 단위 체계
가 '정다운' 온스나 인치와 같은 단위의 관용적인 반향을 결코
성취할 수 없다는 이유에서 미터법을 거부했다(1970b: 3∼12;
1970c: 306). 유명한 마지막 글 <정치와 영국 언어 Politics and the
English Language >에 나타난 판단 ─ 동명사를 찬성하고, 이중
부정을 거부하는 등등의 판단 ─ 은 너무 쉽게 내린 판단이거
나 대단히 어리석은 판단이었다(1970c: 156∼70). 이런 다른 글들
이 보여 주는 것은, 오웰에게는, 영어의 조건이 결정적인 문화
적 관심과 관련이 있다는 것이다. 그리고 그러한 관심의 성격
은 그의 언어학적 논평의 주제에서보다는 분석이나 판단과 자
기 정의 등과 같은 자신만의 수단으로 그가 형성했던 언어에서
가장 훌륭하게 나타난다.

　'소박한 plain'이란 단어는 오웰의 산문에 관습적으로 붙는
형용사 가운데 하나이지만, 그러한 묘사의 의미 그 자체는 소박
한 것과는 한참 거리가 멀다. 아마도 언어 사용에서 가장 근접
하고 소박한 다양성은 선거권이 있는 유권자 공동체의 특수화

된 목적을 위해 개발된 일종의 기술적 약호와 같은 직업적인 전문어 *jargon* 일 것이다. 그리고 이러한 의미에서, 비전문적인 발화에서의 '소박성' 또한 약호화된다. 그러한 것으로서 그 자체를, 즉 친숙한 전문어를 알 수 없는 것은 바로 전문어의 효과 때문이다. 친숙함이라는 것은 언제나 역사적 맥락에서 결정되는데, 특수한 사회적 친연성을 포함하고, 그에 따른 특수한 '상식'도 포함한다. 사회적 전문어를 '소박한' 것으로 이상화하는 것은 그런 말 기저에 존재하는 가치를 문화적 규약으로 강화하는 것이다. 그러나 오웰이 가치를 부여했던 친숙함은, 정확히, 형식화된 언어의 다양성으로서 가능한 것은 아니었다. 시인과 육체 노동자의 창조적인 결합은 단지 혁명의 가장 먼 쪽에 위치한 하나의 가능성에 불과했다. 그의 스타일은 상상이 가능한 그러한 사회적 친밀성을 구체화하고, 언어의 형식 속에서, 그어떤 단순한 묘사적 의미에서도 결코 소박하지 않은 효과와 함께, 보상적 성격의 문화적 권위를 기대하는 유토피아적인 시도였다. 언어 사용 범위의 불연속성은 그의 스타일의 가장 일반적인 특징 중의 하나이다. 주요 사용 범위는 비형식적인 교육을 받은 사람이 발화하는 범위이다. 그 문장 구성은, 전통적으로 좀더 복잡한 문장 구성을 피하는 경향이 있다. 세련된 예법을 피하려는 노력은 비인칭 대명사로 *one*이 아닌 *you*를 사용하는 것으로, 그리고 부정의 축약 형식을 (*did not* 대신에 *didn't*) 사용하는 것으로 표시가 된다. 그러나 이러한 언어 사용의 범위는 자주 다른 언어의 사용으로, 때때로 배운 사람들의 언어 사용이지만 통상 구어체적인 언어 사용으로 방해를 받는다. 쓰기에 대한 동의어로서 '*stuff*'란 단어의 사용은 (버지니아 울프가 터무니없는 중급 교양인의 표시로 정확하게 진단을 내렸던 경우이다), 디킨스에 관한 에세이에서 경멸의 용어로서 백치 *idiocy* 란 단어를 고의적으로 무차별 사용한 것과 같은 경우의 예이다. 동일한 에세이의 마지막 문장은, 그 성격 면에서 인간을 두려워하는, 육체적인 혐오의 이미지들을 ― 사실 오웰의 산문은 아주 체계적으로 그런 이미지들을 보여 준다 ― 예시적으로 보여 준다. 예를 들자면, **물러빠진, 무기력한, 간들거리는, 연약한** 등과 같은 <위건 부두에 가는 길>의 모욕적인 동물 은유가 바로 그것이다.

사용 범위의 그러한 분열은 '소박하지' 않고 차라리 '소박한 말하기'의 바로크풍 구현으로 오웰의 문화 비평 *cultural criticism* 의 위기 의식이 실린 욕망을 증명한다. 그는 고급 교양인과 대중의 대립을 넘어서서 진정한 의미의 민족적 차원의 대중 문화를 향해 앞으로 나아갔고, 규범적인 영국 산문 스타일에서 그런 문화를 무리하게 이미지로 나타내려고 했다. 그러나 그렇게 함으로써, 그는 지식인으로서의 자신의 위치를 부정했고, 교육받았다는 것을 드러내는 학생의 은어에서 그 기원을 명백하게 찾을 수 있는 그런 어법에 의존하는 방법으로 대중성을 희화화했다. 평범하면서도 권위적인 문화에 대한 꿈은 저속함과 위협을 보여 주는 경향이 있는 언어를 생산했다. 문화에 대한 글을 쓸 때, 오웰의 전반적인 노력은 문화 비평의 담론적인 경계를 넘어서 타격을 가하는 것이었다. 그의 언어는 그의 실패에 대한 기념비이다.

마르크스주의자의 침입

비록 프로이트의 정신 분석은 문화 비평의 이원론을 드러냈지만, 소수주의자의 ― 귀족주의의 ― 숙명론을 재생산했던 사회적 관점에서였다. 울프의 페미니즘은 지배적 문화의 보편주의의 억압적인 젠더 만들기를 드러냈고 그 억압적 성 만들기를 넘어서 해방된 자웅동체의 개념을 바라보았다. 그러나 그러한 자웅동체의 개념은 그녀가 폐기하려고 위협했던 혈통을 또한 회복시켰다. 사회주의로 발전해 간 오웰의 반제국주의는 그를 문화 비평의 관습적인 결속을 전도시키도록 이끌었고, 대중의 지하 세계의 욕망과 수용 능력에 정당성을 부여하도록 이끌었다. 그러나 민족적 로망스의 양식에서는 — 울프의 자웅동체에 해당하는 개인적 유토피아를 말한다 — 그것은 만과 리비스의 그리 복잡하지 않은 예에서처럼, 그 자체로 다양한 문화 비평이었다. 비록 이런 모든 도전들이 치명적인 비평적 가능성을 소지하고는 있었지만, 그 어느 것도 유산처럼 물려받은 그러한 담론이 갖고 있는 인력의 장을 벗어나지는 못했다.

같은 해에 마르크스주의 이론은 문화 비평에 좀더 극단적인 도전을 던졌다. 프로이트처럼, 영국의 이론가 크리스토퍼 코드웰, Christopher Caudwell도 문화의 정신적인 주장을 영예로운 것으로 여기지 않았다. 그러한 주장에서 그는 인간이라는 유기체와 그 환경 사이의 발전적인 관계의 여러 명확한 표현들 중에서 한 가지 표현을 보았다. 정신 분석과는 대조적으로, 그러한 관계에 대한 코드웰의 개념은 역사적이었다. '인간'이 '자연'과 관련을 맺는 근본적인 구조는 경제였으므로, 그런 경제의 연속적인 형식들은, 모든 사회적 관습과 문화적 관습의 표현적 핵심이었다. 그는 '근대시들은 **자본주의** 시들'이라고 썼다 (Caudwell, 1937). 그러한 것으로서의 근대시는 자기 파괴적이었다. 코드웰의 모든 비평적 연구는 — 사랑과 아름다움 등과 같은 진부한 주제뿐만이 아니라, 문학과 과학, 철학, 심리학과 사회 이론 등을 포함하는 비범한 연구 결과를 말한다 — 단일한 비평적 논문을 반복했다. 전체로서의 근대 문화는, 코드웰의 주장에 따르자면, '환상 *illusion*'에, 좀더 자세히 말하면 '자유'가 사회적 관계의 부정이고, '개인'의 인간적 현실이 단지 집단적 유대 밖에서 완전한 표현을 찾을 수 있다는 식의 자본가의 재산이라는 구성적 환상에 시달리고 있었다. 프로이트의 심리학, D. H. 로렌스의 소설, 초현실주의자의 아방가르드 예술, 이론적 물리학에서의 동시대의 경향 등은, 모두, 코드웰의 심판적 눈으로 볼 때는, 자본주의의 '죽어 가는 문화'의 심장에서 '부르주아 환상'의 증거가 되었다(Caudwell, 1938, 1949년; 1971).

코드웰은 문화 생활의 가장 세련되거나 친밀한 특정 예에서도 자본주의의 흔적을 구별해 냈다. 이런 점에서 코드웰의 비평적 노력은 독일의 마르크스주의자 허버트 마르쿠제 Herbert Marcuse 의 노력에 필적했다. 이 분야에서 같은 시기에 마르쿠제가 개입한 노력의 좀더 큰 강점은 대응하는 일반적 문화 대상의 분석에 근거를 제시하기 위해 자본주의의 일반화된 재현을 사용했다는 점이었다. 이 때 문화 대상은 코드웰의 경우, 문학과 사상의 주어진 집합체가 아니라, 모든 문학적 실천과 지적 실천을 통제하는 메타담론, 즉 문화 원리 그 자체의 담론이었다(Marcuse, 1937; 1972: 88~133). 이런 의미에서 문화란 개념은 '자유주의' 예술과 '유용한' 또는 '노예적'인 예술 사이에 고대 *ancient* 의 구분을 포함했다. 즉, 한 편으로는 자유로운 사람들의 올바른 부속품 *attachment* 인 진리, 미, 그리고 덕 등의 인간적인 추구가 있고, 또 한 편으로는 그 삶이 제한된 노동에 의해서 지배를 받았음이 틀림없는 대다수 사람들의 가능성을 제한하는 기술들이 있다. 고대의 노동 집약적인 노예 경제에서, 이런 사물의 질서가 필요한 것이었고 도덕적으로 자기 확인적인 성격이었다. 그러나 마르쿠제가 주장했던 것처럼, 이런 질서는 부르주아 시대에 변하지 않고서는 존속할 수 없었다. 부르주아 시대에는 자산과 노동의 두드러진 관계를, 인간의 정체성과 가능성의 포괄적인 관념을 더 증진시켰다. 따라서, 새로운 계급 질서에서, 소수의 자유주의적 추구가 문화를 인간의 영역으로서 다시 생각하기에 이르렀다. 문화는 이제 구원적 공간으로 여겨졌는데, 그러한 구원적 공간에서는 사회적 질서의 협소함, 구분, 불평등과 고통 등이 폐기됐다. 이 공간은 존재가 완전함과 평정을 성취하는 공간이었다. 그러나 이것은, '내향성 *inwardness*'의 양식에서와는 달리, 개인의 감수성 키우기에서는 지켜질 수 없었던 '행복의 약속'이었다.[10] 이것은 부르주아 사회가 사실 생산할 수 없었던 것에 대해 접근을 하게 해 주었다. '문화'는 문화라는 단어의 좋은 의미에서뿐만이 아니라 나쁜 의미에서도 '긍정적'이었다. 자유의 대리 경험이 체념과 순응을 중재했고, 이런 식으로 억압의 목적에 봉사했다. 과연 그렇게 인식된 문화는 사회적 억압의 표지였으며, 마르쿠제가 추론한 것처럼, 사회적 억압과 함께 존속하려는 경향이 있었다. 참된 해방의 순간, 즉 행복의 약속에 대한 최종적 요청은 소실점이 되었다.

사람들에게 인정받은 '문화'의 가치는 코드웰의 심리 역사적 유물론자의 구도에서는 자리를 마련할 수가 없었다. 마르쿠제는 부르주아 사회에서 문화의 출현과 기능의 변증법을 끌어내려고 했다. 또 다른 독일 마르크스주의자 발터 벤야민은 비평적 스타일 면에서 더욱 정치적이었는데, 문화 비평의 개념적

---

10. '행복의 약속 *une promesse de bonheur*'이라는 표현은 스탕달의 표현이다(Marcuse, 1937; 1972: 115).

정체성을 분쇄했고, 사실상 기존의 개념적 정체성에 반기를 들었다. 벤야민의 용어 사용에서 '전통'에 대한 친숙한 호소는 결정적으로 자가 인식적 성격의 호소였다. 전통은 근대성의 소모적 전진에 대항해서 방어해야 할 가치들의 집단은 아니었지만, 역사적 과정에 개입하는 방식, 즉 불확실한 사회적 결과를 결정할 수 있는 정치의 한 형식이었다. 과거는 미래를 향한 투쟁에서 일종의 극장이었다. 벤야민은 '역사 유물론'에 대해서 만년에 쓴 "역사 철학에 대한 테제 theses on the philosophy of History"라는 글에서 다음과 같이 썼다.

> 역사적 유물론은 위험의 순간에 역사가 선택한 사람들에게 예상치 못하게 나타나는 과거의 이미지를 보존하고 싶어한다. 위험은 전통의 내용과 전통의 수용자 두 가지에 동시에 영향을 미친다. 동일한 위협이 그 두 가지에 걸려 있다. 즉, 지배 계급의 도구가 되려는 위협이 드리우는 것이다. 모든 시대에 전통을, 전통을 압도하려는 순응주의로부터, 억지로라도 빼앗으려고 하는 시도가 새롭게 있어야만 한다. …… 단지 역사가만이 과거에서 희망의 불길을 부채질할 재능을 가지고 있을 뿐이다. 이 경우 역사가는 심지어 죽은 자도, 만일 승리하지 못한다면, 적으로부터 안전하지 못할 수도 있다는 점을 단호하게 확신한다. 그리고 이 적은 승리하기를 멈추지 않았다(Benjamin, 1940; 1970: 257).

문화 비평의 세계에서 역사적 파괴의 엔진이었던 과학 기술은 동일한 혁명적 정신의 소유자였던 벤야민에 의해 재평가되었다. 과학 기술은 문화적 해방을 위한 하나의 세력이 되었다. 기술적 장치와 사회적 제도로서의 영화에서, 벤야민은 예술 생산에서 새로운 분석적 양식과 새로운 비평적 '전문가' 관객이 출현한다는 것을 알아차렸다(1936; 1970: 219~53). 벤야민에게 영화의 시대적 의미는, 기계적 재생산의 문제이며, 특히 원작과 모사품의 구분 논의를 대체했던 예술적 실천으로서의 영화의 지위였다. 그러한 것으로서의 영화는 물질적인 차원에서 '독특한' 예술 작품과 연관된 신비한 힘인 '후광 aura'의 분해를 예고한 셈이었다. 벤야민이 믿기에 후광 시대 이후의 예술은 그러한 비이성적 특권을 주장할 수도 없었고, 부여받을 수도 없었다. 이제 예술은 '의식'에 속한 존재가 아니라 '정치'에, 카리스마 넘치는 권위의 마법에서 벗어난 문화적 관계에 속하는 존재였다.

반파시스트주의자 문화

코드웰, 마르쿠제 그리고 벤야민은 비평적 개입이란 면에서는 서로 다르고 동등하지 않았지만, 문화 비평의 이상적 기반을 공격한 점에서는 동일했다. 그러나 이들은 예외적이며, 다소간은 중요하지 않은 인물들이었는데, 그 이유는 단지 이들이 마르크스주의자였을 뿐만 아니라 1930년대 후반에 처음 나타나기 시작했던 이들의 글이 당시 지배적인 공산당 정책 노선과 배치가 되었기 때문이었다. 이들의 글이 1930년대 후반에 처음 나타났던 것은 설사 의식적인 목적이 아니었다고 해도, 연대기적 운명의 문제였다. 부르주아 문화에 대해 비타협적인 좌파 비평가들인 이 세 사람이 활약했던 시기는 국제 공산당 운동이, 독일에서 나치가 거둔 승리에 대항해서, 자유주의 세력과 화해를 추구하려고 오른쪽으로 방향을 돌린 시기였다.

　1932년과 1935년 사이, 파시즘에 대한 연합 전선을 향한 첫 번째 주도권은 인민 전선 Popular Front[11]의 정책과 실천이 조정되어 나타났다. 이 인민 전선은 이종異種 계급의 '민주주의적' 연합을 위하여 반자본주의 충동의 억제를 불러왔던 일종의 공식이었다. 허세가 섞였지만, 그런 존재로서 인식된 지식인들은 이 과정의 모든 단계에서 두드러진 역할을 담당했다(줄리앙 방다는 1933년 '혁명적 작가와 예술가 협회Association of Revolutionary Writers and Artists'로 급히 달려갔고, 1년 후에 자신의 이름을 '지식인 반파시스트 경계 위원회Comité de Vigilance des Intellectuels Anti-fascistes'의 선언문에 올려놓았다(Lefranc, 1965: 433). 1930년 중엽, 지식인들은 그 모임에 필수적인 존재가 되었다.

인민전선주의Popular Frontism의 결속 의지 — 공산주의자와 자유주의 지식인이 실용적인 협정에 도달할 수 있다는 외교적 약호— 는 가장 친숙한 의미에서 노동자와 부르주아의 공통된 정신적 유산으로서의 '문화'였다. 코드웰의 문화 이론은 계급에 대한 계급의 대규모 분열을 암시했다. 마르쿠제는 자유주의 문화와 파시스트 문화를, 한 편으로는 '내향적'이고 보편주의자적이라면, 또 한 편으로는 '영웅적일 만큼 외향적'이고 민족주의자적이라는 점에서, 형식적 등가물로 보았다(Marcuse, 1972: 124f). 벤야민이 썼던 것처럼, '동시에 야만주의의 자료'가 아닌 그런 문화 자료는 없다(Benjamin, 1940; 1970: 258). 그러나 인민 전선의 공식적 지혜는 문화가 (파시스트) 야만주의에 저항하는 (민주주의의) 투쟁을 위한 빛과 영감이라는 것이었다. 인민 전선 담론의 통제 영역은 — 이런 담론은 국제적인 성격의 잡지, 책, 조직과 행사 등에서 잘 드러났다 — 호전적인 휴머니즘의 영역이었다. 문학, 예술, 정신적 가치들은 파시스트의 비인간적 태도에 저항하는 공통된 투쟁에서 위대한 버팀목이었고 소중한 자

11. 파시즘을 저지할 목적으로 공산당을 중심으로 만들어진 정치 연합체로 1930년대 중반 이후 나타남. 특히 프랑스와 스페인에서 활발했다. — 옮긴이

원이었다. 문화적 '후광' 역시 벤야민이 예측하지 못했던 대단
히 근대적인 형식으로 그 마술을 발휘했다. 파리와 마드리드에
서 면밀하게 계획적으로 만들어진 '문화 변호를 위한 국제 의
회 International Congress for the Defense of Culture'는 스타들의 집합
장소였다. 여러 사람들 중에서도 특히 방다, 앙드레 지드 André
Gide, 토마스 만, 하인리히 만 Heinlich Mann, 올더스 헉슬리, E.
M. 포스터 등이 눈에 띄는 인물들이었다(Leloy & Roche, 1986: 16f;
Lottman, 1982).

　　정치적 불화는 이 회합 장소에서도 결코 사라지지 않았는
데, 이유는 좌파와 공산주의 교리에 대한 자유주의 비평가들이
서로 자신들의 주장을 펼쳤기 때문이었다. 그리고 또한 인민 전
선의 문화적 행위의 색깔이, 부분적으로는 참가한 사람들의 출
신 국가의 정치적 상황으로 인해, 다양했기 때문이었다. 그러나
이런 다양함도 그 자체로 균일하고 공식적인 이론적 근거를 갖
고 있었다. 만일 '문화'의 방어가 보편적인 인간성에 대한 새로
운 호소를 불러왔다면, 동시에 민족에 대한 긍정적 재평가를 요
청했다. 좀더 강력한 최초의 정치적 공식화에서 — 불가리아
공산주의자 지도자 디미트로프의 정치적 공식화 — 국가 전통
을 회복하려는 요청은 비판을 받았다. 즉 가치를 인정받은 과거
는 사람들과 사람들의 투쟁의 과거였다(Heinemann, 1985: 157~86).
그러나 민족적인 것은 결코 쉽게 재정의되지 않는다. 인민 전선
의 좀더 폭넓은 문화적 외교에서, 민족적인 것은 작가와 대중
사이의 (또는 자유 문화 전통과 공산주의 정치학 사이의) 중재 장소로,
일상 생활과 지역적 복장으로 모습을 꾸민 보편적인 것으로 재
현되기에 이르렀다. 이런 식으로, 정치적 비상 상황을 인지해야
하는 필요성은 문화적 이해의 관점에서 볼 때 후퇴를 촉진했다.

97

영국의 경우에서도, 문화 비평에 대한 ─ 이 경우 문화 비평은 형성적 성격의 정치적 상황을 뛰어 넘어 전후 시기까지도 고집스럽게 존속하려 했다 ─ 민족적 차원의 대중적 다양성에 대한 이해의 관점에서 볼 때, 역시 후퇴를 촉진했다.

3 | 복지?

영국에서, 2차 세계 대전 동안과 그 이후, 1920년대와 1930년대의 '지식인들의 정치학'은 저항에서 정책으로 변화했다. 이런 이동의 역사적 조건에는 '복지 *welfare*'라는 새로운 주제가 있었다. 우선 경제적 문제와 사회적 문제에서의 복지가 있지만, 또한 교육, 방송 그리고 예술에서, 즉 '문화'로서 보호받거나 지원받거나 욕망되거나 비평받을 수도 있고, 아니면 그 반대일 수도 있는 실천들의 전반적인 제도적 복합체에서의 복지도 고려 대상이었다.

초등학교 이후의 국가 교육은 모든 사람들에게 이용 가능한 대상이 되었고, 15세까지는 의무 교육을 받아야만 했다. 돈보다는 실력이 새로운 국가의 3부 시스템 상급 체계, 즉 문법 학교[1]에 접근을 결정하는 요소가 되었다. 전후 초기에는, 비록 아

---

1. 영국에서 16세기에 창설되어 라틴어를 주요 교과로 선택해서 가르치는 중학교였지만, 지금은 주로 대학 진학을 위한 예비 교육을 하는 학교라고 볼 수 있다. ― 옮긴이

주 작은 규모의 인구 통계에 근거를 둔 것이기는 하지만, 고등 교육이 급속하게 확산되었다. 공적인 면에서 독점적 지위를 계속 차지하고 있었던 라디오는, 그러나 또다시 프로그램을, 교육처럼 엄격한 위계 질서를 상정한 채, 확장하고 다양화했다. 텔레비전 시청에 대한 접근은, 비록 레퍼토리에 대해 간섭하는 방식으로 통제 권한을 침해하지는 않았지만, 극적으로 확대되었다. 1950년대 상업 텔레비전의 허용은 불길한 예감을 널리 퍼지게 했지만, 사실 그것은 의미 있는 공공 서비스에 제한될 수밖에 없었다. 전쟁시 존속했던 '음악과 예술 장려 협의회 Council for the Encouragement of Music and the Arts'를 계승하는 정부 지원 협의회가 만들어졌는데, 그 목적은 예술을 지원하고 예술에 대한 폭넓은 관심을 증대시키기 위한 것이었다. 그리고 서점에서 서가는 오렌지색과 푸른색으로 — 이 색은 출판계의 사기업 BBC라고 할 수 있는 펭귄북의 색깔들이었다 — 변했다(Morpurgo, 1979).

물론, 모든 신문 상점과 영화가 순수한 의미에 있어서 상업적 측면이 활발하게 부각되었지만, 정책의 구 중심과 신 중심에는 하나의 공통적 공식이 자리를 잡았다. 즉 소수 문화는, 수용되고 지속되는 가운데, 계속 확장되는 수용자로 하여금 확산될 것이라는 공식이었다. 이 간단한 설명을 하는 데 사용된 모든 용어들은 주목받아야만 한다. 확장은 사실이었지만, 문화적 가치로서 중요시되는 것이 무엇인지에 대한 근본적인 의문도 없었고, 문화적 참여의 올바른 형식에 대한 근본적인 의문도 없었다. 자기 – 확신 전통은 이제 대접을 받을 만한 대중을 위해 그 모습을 드러냈다. 문화는 — 아놀드의 유명한 용어로 말하자면 '세상에서 생각되고 알려진 최고의 것,' '기쁨과 빛'이다 — 이제 말 그대로 '방송이 된다고' 말할 수 있다.

이렇게 새로 출현한 정책과 실천의 세계를 지배하는 공식은 빅토리아 시대의 유산이었다. 20세기 중엽, 양차 세계 대전 사이에, 자유주의 소수 문화의 특성을 보여 주는 두 개의 유효한 경향이 있었는데, 이들은 대단한 수준의 성취를 이루어냈다. 바로 블룸즈버리 그룹과 리비스 사이의 <스크루티니>를 둘러싼 모임이 그 두 경향이다. 이 두 모임 사이의 차이점을 강조하는 것은 흔한 일이다. 블룸즈버리는 중상류층 보헤미안 특성을 가진 모임으로, 가족과 친구들로 구성된 모임이었다. 상업적 압력과 과거의 속물주의에 직면해서 겪는 단결과 안전 문제는 사적인 돈으로 유지되었다. <스크루티니>의 구성원은 자랑스럽게도 프티부르주아였고, 대도시의 모든 꾸밈과 세습적 성격의 추정에 적대적이었다. 이들은 단지 인정받고 싶어했던 '비평적 소수'의 자의식이 강한 전위 부대였다. 그러나 이러한 사회적인 스타일상의 차이점은 공유된 자유주의 공식의 변수들이었지만, 양 진영은 전후에 그러한 차이점을 증진시키는 것을 도우려고 했다. 존 케인즈는 새로운 거시 경제 정책의 선구자적인 이론가였을 뿐만 아니라, 또한 '예술 위원회 Arts Council'를 설립하기도 했다. 자유로운 사고에 근거를 둔 블룸즈버리의 모더니즘은 리스 경 Lord Reith 의 문화 선호 경향과 일치하기가 쉽지 않았지만, 그럼에도 그러한 '문명화된 civilized' 태도는, 마치 점잖은 언론의 '중급 교양인'의 문화적 면과 오락면에서 또한 표준이 되었던 것처럼, 점차 BBC에서 리스 경 자신의 청교도적 어조를 점차 가볍게 해 주었다. 재능을 인정하는 직업을 강조하는 <스크루티니>의 편집에서도 계급 특권이 약화되는 현상을 교육 면에 고맙게 여기는 태도를 느낄 수가 있었다. 그리고 동시에 그러한 태도에서 리비스의 관점이 더욱 더 많이 나타났다. 교육과 미디

어에서 문화적 진지함의 갑작스러운 출현 스타일은 본질적으로
이러한 전쟁과 전쟁 사이의 모델에서 나온, 적절한 명칭인지는
모르겠지만, 일반화였다.

　　그러나 자유주의 헤게모니의 표시들 가운데, 자유주의 지식
인 그 자체는 불만으로부터 자유롭지 못했다. 지적인 삶은 전쟁
이후, 블룸즈버리 생존자의 말을 따르자면, 점점 더 옹색해졌고
점점 더 천박스러워졌다. 1920년대와 1930년대의 분위기는 보헤
미안적이고 국제적이었다. 반면에 1950년대는 지방적이고 진지
했다. 1950년대의 분위기는 예술에 위생공사 기술자들의 정신으
로 접근했던 '하위─중급 교양인'에 의해 결정됐다(Spender, 1953:
66~8). 리비스에게서 정신적인 감화를 받은 좀더 젊은 세대 중
에는, 자신들의 캐리커처를 보았다면, 웃었을지도 모르는 사람
들이 있다. 이들은 자신들과 같은 지식인들이 이제 그 유산을
이어받으려는 자세를 취하고 있다고 확신했다(Bradbury, 1956: 469
~77). 그러나 그들 중 다른 사람들은 전후의 영국 Britain 에 (또는
영국인들이 흔히 부른 식으로 잉글랜드 England 에) 혼란스러워 했다.
1953년에 문을 닫은 <스크루티니> 그 자체는 교육 개혁의 접
근에서 한 발 물러나 있었다. 리비스 자신은 추가적인 타락을,
영국의 소수 문화의 소멸이 다가왔음을 바라볼 수밖에 없었다.

엘리엇의 전반적인 삶의 방식

1948년은 영문학에서 T. S. 엘리엇에게 공로 훈장으로 문을 열
고 노벨 문학상으로 문을 닫은 신격화가 이루어진 해였다. 그것
은 물론 엘리엇이 시인으로서 받은 영예스러운 상이었다. 그럼
에도 10여 년 이상 엘리엇의 에너지는 시와는 다른 지적인 영

역에서 의미 있게 사용되었다. ≪기독교 사회의 사상 *The Idea of a Christian Society*≫(1939)에서 엘리엇은 사회적 이론화 작업에 대해 자신이 보여 주었던 이미 자명한 관심이 강화되는 것을 보여 주었고, 또한 그 책의 연구 시기는 기독교 신앙과 일상 생활을 다루는 위원회와 지적인 네트워크인 공동 회의체를 배경으로 하는 공동 연구의 시작 시기와 일치했다. 이 기간 동안에 엘리엇은 문화 비평에서 가장 야심적인 모험을 시도했다. 이것은 1942년 1년을 거치면서 모습을 갖추었고, "문화의 정의를 위한 몇 가지 단상 Notes Towards a Definition of Culture"이라는 비평적 에세이로 처음 방송을 탔다. 다음 해 초에는 <뉴 잉글리시 위클리 *New English Weekly*>란 신문에 시리즈로 실렸다. 그 후, <뉴 잉글리시 위클리> 편집장 필립 메리트와 함께 세미나를 이끌어갔다(Eliot, 1943). 이 연구는 1948년 확정적인 모습을 갖추었고, ≪문화의 정의를 위한 몇 가지 단상≫이라는 제목의 — 관사의 변화, 즉 부정관사에서 정관사로의 변화를 주었다 — 책으로 나왔다.

엘리엇의 텍스트에는 기독교 믿음이 스며들어 있었다 — 엘리엇은 '종교가 없는 문화가 있다거나 있을 수 있다는' 생각을 '환상'으로 여기고 물리쳤다(1962: 70). 그러나 이 점을 지나치게 강조할 필요는 없다. 엘리엇의 결정적인 주장은, 논리적으로 기독교의 믿음에만 의존한다기보다는, 비신자적인 생각도 동일하게 관련이 있다고 보는 것이 좋을 것이다. ≪문화의 정의를 위한 몇 가지 단상≫에는 서로 관련 있는 주장이 세 가지 등장한다. 우선, 올바로 이해했다면, 문화는, 세 가지 종류가 있다. 즉, **개인**의 문화, **단체** 혹은 **계급**의 문화, **전체 사회**의 문화 등이 그 세 가지 문화이다. 개인의 문화는 단체 혹은 계급 문화에 의존하고,

다음에는 단체 혹은 계급의 문화가 전체 사회의 문화에 의존하는데, 이런 상호 의존의 성격은 '근본적인' 것이다(1962: 21). 이 세 가지 종류의 문화는 일종의 층위를 말하는 것으로 볼 수 있는데 서로 대단히 다른 사회 조직의 자연스러운 동반자라고 볼 수 있다. 물론 문화는 내용 면에서 두드러진 특징을 갖고 있지만, 또한, 그리고 결정적으로, 형식 면에서도 서로 다른 특징을 갖고 있다. 이들은 '의식적 목표'의 비율 면에서 서로 달랐다. 의식적 목표는 개인이 집단보다 훨씬 더 효과적으로 추구할 수 있고, 전체 사회보다는 집단이 훨씬 더 효과적으로 추구할 수 있는 것이다. 실로 — 그리고 이것은 엘리엇의 두 번째 주제였다 — '전반적인 삶의 방식 *a whole way of life*'으로서의 문화는 상당한 정도로 무의식적이다. 그러한 이유 때문에 문화는 어떤 특정한 방향을 결코 받아들일 수는 없다(pp.19~20). 엘리엇이 수년 전에 <기독교 소식 *Christian Newsletter*>에서 글을 썼을 때, '문화는 신에 의해서 계획되는 것을 제외하고는 계획될 수 없는 것으로 그려질 수 있었다'(Kojecky, 1971: 194~5). 문화는, 오히려, 상호 의존적 기능의 섬세한 표현이라는 면과 성장과 변화의 모습을 보여 준다는 점에서 하나의 유기체로 여겨져야만 한다.

이러한 생각들을 바탕으로 해서 엘리엇은 자신의 세 번째 주제를 개진했다. 이 주장은 칼 만하임의 민주주의적 엘리트 신봉과 직접적으로 대립된다. 문화와 사회를 본질적인 면에서 육체적인, 유기체적인 성격의 이론으로 바라볼 때, 민주주의적 엘리트주의는 세 가지 점에서 문제가 있다. 첫째, 그 이론은 개인이나 단체에게 적합한 것이 다수에게도 적합하다고 가정하는, 문화의 종류에 대한 흔한 혼란을 모방했다. 다음, 이 이론은 사회 질서의 '원자론적 *atomistic*' 환원을 초래했는데, 결국 현실에서는 자연스럽게 진화된 위계적 부분 단위들이 존재했지만 사회 질서를 상호 교환 가능한 개인들의 집합체로 보았다. 마지막으로, 그리고 이러한 연관성이 있는 결점의 결과로서, 이 이론은 문화적 연속성의 필요 조건을 이해할 수 없었다.

전통적인 엘리트, 즉 재산가 계급이나 그 주변에서 형성된 재능 있는 개인들의 집합은 — 엘리트들은 그런 재능 있는 개인들에 의해 유지되었고 확고하게 정립된 조건에 새로운 재능을 흡수했다 — 심지어 적대적인 근대적 조건에서조차도 확실한 연속성을 유지했다.[2] 그러나 혈통이나 돈보다는 능력에 근거를 둔 사회적이고 문화적인 리더십의 계획적인 체계는, 그 체계가 작용할 때 그 자신의 기준들을 충족시키는 한에서, 비일관성과 비연속성을 적극적으로 최대화할 것이다. 만하임은 이러한 어려움을 예견했지만, 과거의 특권이 재연되는 것에 비해서 그리 위험한 것으로 판단하지는 않았다(Mannheim, 1940: 88~92). 엘리엇은 이 점에 대해 동의하지 않았다. 문화적 의무는 계획적인 개입의 절제를, 즉 버크식의 '비록 잊혀져 가는 존재이지만 죽은 자에 대한 경건함과 멀리 떨어져 있지만 태어나지 않은 자에 대한 걱정'의 절제를 필요하게 했다(Eliot, 1962: 44). 가족이라는 제도를 통해 전해진 계급 특권은 문화적 복지의 대체 불가능한 보장서였다. 한쪽을 훼손하는 것은 나머지 한쪽을 위험에 빠뜨리는 것이었다. '만일 [독자가] 문화와 평등주의가 충돌을 할 수밖에 없다는 점을 충격으로 생각한다면, 만일 독

---

2. 엘리엇에게 블룸즈버리는 전통적 엘리트의 20세기식 모델이었다. 그리고 블룸즈버리는 아마도 그런 전통적 엘리트의 마지막 모임이었을 것이다. 1941년 5월, <수평선 *Horizon*>(pp.313~6)에 실린, 버지니아 울프에 대한 엘리엇의 부고를 보라.

자에게 누구나 '탄생의 이점'을 가질 수밖에 없다는 점이 터무니없이 보인다면[,] 나는 독자에게 자신의 신념을 바꾸라고 요청하지 않고, 단지 독자에게 문화에 대한 입에 발린 말을 하지 말라고 요청할 뿐이다'(p.16).

엘리엇이 유명무실한 용어 '정의 *definition*'를 사용한 전략은 명백했다. **옥스포드 영어 사전**에 나오는, 그리고 자신의 표어처럼 사용되었던 정의란 항목은, 항목을 읽기 위해 잠시 멈춘 사람들을 위해, 자신의 문화 정치의 개요를 제공했다.

정의: 1. 제한 범위; 한계(흔한 의미는 아님) - 1483

만일 엘리엇이 문화를 전반적인 삶의 방식이라고 고집했다면, 이것은 개념적 진보를 위한 것도 아니었고, 통속적인 삶의 의미를 재평가하려는 것도 아니었다. 엘리엇의 목적은 바로 전후戰後의 문화 확산 현상에 '한계를 정'하고 '제한을 가하기' 위해서였고, 교육적 자유주의의 야심을 오도되고 불필요한 일로 의심하기 위해서였다. '대체로, 대다수의 사람들은 자신이 태어난 곳에서 계속 살아야만 하는 것이 아마 최선의 일이 아닐까 한다'라고 엘리엇은 썼다(p.52). ≪문화의 정의를 위한 몇 가지 단상≫의 전반적인 전략은 동일한 흉내 - 걱정의 논리를 문화적 관계의 공간에 강요하는 것이었다. 즉, 다수가 자신들이 친숙한 지역 이상의 그 어떤 것을 바라서도 안 되고, 또는 바라는 것을 교육받아도 안 되는 것이 최선이라는 것이었다.

<스크루티니> 논평자들은 문화의 무의식적 성격에 대한 엘리엇의 주장이 아놀드의 실천적 교육 비전과 상치된다는 점을 불행하게도 인식했다(Bantock, 1949; Cormican, 1950; Pocock, 1950).

그러나 엘리엇은 <스크루티니>의 자기 스타일을 가진 '무법자들 *outlaws*'이 인식하지 못했던 점을 인식했다. 즉 전후 정책의 일반적인 느낌이 대체로 아놀드적이었다는 점을 인식했다. 엘리엇은 그 정책에 저항하면서, 또한 정책의 그럴싸한 겉옷 역할을 했던 원칙에 의문을 제기했다. 아놀드식의 전통에서는, 만일 사회의 '최선의 것들'이 정당한 권위를 인정받는다면, 문화가 무질서 상태를 억누를 수 있다는 주장을 한다. 엘리엇은 이 설명서에서 지식인 사회의 무정부적 전도를, 즉 용인된 소수 집단의 가치와 특권의 무의식적 자기 해체를 발견했다. 전략으로, 문화적 자유주의는, 그것이 개선론적이든 방어적이든 상관없이, 민주주의 엘리트주의라는 용어처럼, 용어 면에서 모순점이 있다.

호가트와 ≪읽고 쓰는 능력의 이용≫

≪문화의 정의를 위한 몇 가지 단상≫이 쓰여졌던 1940년대 중반, 엘리엇이 영국의 대중 문화에 대해 느꼈던 것은 이미 대단히 시대 착오적인 성격의 느낌이었다. 영국의 일상 생활에 대한 엘리엇의 몽타주는 말하자면 엘리엇의 초기 인상의, 즉 영국에 처음 온 미국인이 바라보는 전원 모습의 재판이라고 볼 수 있다.

> [엘리엇의 세 가지 의미의 가장 넓은 의미에 있어서 문화는] 한 민족의 모든 특징적인 활동들과 흥미를 포함한다. 더비 경마 대회일, 테스 강변 헨리의 보트레이스, 카우즈의 요트 경기, 뇌조雷鳥 사냥 해금일 8월 12일, 축구 결승 시합, 개 경주, 핀 볼, 다트 경기, 웬슬리데일 치즈, 끓인 양상추, 식초에 절인 비트 뿌리, 19세기 고딕 양식의 교회와 엘가 음악(Eliot, 1962: 31).

1960년대라는 전환기에, 엘리엇이 ≪문화의 정의를 위한 몇 가지 단상≫을 조금도 고치지 않고 다시 출판했을 때, 영화, 방송 또는 출판 등이 없는 세계에 대한 이러한 비전은 하나의 환상처럼 보였다. ≪문화의 정의를 위한 몇 가지 단상≫의 초판과 재판 사이에, 사회적 다수의 문화적 우주는 광범위하게 재질서화되었다. 부분적으로는 그 기분 나쁜 교육 개혁과 그와 연관된 문화적 기회의 확대에 의해서, 더 큰 원인으로는 단어와 이미지 부분에서 좀더 활기찬 상업적 거래를 통해서 재질서화됐다. '계급 없다'는 표현은, 영국 사회의 카스트라는 유산처럼 이어받은 표지가 상품들처럼 개정되고, 대량 거래라고 하는 유사-민주주의 mock-democratic 세계를 활기차게 만드는 스타일과 광경으로 변해 버린 과정을 묘사하는 데 널리 사용되었던 표현이었다. 공공 정책은, 이런 세계에서 판매 전략이라는 문제에 집중하면서, 기회의 균등을 통해, 무계급 classlessness 의 비전을 지원했다. 그러나 정확히 그렇게 함으로써, 노동자 계급을 실제적인 문화적 존재와 화제로 지정했다. 이러한 상호 협력적인 경향의 효과 가운데에는 영국의 지적인 삶에서 새로운 소수 그룹의 등장도 있었다. 이 소수 그룹에는 드물기는 하지만 노동자 계급의 작가와 예술가들도 있었다. 이들은 예술적이고 지적인 생산의 승인된 공간으로 이동을 했고, 그 공간에서 이들은 자신들이 태어났던, 그리고 빈번하게 정신적으로 속박을 느끼는, 반쯤 알려지고, 반쯤 인정받은 사회 세계의 가치와 전망을 주장하고 탐구했다.

이런 인물들 가운데 한 사람이 바로 리처드 호가트 Richard Hoggart 였다. 1차 세계 대전이 끝나갈 무렵, 리드 Leeds 시에서 노동자 계급으로 태어난 호가트는 지방 문법 학교를 고학으로

다녔고, 그 후 대학에 진학했다. 그리고 2차 세계 대전 발발 전
날, 영문학 학위를 받고 졸업했다. 군대를 다녀온 후, 호가트는
헐 대학의 성인 교육 기관 Adult Education 에서 근무를 했다. 그
곳에서 호가트는 1950년대 말까지 개별 지도 교수로 일했다.
호가트의 첫 번째 책은 문학 비평의 관습적인 책으로 제목은
≪W. H. 오든 *W. H. Auden*≫이었다. 그러나 호가트는 또한 노동
자 계급의 생활을 간단히 묘사하는 글을 노동당 좌파 주간지
<트리뷴 *Tribune*>에 쓰고 있었다. T. R. 피벨 T. R. Fyvel 이 조
지 오웰의 뒤를 이어 <트리뷴>의 편집장이 되었다. 그리고
1950년대 초엽, 호가트는 '영국학의 진실한 흐름'의 '새롭고 자
연스러운 확장'인 또 다른 종류의 프로젝트의 조건들을 해명하
고 있었다(Hoggart, 1992: 10).

　호가트의 비평적 출발점은 Q. D. 리비스의 ≪허구와 독서
하는 대중 *Fiction and the Reading Public*≫(1932)으로 이 책은 <스
크루티니>의 문화 처방의 토대를 이루는 텍스트였다. 20년의
세월이 흐른 후, 호가트는 '대중 문화의 여러 양상에 대한 일종
의 안내서나 교과서'를 제시했다. 이 책은 독자들의 이미 형성
된 문화에 대한 분석을 담고 있는 비평적 텍스트들을 종합한
것으로 리비스의 책이 실현하지 못했던 약속을 유효하게 만들
고자 했다. '사람들이 어떻게 우리에게 버리고 싶은 쓰레기처럼
보일 수도 있는 대부분의 것들을 이용하는지, 그 방법에 관해
서, 그 쓰레기 같은 것들이 미치는 영향에 대해서 자신 있게 말
할 수 있기 전에, 좀더 많이 알 필요가 있다'(Hoggart, 1990: 134~
5). 그 작업에서, 정확한 초점이 대량 소비 시장의 문화적 형식
이 노동자 계급의 유산처럼 물려받은 정서에 미치는 영향에 관
한 것이었는데, ≪읽고 쓰는 능력의 이용 *The Uses of Literacy*≫이

라고 불릴 만했다.

그 책은 마침내 1957년에 출판되었는데, 초기의 의도와는 크게 다른 내용을 담고 있었다. 제목은, 소송을 두려워하는 출판사 발행인의 마음을 진정시키려고 하다 보니, 첫음절을 박탈당한[3] 셈이 되었다. 같은 이유로, 호가트는 인쇄물을 인용하기보다는 인쇄물 증거의 대부분을 모방할 수밖에 없었다. 그러나 주요한 변화는 구조적인 것이었다. 최초의 분석적 기획안은 ≪읽고 쓰는 능력의 이용≫의 절반만, 즉 후반부와 관련이 있을 뿐이었다. 이 후반부 앞에는 양차 세계 대전 사이의 노동자 계급의 삶에 관한 일종의 긴 잡종 담론이 — 일부는 자서전과 회고록, 일부는 전형적 허구, 일부는 사회적 다큐멘터리 등을 말한다 — 존재했는데, 이 담론은 1950년대 대중 문화의 분석을 위해 필요한 맥락으로서 제공되었다.

그 책의 지배적 목소리를 결정했던 것, 즉 리비스파의 선배들과, 오웰과 같은 좌파로부터 그 책을 구별지어 주었던 것은 바로 "하나의 '구 older' 질서"에 대한 이러한 반영이었다. 호가트는 자기 자신이 이 책에서 묘사되었던 세계의 사람이었다는 확신과 느낌을 갖고, 또 영국의 계급 질서와 그 계급 질서로부터 자신이 이탈되었다는 의식을 끊임없이 갖고 책을 썼다. 호가트, 자신이 후에 한 말을 빌리자면, 자신의 출생 계급의 복지에 흔들림 없이 헌신하는 '타고난 사회주의자'였다(Hoggart, 1990: 78). 호가트가 계속 해부하듯이 분석하려고 했던 동시대의 문화적 재료들, 즉 싸구려 잡지, 3류 소설, 대중 가요 가사 등은 이 노동자 계급의 전통적인 정서를 표현하지도 않았고, (아

---

3. 남용 *abuses*이 이용 *uses*이라는 단어로 바뀐 것을 말한다. — 옮긴이

직) 정의하지도 않았다고 호가트는 주장했다. 문화 시장의 인기주의는 외부로부터 바라보는 한 가지 '접근 방법'이었고, 유산처럼 이어 받은 강점과 약점을 함께 이용했으며, 노동자 계급의 청중을 비도덕적인 하층 계급으로 전락시키려고 위협했다. 이것은 일종의 정신적인 '강도 행위'였다.

그러나 변경된 사회적 감수성과 정치적 노선이 담론적인 연속성을 해치지는 않았다. 호가트의 평가적 관용어에는 <스크루티니>의 건강과 질병, 활력과 무기력의 임상적 은유가 스며 있었다. 호가트의 글쓰기는 리비스 학파의 정신에 빈번하게 사로잡혔다. "50마력 버스를 3펜스에 타고 다니고, 500만 달러 영화를 1파운드 8펜스에 보는 쾌락주의적인, 그러나 수동적인 야만인은 단순히 사회적 기인이 아니었다. 그는 불길한 존재였다"(Hoggart, 1958: 250). 호가트의 끝맺음 말은 충성의 맹세처럼 읽혔다. 즉 '좀더 폭넓은 논의에 대한, 탐색을 위해 제시된 단일한 처방에 대한' 한 개인의 '공헌'이 있었던 것이다(p.344).

호가트는 자신의 ≪읽고 쓰는 능력의 이용≫을 그 동안의 기존 논의에서 벗어난 책으로 여겼으며, 또 그 책을 단일한 구성의 책으로 읽었던 사람들로 인해 마음이 조금도 흔들리지 않았다(1992: 5). 그러나 호가트의 담론적 제휴가 좀더 강하게 기록된 곳은 바로 책의 전반적인 형식 속에서이다. 이 책의 지배적인 양식은 서사적이다. 이 책이 말하는 이야기는 이미 멀리 가 버린 쇠퇴한 이야기이고, 아마도 멈출 수 없는 이야기이다. 호가트의 설명에서 엿보이는 대조는 단순히 리드시에 살았던 서로 다른 두 시기에 속했던 노동자 계급의 삶의 대조가 아니다. 호가트는 자신의 시골 출신 할머니에 대한 환기와, 할머니의 관습적 지식과 기술로 이야기를 시작하고, 다음에는 도시에서 태어난 도시 거주자 두 세대를 기억하고, 마지막으로 네 번째 세대, 즉 1950년대 초 젊은 노동자 계급의 삶의 양식을 관찰하는 일에 관심을 기울인다. 호가트는 향수에 대한 유혹을 인식했고, 반복적으로 그 유혹을 억제하려고 노력했다. 그러나 호가트의 제한 노력은 너무나 정확하게 진술이 된 나머지, 또 개선된 물질적 존재의 인식이란 면에서 너무나 명확하게 특허를 가지고 있었기 때문에 시골의 전통에서 세습 받은 정전적 성격의 서사를 도시 산업의 아노미로 개조할 수가 없었다.

≪읽고 쓰는 능력의 이용≫의 2부 구성은 오웰의 <위건 부두에 가는 길>을 상기시킨다. 그리고 그 은유적 전략은, 비록 잠재적인 면에서는 더 효과적이었지만, 동일한 종류의 것이었다. 이 두 종류의 글에서, 경험의 기록은 그 취지가 비평적 분석에 타당성을 부여하는 것이다. 즉, 내가 이 생활을 알기 때문에 ― 이는 일종의 침묵의 추론 방식이다 ― 내가 이런 판단을 내리는 것은 믿을 만하다는 논리이다. 그럼에도 진실은 다른 것이 될 수밖에 없었다. 기억은 과거의 건축이고, 호가트의 묘사를 보면 (오웰의 묘사에서처럼) 문학적 관습으로부터 이미 익숙한 것이 많이 있었다. 실제로, 호가트의 글쓰기는, 인용 전략에서 명백하게 드러나는 것처럼, 상당히 다른 종류의 도덕적 권위에 호소했다. 호가트의 텍스트는 노동 계급의 관용어구와, 상업 문화의 실제적이거나 모방된 말들에 상당히 의존한다. 이런 말들은 분석을 위한 증거로서 구두점이나 인쇄를 위한 부호로 분명하게 표시된다. 이런 인용들은 **객관**−인용 *object-quotation* 이라고 불릴 수 있다. 동시에, 이 텍스트는 다른 지위를 부여받고 있는 또 다른 종류의 인용을 이용한다. 이런 인용들은 호가트 자신의 말을 소개하는 일종의 소개말이고, 형식적인 표시

없이 등장하는 수많은 구절들로, 자기 자신의 담론의 통사 속으로 그 자체의 요소로서 엮여 들어간다. 이런 인용들은 대조적으로 **주관** 인용 subject-quotation 이라 불릴 수 있다. 호가트 자신의 산문적 목소리를 확대하는 동안에도, 로크, 토크빌, 아놀드, 고르키, 방다, 오든, 포스터, 로렌스, 에이츠 그리고 다른 이들이 지혜와 통찰력의 완전한 합창을 형성한다. 이들의 합창은 호가트 책의 진정한 권위로, 호가트는 대량 거래 mass commerce 의 회의적 자유주의에 대항해서 그러한 권위를 떠받든다. 변덕스러운 **문명**에 저항하는 **문화**의 집단적 목소리야말로 그러한 권위가 된다.

이 개념적 이항 체계는 ≪읽고 쓰는 능력의 이용≫의 비전을 통제했고 그 비전의 가장 의미 있는 결여된 부분을 설명했다. 여기서 결여된 부분이란 정치, 일, 교육 등의 분야에서 노동자 계급이 스스로 구성한 것에 관한 기록을 말한다. 생략에 대한 호가트의 천진난만한 설명은 정치, 일, 교육 등은 노동자 계급과는 다른, 적고 '열성적인' 소수 계급의 흥밋거리일 뿐이라는 것이었다. 좀더 강한, 비록 더욱 동정적인 설명은 아니지만, 설명은 호가트의 분석의 틀을 제공했던 관습의 자동적인 지각적 효과를, 즉 문화 비평의 효과를 인용하는 것이었다. 문화/문명이라는 이항 대립 체계는 모든 사회적 조직을 질이나 양으로, 또는 목적론이나 기계론으로, 목적이나 수단으로 분류한다. 이러한 구성의 논리적 효과는 이해할 수 없는 정치를 의미 있는 사회적 행위로 환원시키는 것이다. 사회적 실천의 형식으로서의 특수한 현실은, '가치 values'로서 순화되었거나 실천적 행정으로서 진부하게 되어버렸기 때문에, 상실된다. 노동 계급의 정치적 행동주의자들은 전형적인 계급의 성격을 훨씬 덜 갖고 있는 부르주아 소설가들에 비해서 그 규모가 작은 소수 그룹이라고 볼 수는 없다. 만일 전자가 후자보다 명백하게 덜 의미 있는 존재로 보였다면, 그것은 호가트의 인정받은 분석 기획안에서 그러한 것으로서 정치가 부차적인 도덕적 현실이었기 때문이었다.

'노동당 리비스주의 *Labour Leavisism*'라는 말은 뚜렷하게 이 중 초점인 호가트의 문화 비전에 대한 일종의 요약이 될 수 있을 것이다. 그럼에도 호가트는, 이 두 상반되는 범주가 암시하는 것에 비해, 감정을 노골적으로 드러내지도 않았고, 절망적이지도 않았다. 호가트의 추가적인 저술을 잠깐만 들여다보면 호가트의 글쓰기의 특징을 좀더 정확하게 말할 수 있을 것이다. 학교 교육에서뿐만이 아니라 예술 위원회와 유네스코에서의 경력을 통해서 호가트는 자신의 출신 계급을 위해 봉사하고, 동시에 정책과 행정에 대한 '실천적 비평'을 통해서 문화에 봉사하려고 생각했다. 호가트의 제도적 모델은, 호가트의 회고록 3권이 확신하는 것처럼, 성인 교육, BBC 방송, 그리고 펭귄 문고판이었다. 호가트의 특별한 새로움은, 수정된 사회적 조건에서, 문화 비평의 전통과 대중에 봉사하는 지식인의 자유주의 임무를 새롭게 한 것이었다. 호가트에서 전후 영국의 노동 운동은 매튜 아놀드를 발견하게 되었다.

4 │ 결산

호가트의 《읽고 쓰는 능력의 이용》의 글쓰기와 이 책의 출판 사이에는 1956년이 존재했다. 이 1956년은 영국 정치에서 뿌리 깊게 고정된 상상력과 문화를 혼동했고, 전후 재건설이 이루어 진 후 국내와 국제 관계의 모습이 드러났던 충격과 불길한 조짐 의 해였다. 수에즈 운하를 — 수에즈 운하는 이집트 혁명 정부 에 의해 국유화되었다 — 장악하기 위한 영국 – 프랑스의 탐험 은 결국 군사와 외교에서 치욕당한 것으로 끝이 났다. 이 일화 는 제국주의 지배 계급이 어려움에 빠진 것을 극적으로 보여 주 었다. 이들 지배 계급은 반식민주의 혁명에 직면해서 유산으로 이어받은 거만함을 억제할 수도 없었고, 미국이 주도하는 국제 자본주의 질서에서 새롭게 형성되는 하급 지위를 받아들일 수 도 없었다. 수에즈 모험에 대한 대중들의 혐오감은 국외에서뿐 만이 아니라 국내에서도 구정치의 격언이 그 잠재력을 상실하 고 있다는 신호였다. 그리고 그 해에 있었던 불명예스럽게 보이 는 문화적 성공은 — 콜린 윌슨 Colin Wilson 의 《아웃사이더 The

Outsider≫, 존 오스본 John Osborne 의 <성난 얼굴로 돌아보라 *Look Back in Anger*>, 그리고 영화 <24시간 계속 록을 *Rock Around the Clock*> — 새로운 집단적 감수성이 형성중에 있다는 경고를 일찍감치 보내는 것이었다. 즉 절충주의적이고, 경의를 표하지도 않고, 참을성도 없고, 그리고 언제나 '젊은,' 그런 문화의 출현을 알리는 문화적 성공이었다. 이것은 또한 좌파에게도 위기의 순간이었다. 요제프 스탈린은 3년 일찍 1953년에 사망했다. 그 해, 니키타 흐루시초프는 스탈린이 죽자 스탈린의 무법적이고 피의 통치를 비난하는 것으로 통치를 시작했지만, 반어적이게도 헝가리에서 일어난 인민들의 반란을 붉은 군대의 탱크로 유혈 진압해 버렸다. 말과 행위에 있어서 이런 폭로의 효과는, 공산주의 운동을 살펴볼 때, 동요를 일으킬 정도였다. 영국의 공산당은, 상당수의 지식인이 포함된 약 7000명의 투사가 체념하거나 쫓겨났던 것처럼, 그 구성원의 1/5을 잃었다. 이러한 상황이 '신좌파' 형성의 조건 상황이었고, 문화에 관한 담론의 역사에서 새로운 단계의 형성적 상황이기도 했다.

1957년에 발간된 잡지 두 가지가 신좌파의 지적 핵심 역할을 했다. <새로운 추론자 *New Reasoner*>는 잉글랜드 북부 지역에서 나온 것으로 전 공산주의자 역사가였던 존 새빌 John Saville 과 에드워드 톰슨 Edward Thompson 이 편집했다. 이 잡지는 흐루시초프의 탄압에 대해 직접적인 반응을 하기 위해 당 내에서 비정기적으로 발간되었던 저항 기관지로 시작했는데 '사회주의 인본주의 *socialist humanism*'의 기치하에 공산주의의 도덕적 갱신에 그 목적을 두었다. <대학과 좌파 리뷰 *Universities and Left Review*>(ULR)의 편집자와 공동 작업자들 가운데에는 전 공산주의자들도 포함되어 있었다. 그리고 스탈린 이후 사회주의 인본주의의 주제가 이 잡지에서 반복되었다. 그러나 옥스퍼드 대학교 학생들이 만들어 낸 이 잡지의 감정 이입적 관심은 정통 공산주의뿐만 아니라 노동자주의까지도 교체할 수 있는 분석과 프로그램을, 즉 당대의 복지 자본주의 국가 영국에 대한 사회주의자의 철저한 비판을 고안해 냈다.[1] 새로운 역사적 **상황**에 대한 새로운 **좌파**였다. 바로 이 점이 1956년 이후 사회주의자들이 직면해야 했던 지적 도전에 대한 <대학과 좌파 리뷰>만의 독특한 평가였다. 사회적 준비를 확장하고 제국주의가 쇠퇴하던 시기의 '신보수주의'와 영국의 수정된 계급 관계는 스튜어트 홀이 그 잡지의 첫 호 의제에 처음 글을 실을 때 집중적 관심을 보였던 주제였다. 잡지의 두 번째 호에서는 ≪읽고 쓰는 능력의 이용≫이 새로 출간되면서 촉발됐던 노동자 계급 문화에 대한 심포지엄이 실렸다.

거의 50년의 세월이 지났지만, 호가트의 고전적인 저작이 신좌파가 이끄는 포럼에서 얼마나 비판적으로 받아들여졌는지 주목할 만하다. 편집자들의 질문은 예의발랐지만, 예리했다. '독자층의 반응에 따른 직접적인 설명이 호가트가 한 출판물 자체의 내용을 분석한 것과 다를 수 있을까?'[2]

존 맥리쉬 John McLeish 는 호가트 책의 주인공을 '행동주의 심리학자의 설득력을 갖고 있는 원정 인류학자'에 비유했다 (1957: 32). 그윈 일티드 루이스 Gwyn Illtyd Lewis 는 호가트의 문화적 두려움을 웨일즈의 영어권 사람들 사이에서 '상업적 활력을

---

1. <대학과 좌파 리뷰>는 1957년 봄과 1959년 가을 사이에 일곱 번 발행되었다. 편집자는 스튜어트 홀, 라파엘 새뮤얼 Raphael Samuel, 가브리엘 피어슨 Gabriel Pearson 그리고 찰스 테일러 Charles Taylor 등이었다.

2. *ULR*, 1957, vol.1, no.2, summer, p.29.

상실'하는 것에 대한 자신의 두려움에 비교했다(Lewis, 1957). 이런 논평의 함축적인 의미는 심각했다. 호가트는 대중 인쇄 문화의 독자들 이용에 대해 연구했다기보다는 출판물의 내용으로부터 독자들의 주관적 성향을 추론했다. 독자와 호가트의 관계는, 감정 이입이라기보다는, 차라리 자극과 반응의 유형을 관찰하는 임상의와 독자의 관계라 하겠다. 그리고 호가트 분석의 지배적 주제는, 루이스가 주석을 단 것처럼, 확실히 친숙한 주제였다. 다른 말로 하자면, ≪읽고 쓰는 능력의 이용≫은 실천적인 면에서 교체하려고 제안했던 그런 비평적 담론을 다시 살려 냈는데, 그것은 리비스식의 문화 비평의 관습을 대체하는 것이 아니라 변형시키는 것을 의미했다. 레이먼드 윌리엄스 Raymond Williams 는, 심포지엄에서 첫 번째 제안한 글을 통해, 호가트의 '같은 출신 사람들에 대한 깊은 충성심'에 대해서는 경의를 표했지만, 그 다음에는 두 개의 근본적인 반대를 제시했다. 현 조건에서, '노동자 계급의 유물론'은 인도적 가치로서 반드시 지켜져야만 한다고 윌리엄스는 주장했다. 그리고 호가트는 노동자 계급의 행동주의를 '소수'의 경우로 인식하고 배제하는 것으로 오해를 받았고, 사실상, 전문 계급 대표자의 문화를 사회적 기벽의 지위로 격하시킨 것으로 오해받았다. 이 소수 그룹은, 윌리엄스가 후에 호가트와의 기록 대담에서 주장하는 것처럼, 민주주의, 노동 조합 그리고 사회주의 등을 위한 투쟁의 전반적인 역사를 이어받고 유지했다 — 이것이 '노동자 계급의 고급 전통'이다(Williams, 1957: 31~2; Williams & Hoggart, 1960: 26~30). 이런 언급의 함축적 의미는 근본적인 것이었다. 물질적 욕망을 도덕적 선으로, 정치를 '고급 전통 *high tradition*'으로 재천명하면서, 윌리엄스는 단순히 호가트 분석의 균형을 조종하는 것은 아니었다. 윌리엄스는 호가트 분석에서 사용된 근본 용어들을 파괴하고, 문화 비평의 지각 체계를 뛰어넘어 현상을 보는 대안적 방법의 가능성을 암시했다.

레이먼드 윌리엄스: 문화와 사회를 뛰어 넘어

윌리엄스는 출신 성분과 경력 면에서 호가트와 닮았다. 호가트 보다 몇 년 어린 윌리엄스 역시 노동 계급의 집에서 태어났고, 지방 문법 학교를 마치고 대학에서 영문학을 공부했고, 세계 대전 동안 군복무를 했고, 그 후 성인 교육 기관에서 일을 했다. 이 교육 기관에서 윌리엄스는 자신의 직업을 수행하면서, 다양한 독립적인 글쓰기를 하고 출판 계획을 세웠다. 그러나 이러한 형성 과정의 차이점은 적어도 닮은 점만큼 의미가 있었다. 윌리엄스 집안은 적극적인 사회주의자 집안이었다. 호가트 가 영국의 도시 노동자 계급 출신이었는 데 비해, 윌리엄스는 다양한 계급이 혼재했던 웨일즈의 한 지역에서 어린 시절을 보냈다. 호가트는 공식적인 교육을 자신의 고향에서 마쳤다. 고향에서 호가트는 좌파로서 자신의 확신을 확실한 프로그램 형식을 취하지 않은 채 발전시켰다. 윌리엄스는, 대조적으로, 국가적 경계선과 사회적 경계선을 건너 케임브리지에 갔다. 그 곳에서, 후에 윌리엄스가 회상했던 것처럼, 윌리엄스는 공산당과 대학 사회주의자 클럽에서 자신의 지적인 삶의 토대를 얻었다 (Williams, 1979). 두 사람은 동일한 자서전적 배경을 가지고 태어 났지만 지적 형성 과정이 달랐기 때문에 상당히 다른 정치적, 문화적 감수성을 형성할 수밖에 없었다. 호가트의 경우, 선천적인 계급 의식의 부드러움 때문에, 영국 노동주의의 지배적 전통과 제휴를 유지할 수밖에 없었다. 반면에 윌리엄스의 경우, 잉글랜드의 계급 문화의 뿌리깊은 숙명론에 아무 것도 양보하지 않는 평등주의적 냉정함과 결합한 좀더 과격하고 중요한 정치적 훈련을 받았다.

윌리엄스는 1930년대 후반 자신감 넘치는 공산주의 하부 문화 속에서 일단 한 번 지적인 형성 과정을 거친 후, 자신의 학업을 마치기 위해 1945년 다시 이전의 세계로 돌아갈 때 발견했던 변화된 환경에서 어렵고 연장된 재형성 과정을 경험했다. 윌리엄스는 비록 여전히 공산주의자였지만, 이제는 당의 외부에 있었고, 당의 공식적 선전도 믿지 않았고, 당의 문화적 방향 방침에도 감동 받지 않았다(Williams, 1979: 61~77; 1980: 240~1). 윌리엄스의 첫 케임브리지 시절의 공산주의 네트워크는 무너졌다. 그리고 윌리엄스가 이제 함께 건설적 약속을 추구하려 했던 학생 사회주의자들은 리비스에게서 문화적 의미를 취했다. 이런 새로운 연합의 즉각적인 결과는 짧은 기간 발간되다가 종간된 잡지 <정치와 서신 *Politics and Letters*>이었다. 이 잡지는 파생적 잡지인 <비평가 *The Critic*>와 함께 독립적 사회주의자 정치학과 <스크루티니>로 친숙한 문학-문화적 주제의 연합적 결합을 탐구했다. 이런 진취 정신은 사르트르의 ≪근대 시간 *Les Temps Modernes*≫에 상실되어 버린 영국 대응물로서 애도를 받았지만, 그 현실화되지 않은 미래를 상상하기는 어렵다(Barnettk, 1976). <정치와 서신>은 — 단속적 영역을 나타내는 제목은 일종의 충분한 표시였다 — 일관성 있는 중재가 아니라 확실한 지적 위기의 표현이었다. 만일 상황의 어려움이 그 발전을 배제하지 않았다면, 이 잡지는 혼란 속에 끝났을지도 몰랐다. 이 위기의 근본적 원인은, 윌리엄스가 이해하기 시작했던 것처럼, '문화' 자체의 의미였고, 지금은 '결정적으로 반동적인 입장이라고 하는 것에 적합한 것으로' 받아들여졌던 '문화에 관한 오랜 기간의 사고'였다(1979: 97).

케임브리지의 리비스 추종자들에 대한 반응으로서 형성되기 시작했고 그 다음에는 엘리엇의 ≪문화의 정의를 위한 몇 가지 단상≫의 등장과 함께 명확하게 설명되었던 이러한 인식을 출발점으로 삼아, 다음 8년의 시간이 또 흐른 뒤에, ≪문화와 사회≫라는 저술을 이끌었던 탐구가 시작되었다.3 만일 이 책의 최초 동기가 정치적이었다면, 책의 비판적 전략은, 결정적으로, 역사적일 수밖에 없었다. 평가의 특권적 용어로서의 문화의 개념은, 윌리엄스 주장에 따르자면, 산업 혁명 기간 동안에 등장했다. 따라서 문화의 개념은 사회적 의미의 재형성 과정에서 비판적 행위자로서 이해되어야만 한다. '문화'의 도덕적 주문呪文을 해체하기 위해서는, 문화의 형성 과정을 다시 추적해 보는 일이 필요할 것이다. "왜냐하면 내가 이 단어의 역사 속에서, 이 단어의 의미 구조 속에서 본 것은 사고와 느낌에 있어서 폭넓고 일반적인 움직임이었기 때문이다. …… 나는 하나의 추상과 절대 개념으로서의 **문화**의 탄생을 보여 주고 싶었다"(Williams, 1961; 1958: 17) — 달리 말하자면 결국 별개의 영역과 좀더 높은 사회적 영역으로서의 문화를 보여 주고 싶었다는 것이다. 이런 영역으로부터 최후의 도덕적 판단이란 것이 주어질 수도 있고 도덕적 대안의 그 어떤 것이 유지될 수도 있다는 것이다.

작가 특유의 연속적 분석으로 구성된 ≪문화와 사회≫는

---

3. 1949년 성인 교육 수업을 하면서 시작되었던 ≪문화와 사회≫는 1952년과 1956년 사이에 쓰여졌다.

실질적으로 담론의 역사로, 담론의 형성과 변동과 변형의 역사였다. 윌리엄스는 '문화' 개념이 150년이 넘는 세월을 거치면서, 즉 에드먼드 버크 Edmund Burke 에서 프랑스 혁명과 같은 천재지변을 거쳐 F. R. 리비스에 이르는 과정 동안, 서서히 희박해지는 과정을 분석했다. 윌리엄스는 전체적인 사회 질서의 방어로서 형성되었던 대의 명분이 어떻게, 단계적으로, 다시 회복할 수 없는 과거를 위한 탄식에까지 제한될 수 있는지를 보여 주었다. 또한 문화의 실제적, 사회적 기반이 약화됨에 따라 그 주장이 절대적인 것을 향해 나아갔었는지 보여 주었다. 그리고 20세기 중엽에 문화의 개념이, 획득할 수 없는 일반적인 정신 복지의 확실하고 유일 수탁자로서 특수화된 소수 집단의 — <스크루티니> — 절망적인 자기 주장으로 격하되었는지 보여 주었다. 윌리엄스는 연속성의 가장 강력한 증거가 있었던 곳에서 근본적인 중단을 확인했다. 예를 들자면, 윌리엄스 모리스 Williams Morris 의 낭만적 중세주의를 인정하면서도, 동시에 또한 모리스의 공산주의의 중요성을 주장하기도 했다. 윌리엄스는 새로운 출발의 가장 자신감 넘치는 선언이 있었던 곳에서 연속성을 확인했고, 1930년대 마르크스주의에서 공산주의뿐만 아니라 예술의 낭만적 비전에 대한 지속적인 믿음을 보았다. 그 다음에, 결론에 해당하는 긴 장章에서, 윌리엄스는 이 복잡하고, 미완성 역사의 의미를 탐구했고, 그 의미 안에서 자신의 위치를 결정했다.

> 문화의 개념은 우리의 일상 생활의 조건에서 일어나는 일반적이고 주요한 변화에 대한 일반적인 반응이다. 문화의 기본적 요소는 전반적인 질적 평가 부분에서의 노력이다. …… 일반적인 변화는, 그 변화가 명백해졌을 때, 우리를 다시 우리의 일반적인 의도 design 로 몰

고간다. 우리는 다시, 그리고 전체로서, 이 의도를 바라보는 것을 배워야 한다(Williams, 1961; 1958: 285).

'문화'의 의미는 명백하지 않다. "문화라는 단어는 …… 일종의 사회적 명령처럼 역할을 자동적으로 강요할 수 있는 단어가 아니다. …… 문화라는 제목 아래 모일 수 있는 논쟁들을 피할 수 없는 행위나 제휴를 가리키는 것은 아니다"(p.285). 그럼에도 그 논쟁들은 "공통의 영역을 …… 정의하고," 공통의 목적을 명백하게 보이는 데, 보조한다. "문화 개념의 결과는 다시 한 번 통제를 향한 느린 접근이다"(p.285).

이런 정식화定式化는, 참고 사항 면에서는 추상적이고 표현 면에서는 겉보기에 포괄적인, 그 자체가 그런 대로 명백한 편이다. ≪문화와 사회≫는 명백하게 좌파 진영의 진술이지만, 이 책이 어떤 특정한 지적이고 정치적인 방향을 지원하는지는 분명하지 않다. 가장 영향력 있는 해석은, 처음에는 긍정적으로 제시되었던 해석이지만 1970년대 초엽 이래로 일종의 비난으로 아주 자주 제시되었던 해석인데, 이 책이 영국의 문화적 인본주의 전통에서 사회주의의 도덕적 재건을 제안했다는 해석이었다. 그리고 너무나 진부한 표현이 되어 버렸지만, 이 책이 스탈린주의의 지적 파멸에 대한 '좌파 리비스적' 대안이었다는 해석이었다.[4] 그렇게 널리 알려지지 않은 해석을 보면, 윌리엄스의

---

4. <대학과 좌파 리뷰>에 실린 그래엄 마틴 Graham Martin 의 글 "공통의 문화 A Culture in Common"(1958: 70~9)는, 만일 그런 순간이 있다면, ≪문화와 사회≫가 신좌파를 위한 모母 founding 텍스트로서 정전화되었던 바로 그런 순간이었다. 이에 대한 상징적 대응은 테리 이글턴 Terry Eagleton 의 ≪비평과 이데올로기 Criticism and Ideology≫(London: NLB, 1976)의 1장이었다.

심층 주제가 당대 좌파 전통의 필요하고 바람직한 연속성이었
다는 점이었다는 데에는 동의하고 있지만, 윌리엄스의 중재안
이 바로 그러한 이유 때문에 성격 면에서 '**공산주의자적**'이었
다는 점에는 쉽사리 동의하지 못한다. 사실, 그 주제는, 그 자
체의 어법에 따르자면, 공산당의 문화 분석의 전후 적응과 평
행선을 달렸다. 당의 문화 분석은, 1930년대 인민 전선의 전통
과 '사회주의에 이르는 영국 도로'의 전후 정치적 전략과 발을
맞추어 가면서, 마르크스주의자 사상을 위한 '민족적' 혈통을
추적하는 것이었다(1979: 112). 이런 독서 사이에는, 결국, 차이점
이 존재하지 않는다. 이 두 독서 행위는 텍스트와 컨텍스트 증
거에서 지원을 받는다. 윌리엄스의 책 제목인 '**문화**'와 '**사회**'
의 실질적 개념들은 그 자신이 논의했던 전통의 개념들이었다.
그러나 그 개념들은 자신의 담론에 재귀적 성격의 통제를 자주
행사하는 것처럼 보였고, 그의 분석적이고 평가적인 우선권을
'좀더 높은,' 결국은, '공통의' 도덕적 기반을 — 문화 비평의
친숙한 방향 — 향하는 정치적 이유 자체로부터 빗나가게 했
다. 윌리엄스가 공산당이 코울리지, 낭만주의자들, 칼라일
Carlyle, 러스킨 Ruskin, 그리고 모리스 등을 좌파를 위한 믿을 만
한 국민적 자원으로 바라보았던 그 해에 영국 문화 비평의 재
평가를 생각했다는 점은 놀랄 만한 일이다. 역사가 에드워드
톰슨은 정치 - 문화적 주도권 전쟁에서 두각을 보였고, 유사 주
제들이 또 다른 공산주의자 학자, 크리스토퍼 힐 Christopher Hill
이 쓴 <정치와 서신>에서 울려 퍼졌다.5

그러나 그 어떤 해석도 ≪문화와 사회≫에 대한 안전한

---

5. " Comment," *Politics and Letter*, 1947, vol. 1, no. 1, summer, pp.32~9.

역사적 평가를 이끌어 내지는 못한다. 공산당의 문화적 주도권은 그 목표로 볼 때 두드러질 정도로 민족주의적이었고, 뉴욕과 할리우드의 '퇴폐'와 '야만주의'에 대한 대응 전략으로, 본질적으로 '진보적인' 영국 전통을 배열시킴으로써 떠오르는 북대서양 문화에 저항하려 했던 것은 일종의 잘못 판단한 시도였다. 결과는, 당의 문화 계간지 <아레나Arena>에서 그 증거를 찾을 수 있는 것처럼, 조야한 민족주의적 포퓰리즘 populism 이었다. 이런 태도의 수용은 때때로 구역질나게 하거나 공포를 조성하고, 편향적이었지만 자기 기만적이거나 부정직하지는 않았다. ≪문화와 사회≫에는 이런 점이 전혀 없었고, 1930년대의 영국 마르크스주의와 즉각적인 동일시를 추구하는 <아레나>의 그 어떤 요소도 없었다. 윌리엄스는 그러한 시대적 흐름으로부터 분명하고도 냉정한 거리를 유지했다(1961; 1958: 258~75). <아레나>의 레퍼토리에는 <스크루티니> 방식의 실용적인 모방적 요소들이 포함되었고, '문화 잡지의 기능'을, 문화 잡지의 '외로운' 기능을 '근본적인 비평적 기준의…… 유지'로, 그리고 '비평적 활력'의 추구를 '창조적 활력'의 조건으로 정의했다.6 그러한 순간에, (미국) 대중 문화 생산에 대한 전반적인 비난 속에, <아레나>의 대단한 친연성이 호가트의 ≪읽고 쓰는 능력의 이용≫에 있었다. 그 곳에서, 물론, 그런 증명서 사용은 리비스로부터 출발한 사실적인 담론의 연속성을 의미했다. 윌리엄스에 있어서, 연속성의 표시는, 정확히 말하면, 흔적도 없다. 드러난 표시는 오히려 다른 나라와의 특수하고, 불완전한 채무의 상처일 뿐이었다. ≪문화와 사회≫를 윌리엄스가 본 것

6. "Editorial Note," *Arena*, 1, (4).

처럼, 새로운 입장을 세우려 하기보다는 오히려 기존 입장의 토대를 해치도록 주로 의도된 대립적 저서로 보는 것이, 모든 제한 조건들을 고려할 때, 바람직하게 보인다(Williams, 1979: 98).[7]

세 가지 고려 사항이 자기-기술 *self-description* 을 지원한다. 그리고 사실 그 주장을 강화한다. 반동적 목적을 위한 문화 비평의 전용專用에 대항하려는 윌리엄스의 시도는, 연속주의자들의 해석이 반드시 추정하는 것처럼, 한 사회주의자의 문화 비평 '재'전용에 대한 서문은 아니었다. 반대로, 전통에 대한 윌리엄스의 역사적 요약은, 비록 관대하지만, 근본적으로는 비판적이었고, 문화 개념을 '하나의 추상 개념과 하나의 절대적 개념'으로 진술하고 있다. 윌리엄스는 이런 의미에서 문화가 확장에 의해서, 복지의 몸짓에서 문화 그 자체를 구원해 내는 특권에 의해서 민주화될 수 있다고 결코 주장하지 않았다. 그와 반대로, 윌리엄스는 고급 문화의 확산을 크게 거부했고, '봉사 *service*'의 자유주의 지적 전통의 특징을 사회적 질서의 — 이 경우 사회적 질서의 기본적 원리는 봉사를 당연한 것으로 여겼다 — 손실을 제한하는 것만을 추구했던 부르주아 개인주의의 적합한 형식이라고 보았다(1961; 1958: 312). 지배적 이데올로기의 두 형식 모두에 저항해서, 윌리엄스는 '유대 *solidarity*'의 대안적 원칙을 내 놓았다. 그리고 윤리적 추상 개념과 절대적 개념으로서가 아니라 노동의 자본주의의 뚜렷한 형식, 즉 노동자 계급의 역사적 성취로서 이 대안적 원칙을 내 놓았다(p.313). 노동자 계급의 창조성에 대한 솔직한 지지와 함께, 윌리엄스는 긍

---

7. *Politics and Letters: Interviews* (p.98). 그래엄 페쉬 Graham Pechey(1985) 는 윌리엄스 책의 과격한 분열적 전략을 강조했다.

정적 문화적 가치들이 근대 '문명'의 사회적 관계에 저항할 가
능성뿐만 아니라 그 관계에서 그리고 그 관계에서 형성될 수
있는 가능성을 확인했다. 그렇게 함으로써, 윌리엄스는 문화와
사회의 상상력 넘치는 범위를 넘어서는 입장을 표명했다.

온정주의에서 민주주의까지

1958년에 등장한 ≪문화와 사회≫는 '문화의 새로운 일반 이
론'의 가능성을 선언했고, '문화 이론을 전반적인 삶의 방식 내
의 여러 요소들 사이의 관계 이론으로 여기는 원칙들의 완전한
재진술'을 기대했다(1961; 1958: 11~2). 그 때 윌리엄스는 이미
"에세이와 원리 *Essays and Principles*"를 쓰고 있었다. 이 책은 '장
구한 혁명 *The Long Revolution*'이란 제목의 책으로 3년 후에 출간
되었다. "우리는 확대되는 문화 속에 살고 있다," ― 윌리엄스의
말이다 ― "그럼에도 우리는 그 사실의 속성과 조건들을 이해
하려고 노력하기보다는 그 사실을 후회하는 데 우리의 에너지
대부분을 사용한다"(1961: 12). ≪장구한 혁명≫은 그 내용 대부
분이 그러한 이해를 향한 지속적인 이론적이고 역사적인 노력
이었고, 책의 전체가 그러한 '확장되는 문화'에 적절한 정치학
을 규명하려는 야심으로 통제되었다. ≪문화와 사회≫는 그 시
기의 지배적인 문화 개념을 '취향과 습관 면에서 저급한 ……
대중'의 문화 개념으로 공격했다. 1958년에 발표된 전망으로 가
득 찬 짧은 에세이에서, 윌리엄스는 자신의 대항 논제, 즉 "문
화는 일상적이다 *culture is ordinary*"라는 대항 논제를 제안했다.

이론적 명제, 이에 부합되는 사회적 재평가, 그리고 문화
정치학의 근원 등이 경계심을 푸는 듯한 일상적이란 형용사 속

에 함축적으로 암시되어 있는데, 이 세 가지 모두 길고 긴 첫 장면에서, 너무나 확연하게 드러났다.

버스 정류장은 성당 외부에 있다. 나는 천국 *Paradise* 에서 흘러나온 강들이 그려져 있는 건물, 마파 문디 *Mappa Mundi* [8]와 쇠사슬로 문을 잠근 도서관을 바라보고 있었다. 그 도서관 안으로 목사 일행은 쉽게 들어갔지만, 나는 그 앞에서 한 시간 동안이나 기다리면서, 심지어 그 쇠사슬을 보기 전부터, 성당지기를 감언으로 놀렸다. 거리 건너편 에 있는, 한 영화관은 <6 - 5 특수 요원 *six-five special*>과 ≪걸리 버 여행기≫의 만화 버전을 광고했다. 버스가 도착했는데, 운전사와 여자 안내원은 서로 상대방에게 깊이 몰두하고 있었다. 우리는 도시 를 빠져나가 낡은 다리를 건넜고, 과수원과 푸른 목장과 쟁기 아래에 서 붉은 빛을 띠는 들판을 통과해서 계속 갔다. '블랙 *Black*' 산이 앞 에 있었고, 우리는 그 산을 오르면서 험준한 들판이 회색 벽 앞에서 끝나는 것을 바라보았다. 그 벽 너머에는 고사리와 히스와 가시금작 화가 아직 지상으로 돌아오지 않았다. 동쪽으로는, 산등성이를 따라, 회색 노르만 성들이 줄을 지어 서 있었다. 서쪽으로는, 산들의 요새 벽이 있었다. 그 때, 우리가 여전히 올라가고 있을 때, 바위 모습이 우리 아래에서 변했다. 이제는, 석회암이 보였고, 가파른 사면을 따라 서 초기의 철 채굴 현장들이 줄을 지어 있었다. 여기 저기 하얀 집들 이 흩어져 있는 계곡의 농지들이 뒤로 멀어져 갔다. 더욱 좁은 계곡 들이 우리 앞에 있었다. 강철 압연기 공장, 가스 공장, 회색 테라스, 갱구坑口 등이 보였다. 버스가 멈추었고, 운전사와 여자 안내원은 아 직도 서로 몰두한 모습으로 버스에서 내렸다. 이 두 사람은 이 여행 을 너무 자주 했고, 이 모든 무대를 자주 보았다(Williams, 1989: 3).

이런 풍경의 대부분은 엘리엇이나 리비스 혹은 호가트에게 서도 친숙한 풍경이다. 그러나 이 서사의 틀과 시퀀스는 사물

---

8. 세계 지도라는 의미의 라틴어. — 옮긴이

을 보는 그들의 방법에 하나의 대안을 제시했다. 엘리트와 대중, 문화와 상업, 도시와 시골, 과거와 현재, 연속성과 변화, 감수성과 기계 장치, 아놀드의 '최고의 자아'와 '평범한 자아' 등의 — 이 모든 항목은 '문화와 사회'의 전체 개념의 항목이라 하겠다 — 사이에 존재하는 친숙하고 치명적인 대립 관계들은 사회적 의미의 복잡한 시공간, 즉 일상 생활 존재의 공유된 요소들 속에서 혼란스러워졌다.

문화는, 윌리엄스가 문화를 이론화하려고 제안했던 것처럼, 모든 인간의 존재가 그 존재 자체를 정의하고 평가하려고 했던 양식이었다. 엄격하게 말해서, '문화와 사회'라는 바로 그 표현은 혼란스러운 표현이었다. 문화의 두 가지 기본적 과정은 배움과 발견, 즉 확립된 의미의 중계와 새로운 의미의 탐색이었다. 그리고 의미 있는 확장의 시기에 두 과정 어느 것도 상업적 성격에 공익적 성격이라는 지배적 이중 질서에 의해 적절하게 도움을 받지 못했다. 문화적인 면에서 자본주의 시장에 반하는 주장은 친숙했고(가장 최근에는, 호가트의 견해에서 엿볼 수 있다), 비록 윌리엄스의 이론적 전망으로 강화되기는 하지만, 그 이론적 전망에 의해 변경되지는 않았다. 시장 행위의 내적 형성 논리는 속물적이었는데, 다시 말해 이익이 보이는 어떤 종류의 확대에도 관심을 나타냈고, 그 밖의 다른 어떤 것에는 무관심하거나 적대적이었다. 그럼에도 공공 준비금의 — '공공 서비스에 대한 공공의 지불금' — 대안은 파괴적인 비용에 대한 일상적인 불평뿐만 아니라 소수 문화의 폐쇄적인 상상력에 의해서도 방해받았다. 이에 대해 윌리엄스는 이중의 도전을 제안했다. 19세기 후반의 교육 개혁이 20세기의 하찮은 대중 저널리즘을 탄생시켰다는 것은 바로 자유주의와 보수적인 문화 비평의 평범한 믿음이었다. 또한 문화뿐만 아니라 돈으로도 나쁜 것이 좋은 것을 몰아내는 경향이 생겼다는 것도 진부한 논쟁거리였다. 이러한 두 명제는 분명하게 틀린 것이라고 윌리엄스는 반박했다. 그리고 또한 향상된 교육적 준비에 대한 타당한 반대로서 받아들일 수 없는 것이라고 반박했다. 그러나 이 대항적 성격의 주장은 확신 있게 제시되지는 않았다. 왜냐하면 '성장 growth'이 단순한 '확대 extension'와는 다른 어떤 것을 가져왔다는 주장이 문화에 대한 윌리엄스의 이론적 개념에 암시적으로 들어 있기 때문이었다.

우리는 기성품 문화를 무지몽매한 대중에까지 확대시키려고 해서는 안 된다. 우리는, 솔직하게, 만일 우리가 우리의 문화를 확대한다면 우리는 문화를 변화시킬 수밖에 없다는 점을 받아들여야만 한다. 제공되는 일부 문화는 심하게 비판받을 것이다. …… 나는 영국의 노동자들이, 올바르고 인내심 있는 준비를 마친 후에도, 그들이 받아들일 수 없는 일들을 지원하리라고는 기대할 수 없다. …… [만일] 우리가 문화적 성장을 이해한다면, 우리는, 우리가 제공되어야 할 것을 사전에 결정하려고 해서는 안 되고, 따라서 문화의 전달 경로를 깨끗하게 하고 모든 제안들이 받아들여질 수 있도록 허용되어야만 한다는 점을, 알아야 할 것이다. 그리고 어려운 문화에 충분한 공간과, 독창적인 문화에 충분한 시간을 제공할 수 있도록 배려해야 한다. 그래야 그것이 진정한 성장이며, 단순히 과거 규칙들의 좀더 폭넓은 인증이 아닐 것이다(Williams, 1989: 16).

동료 사회학자들은 당시, 그리고 한참 후에도, 이런 내용에서 많은 것에 의심을 품었다. '공통 common'이란 단어는, 만일 이 단어가 기존 문화 관계의 묘사로서 제공되었다면, '전반적인 삶의 방식'으로서 현실의 불평등과 자본주의에 대한 적대 의식을 부정하는 것처럼 보였다(Thompson, 1961). 그리고, 만일 그 단어가 비평적 인류학의 중심 단어로 제시되었다면(윌리엄스가 믿었던 것처럼, 그 어떤 문화도 어떤 의미에 있어서는 문화가 되기 위해서는 공통적이어야 하기 때문이다), 그 단어는 공허한 윤리적 공간으로 들어가는 것처럼 보였다 — '하나의 추상 개념이고 하나의 절대적 개념'으로서. 우리라는 1인칭 복수를 사용한 것은, 또한 전략적인 의미에서 '제공 *offering*'과 '성장 *growth*'이라는 평화적인 언어가 그랬던 것처럼, 이 기반들에 대한 의심을 강화했다. 이 시기 윌리엄스의 글쓰기가 지나치다 싶을 정도로 부드러워지는 경향이 있다는 점은, 다른 어떤 것들은 사실이거나 혹은 사실이 아닐지 몰라도, 사실이다. 그러나 이렇게 모호한 성격의 최고 비평의 일부가 모호성과 함께 같은 페이지에 공존하고 있다는 점 역시 사실이고, 그 당시와 지금 모두 역사적 중요성을 띠고 있다. 여전히 다시 생각하고 발견해야 할 것들이 많이 있었지만, 1960년대가 끝나갈 무렵 윌리엄스는 다양한 변이종까지 — 반동적인 것이든 개혁적인 것이든 모두 다 — 포함하는 문화 비평과 완전한 사회주의자 문화 정치 사이에 돌이킬 수 없는 거리를 확립했다. '온정주의 *paternalism*,' 즉 복지국가 영국에서 문화적 성장의 고매한 체제로서의 온정주의는 훨씬 더 활력 넘치는 '상업적' 타자에 대한 반대로서만 부적절한 것은 아니었다. 온정주의는 또한 그 자체가 신비화되었고, '권위주의적 문화 조직'의 수정된 형태로서 정치적으로 반대할 만한 것이기도 했다. 진정한 대안은, 윌리엄스가 1961년의 강연 "커뮤니케이션과 공동체 *Communication and Community*"에서 주장했던 것처럼, 문화의 제도와 실천에, 다시 말해 결정되지 않은 하나의 미래의 '공통적'인 과정의 평가에 **'민주주의적'**이고 **'다원론적'**으로 참여하는 데 있었다(1989: 23~31). 문화에 대한 작은 알레고리로 나타난 버스 승무원을 다시 보자. 그 이야기를 가능하게 하는 것은 이 승무원들의 노동이다. 이들이 유지하는 관련성은 관찰자로서의 승객이 볼 수 있고 보고할 수 있는 기본적 조건이다. 그러나 그들에 관해서, 그리고 특히 그들이 통과하는 문화적 복합체에 대한 그들의 관계에 관해서 독자는 사실 아무 것도 알 수가 없다. 윌리엄스로 추정되는 그 보고자는, 너무나 박식하고 주의 깊은, 인물이 해석하는 것을 거부하기 때문이다. 온정주의는 '대중들'이 정말로 필요로 하는 것을 언제나 미리 안다. 상업은 온정주의가 두려워하는 것을 언제나 미리 알고, 고객들이 실제로 원하는 것이 다른 어떤 것이라는 것도 언제나 미리 안다. 버스 승무원이라는 신비한 인물 속에서, 윌리엄스는 대안적 원리 하나를 가리킨다(그것은 여기서 하나의 원리이지, 개인적 무지를 드러내는 척하는 것은 아니다). 그 누구도 대중들이 스스로 말할 때까지 '대중들'이 어떤 존재인지 무엇을 원하는지 안다고 주장할 수 없을지도 모른다.[9]

---

9. "정말, 우리가 '구하고, 사로잡고, 혹은 지도할 대중 *masses*은 없다"(Williams, 1989: 18).

2부 문화 연구

1 | 하나의 이론

문화 비평은 담론의 지배적 일반성(문명)에 저항을 하면서 살아남았거나 그 일반성 안에서 살아 남은 세련된 집단의 인간 가치들(문화)을 이름으로 내걸고 발언을 했다. 이 구별은, 줄리앙 방다의 경우처럼, 본질적인 면에 그 근거를 두고 있다고 볼 수 있지만, 좀더 일반적인 관점에서 보자면 그 구별은 역사적이었다. 역사적 정의의 결정적 용어, 즉 전통의 사회적 실재는 민족이나 계급, 혹은 그 양자의 응축일 수도 있다. 그러나 그 어떤 경우에서도 문화는 특정 사회 이익의 대혼란과 함께, 근대성의 거짓 일반성에 저항하는 것으로 주장된 진실한 전체이거나 보편적 존재였다. 비록 문화가 결코 자유의 영역은 아니었지만(이 담론적 전통에 대한 천박하고, 의심스러운 가치), 그럼에도 문화는, 실용적 필요성의 영역인 문명과 극단적으로 대조적인 도덕적 사리 분별, 책임감과 절제된 탐구를 위한 인간의 잠재적 능력을 구현했다. 그리고 그러한 문명 안에서는 열정과 흥미의 관성력, 만의 '계급과 대중'이 다른 모든 것을 압도했다. 그렇게 이해된

문화는 필연적으로 그 정의상 고뇌에 찬 평가의 실천이 될 수
밖에 없었다. 유산처럼 이어받은 문화적 의미들의 모든 적절한
평가는 문명의 즉각적인 역제안 *counter-suggestion* 이라는 가장 엄
격한 취급을 초래했다. 관대하거나 낙천적인 다원주의의 이름
으로 긴장을 푸는 것은 허락되지 않았다. 그것은 조건부 항복
의 논리였다. 숙고하는 거절의 습관은 미덕이 아니었다. 문화는
정당한 — 진정으로 일반적이기 때문에 그렇다 — 사회적 권
위의 측면에서 보자면 위협받는 양식이었다. 정당한 사회적 권
위는, 설사 어떤 면에서 잠재적 권력으로 회복되지 않는다고
해도, 재확인을 받아야만 했다. 메타문화의 담론은 그 자체 안
에 변덕스러울 정도로 불안정한 전체의 훌륭한 통제라는 의미
를 암시적으로 담고 있었다.

　　문화에 대한 새로운 담론의 형성은, 그리고 1970년대부터
새롭게 출현한 문화 연구 기관은 이런 전통에 세 가지 측면에
서 도전을 초래했다. 우선, 일상적 근대성을 포함하는 상대적
탐구의 영역이라고 볼 수 있는 '**전체 자료의 극단적 확대** *a
radical expansion of the corpus*'가 있을 수 있다. 의미를 만들어 내는
모든 다양한 행위, 달리 말하면 의미를 담고 있는 전 사회적 세
계가 이제 검토의 대상이 되도록 개방될 수 있다는 것이다. 그
자체로서, 물론, 이것은 전혀 새로운 것이 아니었다. 앞선 전통
도, 일부 사람들이 '대중 문화'로서 탐구했다고 생각한 것을 결
코 경멸하지 않는 경우에는, 그것에 푹 빠져 있었다. 리비스와
<스크루티니> 학파도 대중 문명의 실천과 제도를 광범위하게
다루었다. 또한, 호가트의 ≪읽고 쓰는 능력의 이용≫ 역시, 사
회적 감수성과 헌신의 의미 있는 전치와 함께, 문화 비평이 그
렇게 극단적으로 확대된 전체 자료를 개념적 긴장 없이 수용할

수 있음을 보여 주었다. 두 번째, 새로운 출발의 더욱 중요한
조건은 탐구 분야의 '통일'과 '절차상의 평등화'였다. 심지어
역사주의자의 내부와 사회학의 다양성 속에서도, 문화 비평은
침묵했고, 긍정적인 의미의 문화와 일상의 (무)의미라는 다른
세계, 즉 문명 사이의 본질주의자의 구별로 끌려갔다. 이 문화
비평은 가치의 폐쇄적 원 안에서 움직이는, 비평의 성격 면에
서 보자면, 나르시시즘적이었다. 문화 비평이 숙고하는 대상들
은 — 대상들이 문화 비평의 자기 자신의 이미지에 순응하지
못한 경우에 — 전혀 인식할 수 있을 만한 대상이 아니었다.
계속해서, 대조적으로, 모든 의미화 형식과 실천을 단 하나의
범주에 — 사회에서 의미의 예로서 문화 — 통합하는 것이 필
수적이 되었고, 절차의 문제로서 문학과 예술적 가치의 사전에
수용된 개념화가 탐구의 영역과 목적을 미리 결정해서는 안 된
다고 주장하는 것이 필수적이 되었다. 이 두 번째 도전은, 새로
운 출발의 조건들을 확보하지 않고도, 첫 번째 도전의 모호성
을 해결했다. 만일 신흥 문화 연구가 단지 사회적 의미 세계의
포괄적이고 절차상 일정한 탐구였다면, 이 문화 연구는 아마도
인류학과 같은 다양한 기존의 학문이 — 이 학문은, 비록 지금
은 구시대와 주변적 사회가 아니라 산업 사회이기는 하지만,
인간 그룹의 '조직적 사회'이거나 '상징적' 삶에 몰두하는 연구
조사 프로그램이다 — 되었을 것이다(White, 1975). 무엇이 올바른
문화 연구가 될 것인지에 대한 정의 목표는 문화 비평의 추정
적인 '권위'와 그렇게 방어된 형성체들을, 문화 비평의 토대를
침식하고 문화 비평을 대체하기 위해서, 탈신비화하는 것이었
다. 동기는, 처음부터, 정치적이었다.

윌리엄스: 창조는 일상적이다

이 새로운 담론의 형성적 조건은, 우리가 이미 보아온 것처럼, 그 자체가 정치적이었다. 공산주의자와 노동당 전통의 위기는, 중대한 경제적 변화와 문화적 변화의 시기에, 이 새로운 담론에 영속적인 정의를 제공했다. 충족되어야 할 추가적인 조건이, 그러나 혹은 말하자면, 즉 객관적인 논리적 단서가 필요했다. 문화적 권위로 받아들여진 생각은 특수한 사회적이고 제도적 제휴에서 자연스럽게 받아들여진 해석만은 아니었고, 문화적 권위에 지금까지 밀어붙인 도전을 이겨내고 살아 남은 생각이기도 했다. 결국, 엘리엇과 리비스는 그러한 면에서 — 하지만 소수 문화에 대한 공유적 기반을 바탕으로 하면서 — 사실상 서로 대립적인 존재였다. 새로운 담론은 낡은 담론의 기반을 — 낡은 담론을 지지했던 철학적인 일상적 장소 — 파헤치는 방법으로 지적 입장을 확보할 수가 있었다. 일반 이론에서 신선한 진취 정신이 있어야만 했다. 이 점이 ≪장구한 혁명≫의 첫 번째 목표이고 결정적 목표였다.

"문화는 일상적이다"라고 윌리엄스는 말했다. 그러나 본질적으로는, 만일 '일상적'이라는 단어로 창조적 해석과 노력의 부재를 우리가 의미한다면, '일상적인' 행위는 없다고 윌리엄스는 계속 말했다(Williams, 1961; 1965: 54). 이런 말로, 윌리엄스는 예술에 관해 오래 전부터 전해 내려온 서구 사상의 전제를 일시적으로 중지시켰다. 영국 전통의 미적 공식화의 기록을 조사하면서 윌리엄스는 '예술 *art*'과 '실재 *reality*'의 지속적인 이원론을 강조했다(p.35). 이 이원론의 분열은 대립적인 면에서 이해될 수 있었다. 예술은, 플라톤이 주장했던 것처럼, 기식하는 존일 수도 있다. 즉, 철학의 대상이었던 이데아라는 근본적인 실재로부터 두 번이나 떨어진 단순한 허구일 수도 있다. 또는, 아리스토텔레스 교리의 대조적인 평가에서처럼, 예술은 가장 일반적인 진실에 접근하는 것을 가능하게 해 주는, 그 자체로서 지식의 한 양식일 수도 있다. 그러나 그 어느 경우에도, 기본적인 이원론은 여전히 유효했다. 한 편에는, 근본적 현실이 있고, 또 한 편에는, 그 근본적 현실을 재현하는 작품이 있다. 르네상스 전통이 특별한 계시로서, 일종의 창조로서 예술의 관념을 확인하고 꾸며 주었다. 그렇게 확인해 주면서 '실재'와 예술을 대립시키면서도 또한, 때로는 — 사실은 이 점이 결정적으로 중요한데 — 그런 실재에 대한 조금은 더 열등하고 영감으로 이루어지지 않은 종류의 이해와 예술을 대립시켰다. 19세기를 맞이하면서, 이 오래된 이원론은 최종적으로 근대적 강렬함을 획득했다. 낭만주의 사고에서, 예술의 월등한 인식력은 특별한 정신 능력인 상상력과, 그리고 특별한 종류의 개인인 예술가와 연결이 되었다. 윌리엄스는 고대로부터 낭만주의에 이르는 사상의 이런 기록에서 긍정적인 발전을 보았다. 그런 긍정적인 발전은 종교적 전통의 지속적인 주장에 저항하는 특별한 인간의 힘이 강화되는 모습을 보여 주었다. 그러나 윌리엄스가 또한 주목했던 것처럼, 종교적 정체성에서 세속적 인본주의자의 정체성으로의 장구한 전이는 모호했고, 또한 그런 전이는 과거 사제의 규칙을 근대의 가면을 쓰게 해서 새롭게 만들어 내는 일을 포함할 수 있었다. 예술과 실재 고대 이원론의 조건은 존재론적일 뿐만 아니라, 또한 심리적이고, 함축적인 면에서는, 사회적이기까지 하였다. '예술'이 능력을 완벽하게 부여받은 소수의 창조적 상상력의 행사로서 이해된다면, 예술은 대상의 주어진

세계뿐만 아니라 주어진 세계의 현상들을 — 사물들뿐만 아니
라 그 사물들의 '일상적' 지각까지도 포함한다 — 단순하게 기
록하기만 했던 일상적 장소의 주관성까지도 포함했던 '실재'와
이제부터는 대립적이 될 수밖에 없었다.

사실, 윌리엄스는 계속 예술과 실재의 의심을 받고 있는 이
원론은 '거짓'이라, 창조성에 관한 새롭고, 과학적인 근거가 있
는 이론으로 대체해야만 한다고 주장했다. 널리 수용된 이해의
관점에서 바라보자면, 창조성은 '자연스러운 보기 *natural seeing*'보
다는 '예외적인 보기 *exceptional seeing*'를 포함했다. 창조성은 발생
론적 인간 규범에 대한 희귀한 보충이었다. 그러나 지각을 연구
하는 현대 생물학은, 모든 보기가 관습적이라는 점을 보여 주면
서, 그러한 모든 구분을 무효화시켰다. "우리는 각기 **보는 것을**
배워야만 한다 *has to learn to see*"(p.33). 지각하는 그 어떤 주체와
관련해서 볼 때, 대상과 다른 주체를 포함하는 하나의 독립적인
현실이 존재하지만, 그 현실이 단순하게 이해 가능한 세계로 주
어지는 것은 결코 아니다. "**우리가 경험하는** 현실은…… 인간
의 창조물이다," 그리고 "우리의 모든 경험은," 즉각성을 가진
우리의 직관에도 불구하고, "우리가 살고 있는 세계에 관한 인
간의 해석이다"(p.34). 와서 보고, 다음엔, '경험' 속으로 들어가
는 것은 '규칙들' 모음 획득을 초래하는데, 개인은 이들 규칙의
'담지자들'이다. 그러한 규칙들은 역사적이고, 인간 환경에서 변
화하는 시간과 공간을 통해 가변적이 된다. 따라서 그런 규칙들
은, 다소간의 급진적 수정을 경험해야만 하는데, 그러한 수정에
는 새로운 배움이 포함된다. 그런 규칙들은 또한, 필연적으로,
집단적이다. '우리는 사물 묘사를 배우는 방법으로 사물 보는
것을 배우는데,' 그렇게 배우는 묘사의 수단과 계획은, 적절한

것이든 아니든, 의미의 공통 세계에 참여하는 방법으로, 즉 커뮤
니케이션의 영역에 참여하는 방법으로, 언제나 이미 자기 자리
에 있었기 때문에 그렇다. 배움과 커뮤니케이션은, 그렇다면, 문
화의 실질적인 과정이고, 한 걸음 더 나아가서 문화는 단순히
세계의 이미지일 뿐만 아니라 또한 구성의 양식 중 하나이다.
이런 과정들이 없다면, 하나의 이해 가능한 세계를 가정하는 것
은 불가능한 일이 될 것이다. 이 과정들은 이 기본적인 의미에
서 충분히 '창조적'이지만, 그럼에도, 결코 '예외적'이지는 않다.
이런 설명에서 창조는 사회 – 역사적 '성격'을 지닌 평범한 것들
중의 하나이다. 창조는 일상적이다.

　　윌리엄스는 이런 방식으로 창조성의 인류학적이고 사회적
의미를 다시 생각하면서, 문화를 특별하고, 상급의 가치를 지닌
것으로 보았다. 그리고 문화를 '전반적인 삶의 방식'으로 해석
하는 대립적 방식을 통해 작업을 하려고 생각했고, 이런 방식
으로 일관성 있는 비평 이론과 사회적 의미 영역의 정치학 연
구에 착수하려고 생각했다. 이런 시도는 필연적으로 논쟁을 불
러 일으켰다. 이런 논쟁은 보수주의자와 자유주의자 사이뿐만
아니라, 물론, 또한 좌파 사이에서도 있었다. 반대를 하면서 반
복적으로 등장하는 문제는 — 이 문제는 오늘날까지도 논쟁을
하면서 유산처럼 영향력을 행사하게 되었다 — 바로 '공통의'
의미들과, '공동체'와 '커뮤니케이션' 등에 대한 윌리엄스의 강
조였다(Thompson, 1961; Eagleton, 1976). 이렇게 선택한 어휘의 정치
적 함의는 전략적인 점진주의처럼 보였다. 이 점진주의에서는
자본과 권력의 자본주의 관계가 '성장'의 과정을 통해 해소될
수 있을지도 몰랐다. 철학적인 관점에서 볼 때, 이 점진주의는
리비스의 영향으로까지 그 흔적을 쫓아갈 수 있는, 극복되지

않은 인본주의의 증거로서 보였다. 비록 사회적 형식으로서의 정치적 문제는 내 논의에서 중심적인 것이지만, 여기서 우리의 관심을 직접 기울일 필요는 없다. 이 문제에 대해서는 후에 다시 언급할 것이다. 철학적 논제에 관해서 할 말이 더 많이 있을 것이다. 지금은, 몇 가지 관찰적 진술이 이러한 문제들을 실제적인 수준에 가깝게 환원시키는 역할을 할 수 있고, 동시에, 윌리엄스가 문화 비평과의 담론적 단절을 시도하는 것을 강조하게 하는 역할을 할 수 있다. ≪장구한 혁명≫의 분석적 순서는 추상적인 것에서 구체적인 것으로 옮겨간다. '창조적 정신'의 인류학적 설명으로 문을 연 ≪장구한 혁명≫은 계속해서 사회적 관계의 일반 이론 안에서 논점들을 논의하고, '사회적 성격 social character'과 '감정의 구조 structure of feeling'라는 특별한 문화적 개념들을 소개한다('문화의 분석'). 다음에는 개성과 사회적 질서의 특수한 부르주아적 재현에 관한 비판이 뒤따르고, 그 다음에는 영국의 문화사 (교육, 읽고 쓰는 능력, 언론, 언어, 작가, 극적 형식, 동시대 소설) 내에서의 연구가 뒤따른다. ≪장구한 혁명≫은 동시대의 상황('1960년대의 영국')에 관한 개괄적 분석으로 끝을 맺는다. '공통적인 것을 만드는' 행위로서의 문화 혹은 '커뮤니케이션'으로서의 문화에 대한 분석은 종의 불변 요소에 관한 심리학적 – 생물학적 이론으로부터 출발한다. 다시 말하자면, 과학적 절차의 원리로서, 공통성의 사회적으로 특수한 형식과 관계가 — 예를 들어, 재산과 노동의 형식과 관계가 — 자리를 잡고 있지 않은 추상화의 질서로부터 출발한다. 그리고 만일 이러한 조건들의 수사학적 고집이 이론적 정의가 요구하는 것보다 더 크게 보인다면, 그것은 그 조건들이 근대의 문학적 상식 common sense 에 저항하는 투쟁에 동시에 관련되어 있기 때문이다. '공통'과 '커뮤니케이션'의 관련된 대립 요소들은 텍스트에서 뚜렷하게 보이는데 권력, 불평등, 투쟁과 혁명 등의 그러한 범주는 아니다.

마르크스주의와 문화 이론

'전반적인 삶의 방식 내 요소들 사이의 관계 이론으로서의' 윌리엄스의 '문화 이론'은 정치적인 제휴 면에서는 사회주의적이었고, 모든 사회적 삶의 형성적이고 변화 가능한 성격을 지각함에 있어서는 역사적이었고, 의미를 만드는 행위를 인간 행위의 일상적이고 실천적인 양상으로서 설명을 할 때는, 감정 이입적인 면에서 보자면, 반이상주의자였다. 그러나 윌리엄스의 문화 이론은 마르크스주의 연맹에 가입했다는 것을 주장하지도 않았고, 가입을 제안받지도 않았다. 다음 40여 년에 걸쳐서, 이 명백한 불확정성은 비평적 논의에서 강제적으로 선택되는 의무적인 주제가 되었다. 가장 소박한 자료 증거를 보면 세 가지 행위의 역사를 보여 준다. 바로 최초의 서약, 미몽에서 깨어난 철수, 비평적 재약속과 귀환 등이 그것이다. 공산당의 문화 이론과 전망과의 초기 제휴는, 1945년 후 리비스와 <스크루티니>의 방법과 처방에 비평적 매력을 느끼고 쓴 글이 뒤따랐고, 그리고 그에 상응하는 영국 마르크스주의에 대한 소원한 평가가 뒤따랐다. 주요한 초기 저술인 ≪문화와 사회≫와 ≪장구한 혁명≫은, '문화 유물론'의 형성을 이끌었던 사고의 새로운 단계와 마르크스 이론의 국제적 공동체에 윌리엄스 스스로 참여한 경우에서 보듯이, 1970년대까지 추방되지 않았던 그런 매력에 이론적 흔적을 담고 있다. 이것은 그럴듯한 설명처럼 보인다. 윌리엄스 자신이

그것을 지원했다는 많은 증거를 스스로 제공했다(1979: 144). 그럼
에도, 그런 점은 윌리엄스 저작에 대한 비평적 접근의 수단으로
서는 오해의 여지가 있는 것으로 보인다. 지적 자서전과 이론적
역사 사이에는 형식적 평행선이 있기 때문이다. 노동의 삶의 긴
장에서 그런 것처럼, 이론화 과정의 논리에서도 그렇다. 전자,
즉 노동의 삶에 관한 개입과 이탈에 대응할 때, 후자, 즉 이론화
과정에서는 교대와 단절이 있을 수밖에 없다. 예를 들자면, '초
기'와 '후기,' '리비스 학파'와 '마르크스주의자,' 또는 그 어떤
묘사의 취향도 가능하다. 그러한 해석의 가치는, 물론, 해석이 30
여 년에 걸친 윌리엄스의 저술의 발전적 성격을 강조하고, 저술
의 성격과 주장의 올바른 엄격한 구별을 위한 필요성을 강조한
다는 것이다. 그럼에도 윌리엄스 서사체에 대한 일반적 해석에
대해, 결정적 수준 이하의 순진함과 탐닉에 빠지지 않은 채, 논
쟁을 벌이는 것은 가능하다. 다시 말해, 내가 그런 것처럼, 윌리
엄스의 저작이 근본적인 일관성은 아니라도 근본적인 연속성을
보여 준다고 주장하는 것도 가능한 일이다. 만일 윌리엄스의 사
고에 '단절'이 있다면, 그것은 자료로서 사용 가능하고, 인용할
만한 지적-텍스트적 사건이라기보다는 지속적인 내적 불일치로
보아야 한다. 윌리엄스의 이론적 담론은 두 개의 목소리를 내는
데, 이것은 두 가지 뚜렷한 역할의 '문화'를 암시한다.

윌리엄스와 마르크스주의의 관계에서 어려운 문제는 새로
발견한 유물론자의 역사 개념에 대한 마르크스의 고전적인 요
약으로부터 그 권위를 이끌어 내는 문화 분석의 전통이었다.

인간 삶의 사회적 생산에서, 인간은 절대 필요하지만 자신의 의지와
상관없는 한정적인 관계로 들어가고, 물질적 생산력의 일정한 발전

단계에 상응하는 생산 관계로 들어간다. 이런 생산 관계의 합계가 사회의 경제 구조를, 참된 기반을 구성한다. 이러한 경제 구조와 기반 위에서 법적, 정치적 상부 구조가 발생하고, 사회적 의식의 일정한 형식도 경제 구조와 기반에 상응을 한다. 물질 생활의 생산 양식은 사회적, 정치적, 지적 삶의 과정을 전반적으로 제한하는 조건이 된다. 인간의 존재를 결정하는 것은 인간의 의식이 아니고, 오히려, 인간의 의식을 결정하는 것이 사회적 존재이다(Marx, 1859; 1970: 181).

사회를 형성하고 재형성할 때 경제적 관계의 구조화 역할에 관한 이 공식화 과정은 '토대와 상부 구조 *base and superstructure*'라는 비유적 개념으로 알려지고 인용되게 되었다. 윌리엄스는 이 공식에 세 가지 반대를 제기했는데, 제기된 세 가지의 반대는 서로 성격이 아주 다른 반대였다.

첫째, 마르크스 이론은 쉽게 짐작할 수 있는 것처럼 구체적인 역사적 자료를 취급할 때 도식적이고 환원적이었다. (경제적) 원인과 (문화적) 결과의 규칙적인 양상에 대한 결정론적 확신은 그 이론으로 하여금 문화 형성에 있어서 실천과 방향의 전형적인 복잡성을 충분하고 일관성 있게 설명할 수 없도록 만들었다. 윌리엄스는 19세기 영국에는 "산업 소설이 있었지만, [크리스토퍼] 코드웰이 자명한 것으로 간주했던 '자본주의 시 *capitalist poetry*'는 없었다"라고 자신의 글에서 언급했다(Williams, 1979: 144). 이것은, 명백한 어려움을 해결하는 일에 조금의 관심도 없는 비평가들을 위해 가슴 아파하는 척하는 주제였을 뿐만 아니라, 엥겔스가 고인이 된 이후 계속된 마르크스주의의 글쓰기에서 친숙한 비평적 주제였고, 비난과 제한을 위한 문제였다. 윌리엄스의 해결은 — 마르크스 공식에서 출발했다기보다는 공식의 비평적 발전이었다 — 단일하게 해석하기 난처한 문화 현상의 징후들을 일단 그대로 인정하는 것이었고, 문화사의 정상적이고, 구조적인 특징으로서의 복잡성을 확인하고, 그에 따라서 이론화하는 것이었다. ≪문화와 사회≫의 마무리 부분에서 처음 개략적으로 소개된 이 이해는 ≪마르크스주의와 문학 *Marxism and Literature*≫(1977)에서 공식적 표현을 획득했다. 그 어떤 역사적 시기든 세 종류의 문화 형성이 동시에 존재한다는 특징이 있다는 것이다. 즉, 초기의 형성 시기로부터 계속되었고 지금도 여전히 활약하는 '잔존 *residual*' 문화가 있고, '출현 *emergent*' 문화가 있는데, 이 문화는 지금 현재 모습을 형성하고 있지만, 어느 정도는 주어진 조건들을 극복하려는 경향이 있는 문화이다. 그리고 이 두 문화보다 더 강력한 문화가 있는데, '지배 *dominant*' 문화이다. 이 지배 문화의 형식과 실천은 기존의 사회적 관계의 재생산을, '부르주아 문화'에서 부르주아를 가장 직접적으로 도왔던 문화이다.

이것은 아주 중요한 논제였지만, 가장 진지하게 다루어지는 논제는 아니었다. 말하자면 그것은 상부 구조의 보기 흉하게 일그러진 모습들이 이론의 '참된 기반'에서의 잘못으로까지 추적될 수 있어야만 한다는 것이다. 토대와 상부 구조 공식에서 결정적인 단점은 유물론의 과다에 있는 것이 아니라 유물론의 결여에 있다. 사실, 윌리엄스는 마르크스주의 전통이 물질에 우선권을 주었지만, 다른 점에서는 사상의 비물질적 측면에 대한 믿음을 유지했다고 비난했다. 이런 식으로, 마르크스주의 전통은 정신과 물질의 너무나 오래된 이원론을 요약했고, 그 구성적 조건들을 대체하지 않고 도치했다. 이런 인식은 1930년대 마르크스주의에 저항하는 비평적 경우의 일반적인 함축적 의미가 되었다. 윌리엄스는 이런 분위기에서 통합적 담론을 구별해 냈다.

즉, 한 편으로는 경제 결정론과 또 한 편으로는 낭만적 이상주의의 통합적 담론을 구별해 냈다. 낭만적 이상주의는 경제 결정론의 설명적 약점을 보완했다(1961; 1958: 271). 마르크스주의는 ≪장구한 혁명≫의 이론적 강조점을 지배하는 부정적 예를 제공했고, '문화 유물론'의 공식화에 힘을 주었던 논쟁적 에너지를 점차 내 보냈다. 토대-상부 구조 공식의 내적 제안은, 뚜렷하게 '물질적'으로 여겨지는 관계와 과정에서, 문화는 '이차적 *secondary*'이거나 '파생적 *derived*' 현실이고, 이미 실질적으로 다른 곳에서 구성된 사회의 모방이거나 표현 혹은 결과라고 보는 것이라고 윌리엄스는 주장했다. 그러나 '자연스러운 보기'의 비평은 그러한 추론이 일관성이 없고, 그러한 추론이 이론적 함축에 대한 충분한 이해 부족을 보여 주는 유물론이었다는 점을 드러냈다. 문화는 인간 현실의 창조 양식의 하나이고, 그 여러 양식들과 '순수한 등가 *genuine parity*'의 위치를 즐긴다. '문화는 예술을 사회에 관련시키는 문제가 아니라, 우선권 문제에 있어 우리가 분리해서 선택하려고 하는 그 어떤 행위나 행위의 상호 관계에 그 어떤 양보도 없이, 모든 행위들과 행위들의 상호 관계를 연구하는 문제이다'(Williams, 1965; 1961: 62~3). 그리고 존재의 이런 기본적 등가가 주어졌다고 해도, 하나의 행위가 전체로서의 사회적 관계들의 형성에 있어서 우발적 특권을 어떻게 포기하는지는 분명하지 않았다.

> 만일 우리가 특정한 행위가 전체 체제를 급진적으로 변화시키기에 이르렀다는 것을, 자주, 발견했다고 해도, 우리는 여전히 다른 모든 행위들이 바로 이 행위와 관련을 맺는 것이 틀림없다고 말할 수는 없다. 우리는 단지 변화하는 체제 내에서 특정한 행위들과 그 행위들

의 상호 관계들이 영향을 받은 다양한 방법을 연구할 수 있을 뿐이다(Williams, 1965: 62).

'[경제적] 생산과 분배는…… 필수적이다, 삶의 유지를 위해서는…… [그리고 그 위에] 생산과 분배가 조직되는 대단히 다양한 방법들은 명백히 우리의 전全 존재를 색칠하고 어떤 경우에는 우리의 존재를 결정하는 것처럼 보이고' 그럼에도 하나의 '절대적 공식'을 거부한다고 논쟁하는 것이 가능했다(p.62). 그리고

> 문제가 되는 그 공식은, 우선, 결코 분리될 수 없는 시스템들 사이에 본질적인 관련성을 맺어 주고, 다음은, 시스템들 각각의 역사적 변동성을 보여 주고, 결론적으로 시스템이 작동하고 실천되는 현실 조직의 역사적 변동성을 보여 준다(1965: 136).

비록 이러한 공식들이 경제적 요소에 의한 결정의 문제와 관련해서 제한을 받지만, 윌리엄스가 그러한 사상에 대해 저항하는 이상주의자 연대기의 또 한 페이지를 쓰는 일에 큰 관심을 갖지 않았다는 점은 명백하다. 윌리엄스의 주요 비평적 관심은 다른 곳에 있었다. 윌리엄스는 역사의 구성적 '제도'의 내적 변동성에 관심을 가졌고, 그 시스템의 가변적인 사회적 범위와 접합 articulation 에 관심을 가졌다. 윌리엄스가 ≪장구한 혁명≫(1965; 1961: 136)에서 진술했던 것처럼, 가정의 생산과 일반 생산 사이의 ('가족'과 '경제' 사이의) 관계는 사회의 한 가지 형태에서 또 다른 형태로 옮겨갈 때 마치 상수常數처럼 변하지 않는 것은 아니었다. 또 다시 한 번 ≪마르크스주의와 문학≫(1977)과 ≪2000년을 향해서 Towards 2000≫(1983)에서 윌리엄스는 '경제적

요소들 *the economic*'의 변화 가능한 사회적 영역을 문화적 범주로서, 그리고 체계적 관계로서 강조했다. 추가적으로 — 그리고 이 점이 실제로 윌리엄스의 이론을, 초기와 후반의 이론을, 정의하는 것이다 — 윌리엄스는 '전 사회적 과정 *the whole social process*'의 비용해성을, 분리 불가능성을 고집스럽게 주장했다(Williams, 1965; 1961: 55).

토대 – 상부 구조 공식에 대한 윌리엄스의 생각 속에 내재된 비평적 요소 세 가지 중에, 이 비용해성은 지배적 요소였다. 이 지배적 요소는 《마르크스주의와 문학》에서 확정된 주제로서 단순히 유지되었던 것이 아니라, 정당화되는 비평적 열정의 강렬함으로까지 승격되었다. 그 책의 가장 두드러진 약속들은 — 구조 언어학과 관련된 마르크스주의자 스타일을 마구 거칠게 다루는 것으로, 개인을 '규칙들'의 '담지자'로 이론화했고, 초창기와 후반기에, 신기하게도, 문화적 '시스템'에 관해 쉽게 말했던 윌리엄스로부터 나왔다(Williams, 1965; 1961: 34; Moriarty, 1995) — 그 추진력의 상당 부분이 이 근본적인 관심 덕분이라고 볼 수 있다. 윌리엄스의 논증은 여기서 전형적으로 세 층위에서 이루어졌는데, 본질적인 문제와 절차의 문제를 언급하고, 또한 이론적 어려움이 있는 해석을 제시했다. 그 모든 문화적인 다른 행위들이 통합적이고 역동적인 사회적 과정의 순간으로서 형성하고, 기능한다고 하는 본질적인 주장이 마르크스의 전통과 관련이 있다는 점은 자명했다. 그 주장이 두드러진 것은 주로 문화에 대한 너무나 강력한 '유물론자적' 개념 때문이었고, 그에 따라, 그 주장은 경제의 특별한 역할에 대한 양보하에 보호를 받았다. 그러나 이런 주장의 일관성 있는 이행은 '추상화'의 엄격한 통제에 달렸다. 추상화는 비록 필수적이기는 하지만 실질적 이론을, 현실의 분리된 영역으로서, 사회적 삶의 문화적, 정치적, 경제적 양식 사이의 분석적 구별을 재현하는 방법으로 언제나 왜곡시키려고 위협했다.[1] 이론은 그 자체의 목적을 좌절시키는 위험을 무릅썼는데, 위험을 무릅쓴 것은 절차상의 결함보다는 '모든 물질적인 사회적 과정'과 더 밀접한 관계가 있는 이유 때문이었다. 추상과 분리는 자본주의 자체의 즉각적인 문화적 경향이라고 윌리엄스는 주장했다. 마르크스 이론 전통의 그릇된 분열은, 무엇보다도 '토대와 상부 구조'의 분열은 사회의 한 가지 형식이 역사적으로 특정하게 출현하는 것을 반영했다. 그릇된 분열은, 마르크스가 묘사했던 것처럼, 자본주의의 — 자본주의는, 하나의 체계로서, '우리의 평범한 결합적 삶'의 객관적 현실에 관한 혼란을 조장한다 — '물신화된' 출현이었다(Williams, 1965; 1961: 56).

여러 사상의 이런 비평적 결합은 끊임없이 반복되었다. 이 결합은 윌리엄스의 이론적 담론의 주제적 핵심을 형성했다. 이제 우리는 용어상의 호기심이란 입장에서 이 문제를 고려해 볼 수도 있다. 윌리엄스는 자신의 발전된 입장을 '마르크스 이론'으로 규정하면서 도대체 왜 '역사적 유물론 내의' 입장에 그

---

1. 이 경고를 '경험주의'의 경우로서 잘못 해석해서는 안 된다. '영국 국민들이 구체적인 것을 집착하는 것에 대한 [나의] 경험으로 미루어 볼 때 대부분의 경우 영국 국민들이 구체적인 것에 빠져서 꼼짝 못 하고 있다는 것'이라고 윌리엄스가 1961년에 썼다. "경험에는 사상이 포함되고, 사상에는 추상이 포함되고, 추상은 사실 인간 정신의 영예로운 것들 가운데 하나이다"(Williams, 1989: 20). 그러나 이 일과 관련해서, 또한 돈을 문화 형식으로 읽는 윌리엄스에 대한 캐서린 갤러허 Catherine Gallagher 의 논의를, 즉 <레이먼드 윌리엄스와 문화 연구 Raymond Williams and Cultural Studies>를 보라(Gallagher, 1995: 307~19).

자신이 명명한 '문화적 유물론'이라는 이름을 부여해야만 했을까?(1977: 5) 주장과 묘사적 몸짓 모두 강력하고, 명백한 근거가 있었다. 용어상의 연결은 '유물론'이 그 자체를 다르게, 즉 그 자신의 전제들과 좀더 일관성을 유지하는 방법으로만 '문화'를 알게 될 수 있는 이론적 투쟁의 과정을 요약해 주었다. 여기에 '**유물론적** 문화와 문학 **생산**의 **특성들**'(p.5)의 이론이 있거나, 강조 면에서 비평적 이동과 함께 **필연적으로** (비록 다른 수단 중의 하나이지만) 사회적 질서가 의사 소통이 되고, 재생산되고, 경험되고 탐험되는 의미화 체계'의(Williams, 1981: 13, 볼드체 강조는 저자) 이론이 있다.

지금까지는, 설득력이 있다. 그럼에도 문화적 유물론이 단순히 이것이었나, 또는 문화적 유물론이 그렇게 정의된 이론과 프로그램뿐이었던가에 대한 질문의 여지는 있다. 윌리엄스의 초기 이론은 계시적이다. 윌리엄스가 ≪문화와 사회≫와 ≪장구한 혁명≫에서 진술한 '문화 이론'은 '삶의 전반적 방식의 여러 요소들 사이의 관계에 대한 이론'으로서 여겨졌다(Williams, 1958; 1961: 11~2). 이 정의의 흥미를 느끼는 것은, 윌리엄스가 ≪장구한 혁명≫에서 거의 축어적으로 반복했던 것처럼, 다시 10년 후에, 여러 구절에서 ─ 이 구절에서 명백한 동어 반복적인 말이 굴곡된 다른 의미를 전달한다 ─ 드러난다.[2] 이론의 대상은 '삶의 전반적인 방식'이 아니라 ─ 대상은 많은 비평가들이 자주 지적했던 것처럼, '사회'이지 '문화'는 아닐 것이다 ─ 삶의 전

─────────────────

2. ≪장구한 혁명≫(1965; 1961: 63)은 단지 '이론 *theory*'을 '연구 *study*'로 대체했다는 점에서만 다르다. 추가적으로는 ≪문학과 사회학≫(1980; 1971: 20)을 볼 것. 그 곳에서 이와 유사한 변형이 공식처럼 반복되는 것을 볼 수 있다.

반적인 방식을 그러한 것으로 만드는 **관계들**이다. 문화는, 그렇다면, 전체가 아니고, 또한 전체와 동일 연장에 있지도 못한다. 문화는, 차라리, 사회적 삶에서의 **전체성** *whole-ness* 의 원리이다. 문화는 탐구의 특정한 대상 이상이다. 문화는 모든 생산적인 사회적 분석과 판단의 제한적 조건이다.

이러한 것은 1950년대 말의 정의였다. 1970년대와 1980년대의 정의들은 주장의 용어와 특수성이란 면에서 뚜렷하게 변한다. 그럼에도 이러한 다른 점들이 초기 윌리엄스의 주장과 후기 윌리엄스의 주장 사이의 급격한 차이에, 초기 윌리엄스의 리비스식 휴머니즘과 후기 윌리엄스의 마르크스주의 사이의 급격한 차이에 타당성을 부여하지는 않는다. 윌리엄스가 후기에 정의한 문화의 개념은 ≪장구한 혁명≫의 이론적 프로젝트를 실질적인 면에서 수정한 것이 아니라 새로 썼다고 보는 것이 타당할 것이다. 윌리엄스가 후기에 정의한 문화의 개념은 ≪장구한 혁명≫을 대조적으로 돋보이게 했던 비판적 철학적 주제와도 결별을 하지 못했다. 이와는 반대로, ≪마르크스주의와 문학≫(1977)에서의 '유물론'의 비평적 기능은 초기의 윌리엄스와 후기의 윌리엄스 모두에 봉사하는 것이었다. 다시 말하자면, 이론에 대해 경계의 논평을 유지하면서 이론을 발전시킨 것이다. 그리고 텍스트의 중심적 범주와 가치의 이름으로 '전체'를 발전시키는 것이었다. '유물론'의 수식어로서 '문화'는 상세한 설명이면서 또한 방해물이기도 했다. 문화는 이론의 대상이면서 동시에 자본주의 문명에서의 모든 이론의 타고난 성향에 대한 비평이기도 했다.

타당한 이론은, 달리 말하면 '실질적 지식'은, 윌리엄스가 ≪장구한 혁명≫(1961; 1965: 39)에서 확인했고, 또한 이미 코울리지가 정의했던 것처럼, '우리가 우리 자신을 전체와 함께하는 하나로서 냉정을 유지할 때 떠오르는 것들에 관한 통찰력이다.' '분석적 지식'과는 달리, 타당한 이론은 '경험'으로부터 발생했다. 이 단계에서 윌리엄스는 경험에 특별한 인식론적 권위를 부여했다. 리비스식의 낭만주의의 흔적은 이 곳에서 추적이 가능하지만, ≪장구한 혁명≫의 개념적 배경에서 볼 때 해석하는 것은 더 이상 쉽지가 않다. 리비스는 모든 이론을, 경험과는 반대로, 비평가와 텍스트의 상호 소유로부터 발생하는 실질적 지식에 대한 장애물로서 거부했다. 그러나 리비스의 추론은 이원론자의 추론이었고, 실제로 경험의 타당한 양식을 경험의 거짓 양식과 구별했다. 경험의 타당한 양식은 인간 규범의 직관 속에 근거를 둔 양식이지만, 경험의 거짓 양식은 지배적이고 '기계적'인 문명의 수동적 흡수이다. 윌리엄스의 권위적 경험은 그 입장에서 볼 때, 하나의 배타적 보편 개념이었다. 윌리엄스는, 기본적 논리 면에서 볼 때, 이런 의미에서 '경험'에 호소를 할 수는 없었다. 창의성에 관한 윌리엄스의 분석은 근본적으로 반反본질주의자의 것이었으며, 경험을 주관성의 역사적 형성으로 가정했다. 즉, 경험을 지각적 상수가 아닌 사회들 사이의 그리고 사회들 가운데의 변수로 가정했다. 그리고 윌리엄스의 담론에서 '인간적인 것 *the human*'은 영속적인 도덕적 속성이 아니라 포함의 사회적 원리를 나타내었다. 다른 두 가지 선택 사항이 남았다. 윌리엄스가 택한 첫 번째 선택 사항은 독단적-주관주의자의 의미의 경험적 기준들을 버리고 '실질적 지식'을 비평적 이론-형성의 프로그램 내에서 추구하는 것이었다. '분석적 지식'에 대한 불신은, 때로는 강하게, 때로는 약하게, 지속되었다. 그러나 윌리엄스의 마지막 이론적 법전이 명확하게 됨에 따라, '경험'은 '의미화 체계 *signifying system*'의 작용으로서 이해될 수 있었다. 최고 범주의 문화라는 사상도, 즉 '[문화의] 모든 복잡한 상호 관계를 가리킬 수 있는 일반적 개념'도 역시 지속되었지만, 이론의 목표로서 지속됐던 것이지 근거적 성격의 직관으로서 지속됐던 것은 아니었다.

대안은 '경험'의 인식론적 통치권을 유지해야 했지만, 이제는 역사적이고 포괄적 관점에서 그런 인식론적 통치권을 유지해야만 한다. 그런데 이런 관점의 피할 수 없는 위험은 주관주의와 상대주의가 — 다시 말해 개인이 자신과 자신을 둘러싸고 있는 세계의 즉각적인 지각에 대해 무비판적으로 복종하여 비평적 사고를 좌절하게 되는 것을 말한다 — 될 것이다. ≪장구한 혁명≫의 후반에 등장하는 다음과 같은 글에서는 윌리엄스가 그러한 선택 사항을, 참된 범주와 그 범주를 아는 이론의 이름으로, 배제하고, 다음에는 이론이 돌아가야 할 길의 윤곽을, 비평적인 면에서 모호하게, 그리는 것을 볼 수 있다.

> 산업 경제에서 사회적 생산은 전체 사회가 소유하거나 통제할 것이다. 아니면 전체 사회의 일부가 나머지를 고용할 것이다. 이 대안들 사이의 결정은 계급에 관한 비평적 결정이다. 그리고 만일 우리가 계급 체계를 종식시키는 일에 진지하다면 우리는 생존한 것들을, 부적절한 경우들을, 그리고 두드러진 혼란을 제거해야만 할 것이다. 적어도 우리가 제거해야만 하는 것들을, 마침내, 지탱하는 견고한 경제적 중심을 볼 때까지 계속 제거해야만 한다는 것이다. 그러한 기본적 불평등이 고립되었을 때, 우리는 계급에 관한 상관없는 논의를 — 그러한 논의에 대해 우리 대부분은 정말 진절머리가 난다 — 멈출 수 있고, 가치 있는 다른 방식으로 삶을 살아가는 현실의 인간과 현실의 공동체 사이에 존재하는 인간의 다른 점에 관해 좀더 흥미 있는 논의를 허용할 수 있다(Williams, 1961; 1965: 363).

인용문의 마지막 문장에는 유토피아 이상주의의 최고의 종류와 최악의 종류에 대한 암시가 들어 있다. 사회주의는 일반적인 인간 해방을 위한 필요 수단이지만, 사회주의의 역사적 책무로서의 무엇인가를 확인해 주어야만 한다. 그 점이 ≪장구한 혁명≫의 정치적 확신의 중심 내용이다. 그러나 심지어 자본주의의 구조적 자물쇠를 고집스럽게 주장했을 때에도 윌리엄스는 또 다른 담론의 용어들을 되풀이해서 사용했다. 말하자면 '단단한 *hard*' 것이 비물질 상태로 되어 오래되고 지겨운 화제가 되는 담론의 용어들을 사용했다는 것이다. '계급들'과 다른 그런 범주들은 일상적 다양성에 속한 '현실의 사람들'과는 어울리지 않는 '상관없는' 추상적 범주들이 되었다. 유토피아 이상주의는 자본주의를 자본주의가 일상 생활의 변모하는 비전 — '포퓰리스트 *populist*'라고 불릴 수도 있는 그런 종류이다 — 에 존재하지 않기를 바라는 방식으로 다룬다(이 책의 214페이지 이하를 참조하라). 이것은 윌리엄스가 조금이라도 의도했던 의미는 아니었다. 그러나 다른 것들이 그런 것처럼 그 곳에서, 객관적으로 볼 때, 의도하지 않았던 의미를 포함하기에 이르렀다. 문화 연구가 1960년대부터 지금까지 계속 하나의 조직화된 학문적 추구 대상으로서 출현하고 그 위치가 공고히 됨에 따라, 포퓰리즘의 문제는 결정적이 되어갔다.

2 | 중심

윌리엄스는 문화 비평의 담론적 경계를 넘어서 사회주의 이론과 문화 정치학을 장구한 혁명에 봉사하기 위해 탐구했다. 리처드 호가트는 새로운 제도적 출발점, 즉 현대 문화 연구소 Center for Contemporary Culture Studies(약어로는 CCCS로 통한다)에서 그 자신의 비평적 프로그램을 추구했다. 영국 내에서의 — 그리고 영국을 넘어서는 — 문화에 관한 비평적 사고의 추후 발전은 그러한 주도권의 행운과 분리될 수가 없다. 엄격한 의미에서 볼 때, 사실 이러한 주도권의 행운은 영국학의 기록에서 전례가 없었다. 그러므로 문화에 관한 협력적인 학문적 노력의 새로운 현실을, 하나의 제도사를 재건하려는 그 어떤 주장도 없이, 인정하는 것이 필요할 것이다. 현재의 맥락에서 가장 중요한 점은 대안적인 성격의 집단적 정체성과 목소리를 찾는 과정에서 현재 일어난 담론적 변화이었다. 지금 진행의 한 가지 단순한 방식은 질문을 하는 것이다. 호가트가 제안했던 것은 무엇이고, 어떤 결과들을 가져왔는가?

문학과 동시대의 문화 연구

호가트의 기회는 ≪읽고 쓰는 능력의 이용≫을 쓴 지 6년 후 버밍엄 대학교 근대 영어학과 교수 자리에 취임하면서 찾아왔다. 교수직 제안의 이론적 근거와 실천적 의미는 호가트의 취임 연설의 주제를 이루었다.

호가트의 연설 제목, "영국 사회와 현대 사회의 학교들"(1970b: 245~59)은 문화 비평의 국가적 차원의 지배적인 다양성과의 지속적인 제휴 관계를 증명해 주었다. 호가트의 첫 번째 원리는, 지식과 판단의 양식으로서 문학의 선천적 우월성에 대한 믿음과 함께, 문학적 낭만주의의 원리였다. '문학으로서 작용하는 문학이 없다면, 우리가 어떻게 개인적 관계들의 복잡성을, 잘 표현하는 것은 말할 것도 없고, 잘 이해할 수 있을까?'(1970b: 248). 그 질문에 대한 함축적인 대답 속에는 영국학이라는 일종의 공약의 한계가 있었다. 그리고 이것은, 차례로, 복지가 당연한 것으로 받아들여지지 않았을 그러한 때에, 인간 차별의 요소로서, 일반적인 언어에 대한 의무를 암시했다. '나는 그 전의 어떤 시기에 그렇게 많은 단어들이 비유기적으로 사용되었는지 그렇지 않았는지 궁금한데, 그것은 작가들이 자신들의 경험에 관해 말할 무엇인가를 가지고 있기 때문이 아니라, 타인들의 특정한 관심을 대신하기 위해서였다'(p.251).

호가트가 판단하기에, '광고인과 홍보인'의 수공품을 한탄하는 것은 충분하지 않았다. 동시대 사용법의 무서운 경향들은 — 중심적인 것은, 공공 연설의 형식에서 암시되는 인간 해체를 말한다 — 똑같이 체계적이었고, 체계적인 것으로서의 근대성에서 출현했다. 그 경향들은 다음과 같다. '자의식 가치의 일부분(일정한 지점까지 그리고 확실한 종류의), 근대 커뮤니케이션의 끊임없이 작동하는 컨베이어 벨트의 생산성의 결과, 사회의 증가하는 중앙 집중화와 집결 현상'(p.252). 이러한 즉각적인 역사적 경향들에 대해서 문학 비평은 — '문학으로서 작용하는 문학'의 발전된 경험이다 — 저항의 필수적인 형식이었다.

여기까지, 호가트는 리비스가 제시했던 화제, 즉 문화적 비상 사태를 다시 제시하였다. 그러나 ≪대중 문명과 소수 문화≫의 함축적인 용어들은 이제 ≪읽고 쓰는 능력의 이용≫의 뚜렷한 사회적 공약과 상대적으로 덜 치명적인 문화 비평의 스타일에 의해서 굴절되었다. 영어 선생님들은 다음과 같은 것을 발견했다. "학생들에게 가장 쉽게 말을 하는 목소리들은 그 목소리들이 가르치려는 훈련받는 고급 예술의 목소리들을 듣는 것과 아주 다르다"(Hoggart, 1970b: 253). 그리고 그 다른 점은 반드시 새로운 것이나 혐오하는 것의 다른 점은 아니었다. 즉 "많은 이들이 [선생님들이] 대학에 가기 전에 그런 대중적 목소리에 귀를 기울였고 일부 선생님들은 그 자신들 스스로가 여전히 그런 목소리를 내려 한다"(p.253).

'연결하기만 해라.' 호가트는 이러한 문화적 '분열 split'을 이해하려는 새로운 노력을, 좀더 '겸손하고 humble' 좀더 호기심 넘치는 노력을, 촉구하면서 ≪하워즈 엔드≫를 위한 E. M. 포스터의 모토를 취했다.1 '문학과 동시대 문화 연구'는 이 문제 영역의 일시적인 지명地名이었는데, 이 지명에 대해 호가트는 하나의 탐구 영역과 탐구적 성격의 삼중 프로그램 등의 밑그림을 그

---

1. 호가트는 1971년 BBC 방송을 위한 라이스 Reith 강연의 제목으로 후에 다시 이 모토를 사용했다. 그 강연의 제목은 "연결하기만 해라: 문화와 커뮤니케이션에 대해서"(Hoggart, 1972).

렸다. 그 영역은 전체로서의 동시대 문화가 될 것이다. 동시대 문화의 형식, 실천과 조직, 절차의 형성과 청중의 형성 등이다. 비록 그렇게 넓은 영역을 건너는 작업에 대한 전례가 있었지만, 호가트는 아주 중요한 예로 F. R. 리비스와 Q. D. 리비스의 예를 인용했고, 조지 오웰(pp.255, 257)의 예를 인용했다 — 무엇보다도 새로운 약속의 용어들을 명확하게 하는 것이 필요할 것이다.

> '고급 교양인, 중급 교양인, 저급 교양인'에 관한 이야기는, 비록 이 제는 비평적 용어로서 거의 소용이 없지만, 계속된다. 교육 언론은 (여전히 오르테가 이 가세트를 따르는) '보통 사람'과 '대중'에 관해, 마치 이 용어들이 조건부의 형식적인 말이라기보다는 잘 정의된 용 어들인 것처럼 말을 한다. 순응, 지위, 계급, '미국화,' 대중 예술, 팝 예술, 민속 예술, 도시 예술 등에 관한 논의 대부분은 너무나 빈약할 뿐이다(Hoggart, 1970b: 255).

문화 논쟁의 '역사적이고 철학적인' 비평적 서평은 그러므로 문화 연구의 두 번째 양상을 알려 줄 것이다. 이 두 번째 양상은 동시대의 문화 사회학, 작가들, 예술가들과 관객, 권위 와 명성의 순환, 기저를 이루는 경제, 그리고 이러한 것들의 무 수한 '상호 관계들' 등에 대한 경험적 연구를 포함할 것이다. 세 번째, 그리고 '가장 중요한' 탐구 형식은 문학 비평이 될 것 이다. 이러한 순위에 대해서는 강력한 방법론적 이유들이 있다 고 호가트는 주장했다. 단지 '직접적인 문학 비평 접근'은 수사 학과 주제적 분석의 발전된 실천과 함께, 텍스트의 외부적 내 용의 특수성을 결정할 수 있다. "만일 이러한 요소들이 예술로 서 어떻게 작용하는지 알지 못한다면, 심지어 때로는 '형편없 는 예술'로서 작용한다면, 그런 요소들에 관해 말하는 것이 깊은 상처를 내지는 못할 것이다"(p.257).

　이런 종류의 주장들은 충분히 타당하지만, 역설적으로, 호가트의 담론적 전통은 문학의 적절한 이해와 양립할 수 있는 것으로 받아들여지지 않았던 범위 내에서만 타당하다. 문학 '예술'은, 영국과 당대 문화 연구의 리비스 학파 입장에서 보자면, 인간의 전일성 *wholeness* 의 가능성을 입증해 주었다. 문학 비평은 이런 점을 깨달을 때만이 자신을 실현했다. 따라서 문학 비평은 분석적 '접근'이라기보다 모든 의미심장한 문화적 탐구에 대한 절대 필요한 통제였다. 이 점이 영국 문화 비평의 미심쩍은 부분이었는데, 이런 부분은 ≪읽고 쓰는 능력의 이용≫의 추론 과정을 지배했다. 그리고 또한 이 부분은, 취임 연설에서 명백하게 밝혀졌지만, 호가트의 담론에서 근본적인 권위를 담지해 주었다. 그러나 그것은 더 이상 완전히 적절한 문제는 아니었다. 조지 오웰에 대한 언급은 문화적 정체성과 비전이란 문제에서 혼란의 지역적 표시였다. '청중이 장래성 없는 물질에서 실제로 취하는 것에 관한 약간의 겸손함'이 대중 문화 전공 학생들이 알고 싶어했던 많은 것들 중의 하나라고 호가트는 제시했다. 실로, "아마도 어떤 의미에서는 그 자신이 대중 예술과 사랑에 빠지지 않은 사람은 그 일에 관련해서는 안 되는 것이다." 만일 "일종의 '사랑'이 진흙을 향한 위장된 향수"라는 점이 사실이라면, "동화된 하급 교양인주의 *lowbrownism* 가 무지한 고급 교양인주의 *highbrownism* 만큼이나 나쁜 것"이 사실이라면, 대중 예술의 모호성 속에 그리고 대중 예술의 양가적兩價的 경험 속에 얻을 수 있는 통찰력이 있다는 점도 또한 사실이다.

이런 모든 것은 희망, 불확실성, 열망, 역동적인 사회에서의 정체성을 위한 탐색, 순수함, 비열함, 공동체를 위한 소원과 외로움의 인식 등과 또한 관련이 있다. 이것은 예술의 형식(자주 모조품 예술)이지만 매력적이고, 신화적이고 쉽게 설명될 수 없는 형식이다(p.257).

심지어 "기계를 도구로 이용하는" 예술 형식들을 보더라도, "인간 경험의 새로운 면에 관해서 생각하게 만드는 새로운 방식의 몸짓을 느낄 수 있는 불안정한 목소리들 사이에는 공간들이 존재한다." 간단히 말해서, "우리는 대중 예술에도 의미가 넘칠 정도로 많이 있음을 인정해야만 한다"(pp.258~9).

문학 비평에 의해 규제를 받는 초월적 성격의 학문적 노력에서, 도덕적 지각력의 시금석으로서 문학을 규정하는 것, 근대 역사를 추상화를 촉진하는 즉각적인 과정으로 재현하는 것, 무관심과 해체, 동시대인들과의 약속에 대한 응답 전략 등을 볼 수 있다. 호가트는 개방성과 호기심이라는 방향에서, 특히 리비스 학파식의 지각과 서약에 변화를 주었지만, 윌리엄스와는 달리, 그런 점들을 대체하지는 않았다. 동시에, 호가트는 문화 비평의 특징적인 사회적 몸짓을, 소수 계층의 의미 대 대중의 자극과 반응이라는 드라마를 단순히 다시 행할 수는 없었다. '대단히 *much*' 대중적인 문화의 '의미 *meaningfulness*'를 인정하면서 호가트는 정체성, 정체성으로서의 담론의 기능과 관계, 권위에 이르는 주장의 구성적 조건 등에 의문을 은연중에 제기했다. 그러나 이런 혼란은 — '대단히 *much*' 절약하는 것에 의해서 이미 완화된 — 긴장의 표시였지, 분열의 순간은 아니었다. '우리'라는 문화적 정체성과 '의미'의 지위는 호가트 자신의 책에서 어색하게 존재했다. 대중 문화가 '징후'로서만 '의미가 있는'

것이었을까? 아니면 대중 문화가 존재 조건을 표현할 뿐만 아니라 탐구하고 비판하는 '대표자'가 될 수 있을까? 머뭇거리는 온정주의가 '새로운 포퓰리즘'에 유일한 대안이었을까?(Hoggart, 1970a: 205~8). 이런 의문들은 문화 비평의 경계에 남겨졌다가 신생 현대 문화 연구소에서 연구 과제로 선택된다.

호가트에서 스튜어트 홀까지

리처드 호가트가 없었다면, 아마도 현대 문화 연구소도 존재하지 못했을 것이다. 그러나 현대 문화 연구소의 역사에서 영적인 인물, 달리 말하면 연구소의 성격을 형성하는 데 다른 누구보다도 공헌을 한 사람은 호가트의 대리인이고 연구 소장의 역할을 이어받은 스튜어트 홀이었다. 물론 — 누구나 그렇게 말할 것이지만 — 이것은 문제가 있었다. 현대 문화 연구소라는 그 은유가 제시하는 자질들을 구현하지도 못했거나 구현할 수도 없었거나 구현해서는 안 되는 '중심'이 있었기 때문이었다. 현대 문화 연구소는 고정된 관점도 아니었고, 심지어 단독적인 것도 아니었다. 이 연구소는 경계를 규제하거나 울타리를 위한 길을 결정하지도 않았다. 이 연구소는 문화 연구의 기원도 아니었고 그 끝도 아니었다. 버밍엄을 돌아볼 때 관습적으로 보이는 이런 종류의 철학적 용어들은 확신에 의한 것만큼이나 명예에 의해서도 동기를 부여받는다. 일화와 과거 자료를 좀더 폭넓은 정치 문화 맥락에서 규합하는 비교 제도사는 주변을 밝게 비춘다. 그러나 다소 덜 야심적인 설명을 하자면, 만일 스튜어트 홀이 현대 문화 연구소를 대표하는 인물이 아니었다면 현대 문화 연구소가 문화 연구의 대표적인 연구 기관은 되지 못했을 것이라고 말할 수는 있다.

홀 자신은, 굳이 상대적인 비교를 하자면, F. R. 리비스가, <스크루티니>에 대해 거부적인 태도를 취했던 모든 사람들과 함께, <스크루티니>를 대신해서 말을 했던 것만큼 현대 문화 연구소를 대신해서 말을 하지는 않았다. 다양성, 개방성과 잠정성은 홀의 다양한 재구성에서 반복적으로 등장하는 주제들이다. 이런 다양한 주제들은 홀의 출판된 저술의 상당히 많은 부분을 형성한다(Hall, 1980a; 1996c). 연구소 시절에 쓴 홀의 글들은 — 자주 다른 사람들과 공동으로 저술했던 — 연구소의 내부와 외부의 비평적 대화자들과의 '교섭 negotiation'(교섭이란 단어는 홀의 주요 단어 중의 하나이다)의 실천을 중요시한다. 이것은 단순히 작업 맥락의 표시는 아니었다. 1980년대와 1990년대의 홀의 글쓰기는, 현대 문화 연구소 이후의 글쓰기 역시 초기 저술과 마찬가지로 강하고, 규칙적인 강조의 습관을 공유했지만, 또한 상당히 일반적인 입장에서 보자면, 도피의 경향도 공유했다. 체계성은 '이론 theory'을 그 자신이 선호하는 '이론화 theorizing'의 실천과 드러내 놓고 구별하는 홀의 입장에서 보자면 긍정적인 가치는 아니다(Hall, 1996a: 150). 홀이 그런 것은, 현대 문화 연구소가 그런 것만큼이나, 비평적 조심성에 대한 이유이지만, 또한 어느 정도는 보상 심리 차원에서의 고집에 대한 이유라 볼 수 있다. 홀의 저술은 대단히 주제적이고, 비록 홀의 저술이 고정된 계획이나 체계를 위해 아무 소용이 없다고 해도, 저술의 성향은 그럼에도 상당히 규칙적이기 때문이다.

홀은 현대 문화 연구소의 사상을 실행하는 역할에 예외적일 정도로 훌륭한 능력을 보여 주었다. 홀은 자메이카에서 영문학을 전공했고 그 후 옥스퍼드에서 같은 공부를 했다. 다음에는 계속해서 영화, 텔레비전과 대중 문학에 실질적인 관심을 기울였다. 홀의 첫 번째 전문적 출판물은 영화 연구에 대한 에 세이와 패디 워넬 Paddy Whannel 과 공동 저술을 한 ≪대중 예술 *The Popular Arts*≫이었다.[2] 홀은 신좌파의 창립 회원이었고 <대 학과 좌파 리뷰>를 창간하였던 팀의 일원이었고, 이 잡지를 이은 <신좌파 리뷰 *New Left Review*>의 첫 번째 편집인이었다. 이와 같은 공동체 내에서의 홀은 단순히 동시대적인 것 — 정 치적 서약의 필요한 방향 — 뿐만 아니라 새로운 것을 특히 강 조했다. 홀의 초기 정치 에세이들은 1950년대 영국의 눈에 보 이는 새로움을 — 보수주의 정치의 재정립과, 논란거리이기는 하지만, 무계급 의식의 출현 — 추구했다(Hall, 1958). 그리고 호 가트처럼 혹은 결정적으로 더 그렇지만 윌리엄스처럼, 홀은 영 제국의 암울한 주제로서 잉글랜드의 지배적 문화에서 두드러지 지 않은 주변부의 지적 정체성을 물려받지도 않았고 취할 수도 없었다. 이런 개인적 결합이 계획으로부터 실천과 누적적 성취 로 옮겨가는 지속적인 발전의 근거가 되었지만 또한 도약을 위 한 가능성의 근거가 되기도 했다. 이런 점은 1960년대 후반 신 좌파 문화 이후의 상상력이 없는 산문적인 상황에서 발생했던 것이다. 호가트는 영국 노동당 정책의 자연스런 관점과 수정된 문화 자유주의에 의해서 자신의 진로를 결정했다. 1950년대 수 에즈 운하와 헝가리 의거 등과 같은 위기가 진행되는 동안에 성장했던 홀은 정치와 이론 면에서 좀더 극단적인 사회주의와

---

2. *The Popular Art*, London: Hutchinson, 1964; P. Whannel & P. Harcourt (eds), "Liberal Studies," *Studies in the Teaching of Film Within Formal Education*, London: British Film Institute, 1964, pp.10~27; 인터뷰 "The Formation of a Diasporic Intellectual," 1996f, p.498을 보라.

갱생의 일반적 원리를 지지했다. 이렇게 지지를 하다 보니 홀은 마르크스주의를, 비록 의심스럽기는 하지만, 피할 수 없는 제휴 대상으로 생각하게 만들었다. 모든 제도적 고려와 개인적 고려를 일단 옆으로 밀어내고, 홀은 관심을 새롭게 출현하는 좌파 문화에 좀더 많이 쏟았고 그 문화에 적응을 좀더 잘했다. 냉전 이데올로기 압력의 완화, 대도시가 아닌 곳에서의 반식민주의와 반제국주의 전쟁의 강화, 그리고 머뭇거리는 자본주의 번영의 조건 속에서 고등 교육의 구조적 확장 등은 서구의 주요 나라에서 하류 계층 학생들의 급진주의의 형성적 조건이었다. 1968년 5월과 6월의 사건들 — 이 당시 파리의 학생 운동은 프랑스 노동자들의 총파업에 불을 당겼다 — 베트남과 캄보디아에서 해방 전쟁의 증대, 그리고 전쟁이 고취시켰던 유대감의 국제적인 물결 등은 새로운 국면의 가장 극적이고 장엄한 표현이었다. 영국의 학생 운동은 그 규모, 지속 기간과 파업의 강도 면에서 볼 때 상당히 점잖은 편이었지만, 좌파의 문화적 재형성에서는 한 가지 필요한 조건이었다. 다른 조건은 엄밀하게 말하자면 지적인 조건이었다. 이 시절은 <신좌파 리뷰>의 '서구 마르크스주의' 프로그램의 시절이었다. 이 시절을 통해 홀의 후임 편집자들은 영국 내에서 사회주의 사상의 지배적 전통을 — 이론적 탐구에 대한 '경험주의자'의 무관심이나 적대감 그리고 단편적인 사회적 개혁의 장점에 대한 '영국' 특유의 확신을 말한다 — 대체하려고 노력을 기울였다. 대단히 냉정한 자유주의 지식인, 순응하는 노동 운동, 그리고 약하고 타협적인 공산당과 함께, 앵글로 – 브리튼 문화는 급진적 공격에 강하게 저항하는 것처럼 보였다. <신좌파 리뷰>의 확신은 유럽의 비공식적인 마르크스주의 학파들의 체계적이고 비평적인 보급이

'경험주의'의 고향에서 독립적이고 다방면에 걸친 사회주의 사상의 형성을 도울 수 있다는 것이었다. 이러한 작업의 일부는 이미 영국에서 이용 가능했지만, 단지 배움과 토론의 집중적인 노력만이 전체로서의 이러한 전통의 비평적 가능성을 해방시켜 줄 수 있었다(Anderson, 1976; New Left Review, 1977). 1968년은 정치와 사상의 상징적 결합의 해, 새로운 지적 세대가 대중적 투쟁에 임하고 부르주아 학회에서 혁명적 비평의 물결이 샘물처럼 솟구친 해라고 볼 수 있다. 같은 해, 호가트는 유네스코를 돕기 위해 버밍엄을 떠나 파리로 갔다. 홀은 현대 문화 연구소를 위해 전심전력을 기울여야 한다는 책임감을 느꼈다.

문화 연구의 10년 세월

홀은 10여 년이 지난 후 종신 교수직이 얼마 남지 않았을 때 과거를 회고하면서 문화 연구가 자치권을 — '방향, 연구 대상, 일단의 주제들과 이슈들, 그 자체의 뚜렷한 문제점' 등을 갖게 되는 것을 말한다 — 성취했다고 판단했다(Hall, 1980a: 26). 문화 연구의 프로젝트는 '문화와 사회 형성에 관한 비환원론적 이론의 상술'이었다(pp.39~40). 이런 생각이 1963년 호가트의 취지를 얼마나 많이 영예롭게 했고, 그 생각이 호가트의 취지로부터 얼마나 멀리 벗어나 있을까? 현대 문화 연구소는 **당대의** 문제에 그 노력을 바쳤다. 현대 문화 연구소의 주요 관심은 '질적인 중단' 혹은 2차 세계 대전의 '결정적 파열'과 함께 시작되었던 '변화와 발전의 시기'에 있었다. 비록 현대 문화 연구소가 활동한 시기의 범위를 100년으로 (1880년부터) 규정한다고 해도, 연구소는 언제나 새로운 것의 현존재로서의 당대 문제를 강조

했다. 그러나 **문화적인 것** *the cultural* 의 범위는 이제 확대되었
다. 호가트의 정의를 따르자면, 문화 형식의 목록은 출판물과,
특별한 것이 아닌, 모든 종류의 법적 권리를 보장받은 공연들
을 포함하는 것으로, 이는 저작권법에 의해서 효과적으로 제한
을 받았다. 문화적으로 활동하고 있는 것으로 여겨질 수도 있
는, 그러나 이런 의미에서 아직 생산적이지는 않은, 대다수 시
민들이 청중으로서 사회학적인 주목을 받게 되었다. 호가트가
탐구하고자 했던 조직적 관계와 경제적 관계는, 함축적으로, 상
업과 같은 문화적 교류의 관계였다. 현대 문화 연구소는 문화
분야의 핵심적 정의를 변모시키기도 했던 비평적 반성의 과정
을 통해서 사회학적 신념을 수정했다. 상업적 기관들뿐만 아니
라 공적 기관들도 논의 범위 안으로 들어왔다. 예를 들자면,
BBC 텔레비전 뉴스 방송과, 문학 교과 과정을 포함하는 공식
적 교육 체계 등이 논의의 범위에 포함됐다. 현대 문화 연구소
가 '저항의 의식儀式'으로서 탐구했던 민족지학적 *ethnographic*
독창력은, 특히 청년들의 '하위 문화 *sub-cultures*'의 논쟁적인
영역에서, 국가와 경제의 중심적 구조에 근본적인 의문을 제기
했고, 동시에 그것은 호가트의 생산자로서의 수용자에게 텍스
트의 집단적 작가들과 일상 생활의 공연을 확신시켜 주었다.[3]
문화들은 — 문화를 말할 때 복수형을 취하는 것은 정의 면에
서 이제는 본질적인 문제이고 따라서 단수를 사용하는 경우에
도 함축적인 의미로는 이미 복수형을 취하고 있는 것이다 —

---

3. 기념비적 텍스트들에는 여러 논문을 모아 놓은 ≪의식을 통한 저항: 전
후 영국에서의 청년들의 하위 문화 *Resistance Through Rituals: Youth
Subcultures in Postwar Britain*≫(Hall & Jefferson, 1976)와 ≪하위 문화: 스
타일의 의미 *Subcultures: The Meaning of Style*≫(Hebdige, 1979)가 있다.

이제는 경제적이고 정치적인 존재 조건으로부터 추상적으로 분석되어야 할 것이었던 가공물로서가 아니라, 저급 가공물이든 고급 가공물이든, 실천의 총체로서 '인류학적으로'(홀) 이해되고 있다.

그러나 문화 **연구** *studies* 의 뚜렷한 양식은, 그렇다면, 무엇이 되어야 하는 것인가? 호가트는, 사회학으로 나아갈 것을 촉구하면서도, 탐구 대상에 대한 내적인 부적절함을 애써 강조했다. 문학 비평만이 탐구 대상으로서의 문화의 작동 방식을 밝혀 줄 수 있는 수단을 제공할 수 있었다. 호가트는 전체로서의 동시대 문화의 한정적 성격의 '상호 관계'를 이해하려는 노력의 일환으로서, 개념적 원천에 대한 비평적 감사를 촉구했다. 이런 노력은 자기 해석 경험을 강조하는 민족지학적 관점에서 보자면 필연적으로 선호할 수가 없는 '철학적' 우선권과 관련이 있다고 하겠다(Hall et al., 1980: 88~95). 실로, 양쪽의 요구 조건은, 비록 1963년의 기대에 결코 부응할 수 없는 형식 속에서였지만, 합류했다. 사회적 실천의 양식으로서의 문화의 특수성은 영국의 문학 비평 전통과는 별개의 전제로부터 추론될 수 있게 되었다. 구조주의는 — 구조주의는 소쉬르 언어학으로 이론화되고 클로드 레비스트로스와 롤랑 바르트에 의해서, 현대 문화 연구소에서, 예증이 된 이론이자 방법론이다 — '의미 작용의 실천 *signifying practice*'으로서의 문화 개념에 — 유효하고 구조화된 의미 만들기를 말한다 — 근거를 마련해 주었다. 그런 식으로 권위를 부여받은 분석적 프로그램은 포괄적이고 일관성이 있으면서도 특수했다. 이 분석적 프로그램은 의미를 사회성 *sociality* 과 시공간적으로 동일하게 공존하는 것으로 받아들였다. 이 프로그램은 그 어떤 의미 작용의 실천 속에서, 사회적 탁월

169

성의 순서대로 자리를 취하는 것과 아무 상관없이, 이미 주어
진 약호로부터 조건과 관계의 선택과 결합의 동일한 일반적 과
정을 보았다. 또한 형식에 분석적 우선권을 주었고, 또는, 홀의
말에 따르면(Hall, 1980a: 30), 관심을 '문화 체계의 **내용** *what* 으로
부터 문화 체계의 **방법** *how* 으로' 옮겼다. 세 가지 면에서, 구조
주의자의 선택 사양은 하나의 진보처럼 보였다. 그럼에도, 그런
선택 사양은 좀더 포괄적인 이론적 발전 과정에서의 한 순간일
수도 있다. 의미 작용의 급진적인 반표현적 *anti-expressive* 이론으
로서, 전언에 대한 약호의 우선권과 의미 – 사건에 대한 구조의
우선권을 따른다면, 그런 선택 사양은 세계의 유효한 창조자로
서의 개인과 집단의 자율적 문화적 중개의 강력한 개념화와 화
해할 수 없다는 점은 자명했다. 게다가, 구조주의 분석의 내적
논리는, 의미의 확정을 보류하고 사회를 해체하고 결론적으로
버밍엄 프로젝트에서 의미를 빼앗아 버리면서, — 이런 것들은
정확히 의미의 사회적 질서의 탐구라고 할 수 있다 — 형식주
의와 추상화를 향해 나아갔다. 본래 사회 이론은, 즉 '상호 관
계'에 대한 설명인 사회 이론은 문화 연구의 필수적인 대화자
였고, 무엇보다도, '2차 인터내셔널과 3차 인터내셔널4의 마르
크스주의의 천박한 환원주의에 대해 의식적으로 대립적 태도를
취하는 방식으로,' — 천박한 환원주의는 1880년대부터 지금까
지 공식적인 마르크스 이론을 지배했던 것으로 여겨졌던 '토대
와 상부 구조'의 논법을 말한다 — 현대 문화 연구소가 대단히
중요하게 여겼던 "문화의 문제, 이데올로기와 '상부 구조'"에
대해 뚜렷하게 몰두했었던 방대한 이론들이었다(Hall, 1980a: 25).

---

4. 사회주의자와 공산주의자의 국제 동맹.

이론가 두 명이 특별한 영향을 미쳤다. 바로 프랑스 철학자 루이 알튀세르와 이탈리아 공산주의 사상가 안토니오 그람시가 그 두 사람이다. 알튀세르는 사회 전체의 필요한 복잡성을 강조하고, 모든 사회적 실천의 '상대적 자율성'과 '특수한 효과'를 강조하면서, '문화와 사회적 형성'의 비환원주의자의 설명 가능성을 약술했다(Althusser, 1969). '복합 결정 *overdetermination*'이라는 알튀세르의 개념과 ― 존재 조건을 형성하는 다른 여러 관계들의 주어진 사회적 관계에서의 그 존재를 식별하는 개념이다 ― 주어진 순간에 이렇게 복합적인 사회 전체를 정의했던 복합 결정의 독특한 상태인 '국면 *conjuncture*'이라는 알튀세르 개념은 분석 면에서 이론적 특수성뿐만 아니라 역사적 특수성에 이르는 길을 열었다. 그람시는 ― 알튀세르는 그람시에게 중요한 빚을 졌다 ― 문화를 정치적 투쟁의 양식으로, 지배적 계급 연합의 비강제적인 규칙을 ― 이 규칙은 일종의 '헤게모니'로 억압받는 사람들의 실제적인 '동의'를 확보하는 역사적 '상식'을 말하고, 언제나 분석의 역사적이고 '국면적인' 형식을 취한다 ― 확립하거나 그런 규칙에 저항하거나 역습을 가하는 노력의 장소와 수단으로 연구하는 작업의 선구자 역할을 했다 (Gramsci, 1971). 이러한 점들은 새로운 어떤 것을 발견하려는 독단적 반복을 넘어설 수 있는 가능성을 내포한 '개방적 마르크스주의 *open Marxism*'의 주요한 예들이었다(Hall, 1980a: 29).[5] 물론, '복잡한 마르크스주의로 갑작스럽게 들어가는 것'은 이어받은

---

5. 새로운 어떤 것을 발견할 수 있는 마르크스주의의 모티프는 또 다른 마르크스주의자인 장 폴 사르트르에게서 왔다. "마르크스주의는 이론적 토대를 소유하고, 모든 인간의 행위를 포괄하지만, 더 이상 아무 것도 알지 *Knows* 못한다"(Sartre, 1963: 28).

문제에 대한, 무엇보다도, '이데올로기'라는 해결되지 않은 개
념에 대한 — 이제 이데올로기는 레이먼드 윌리엄스가 중심적
인 이론적 이슈로 만들었던 '토대와 상부 구조'라는 오래된 두
통거리를 보강하거나 압도하는, '문화'라는 새롭게 출현한 개념
과 관련해서 생각해야만 되는 개념이다 — 계속되는 관심을
의미했다(CCCS, 1978; Hall, 1980b). 좀더 심각하게 말하자면, 아마
도, 마르크스주의가, 일반 이론으로서, 새로운 무엇인가의 발견
을 하고 살아남을 수가 있을 것인가에 대한 공개적인 의문이
생겼다. 홀이 명명한 것처럼, 페미니스트의 '방해'는 사회 의식
의 형성에 있어서 계급 관계에 관습적으로 허용되었던 탁월성
에 도전했고, '물질 조건'이라는 용어를 연상적으로 관련 있는
"배타적으로 경제적인 혹은 '생산력'"의 용어로 환원시키는 것
의 타당성에 의문을 제기했다(Hall, 1980a: 38; 1996c: 268; Brunsden,
1996). 인종의 문제는 이미 양자를 방해하고 있었다(CCCS, 1982;
Gilroy, 1988). 계급에 대한 교조주의적 호소, 계급의 본질적 흥미
와 필요한 투쟁 등은 여성의 종속에 의해 제기되는 정치적, 이
론적, 도덕적인 도전과, 젠더의 답답하고 복잡한 사회 심리적인
현실에는 부적절한 것이었다. 인종주의라는 주요한 근대 경험
을 설명할 수 없는, 민족성이라는 보편적 현실을 설명할 수 없
는 문화 이론은 성장을 멈출 수밖에 없을 것이다. 그럼에도, 홀
이 주장한 것처럼, 비록 친숙한 해결책은 아니라고 할지라도,
마르크스주의의 문제는 유물론자의 '문화 이론과 사회 형성'을
위해서는 결정적인 문제였다. 그 문제들은 '문제의 본질'이었다
(Hall, 1980b: 72).

새로운 주제

그람시의 가르침은 이론적이었지만 또한 윤리적이고 정치적이
었다. 호가트는 새로운 주제 영역이, 마침내, 대중 문화 생활을
'연결'하는 다른 종류의 주체성을 — 이 경우 주체성은 동정심
의 수정된 균형 감각과 자발성을 말한다 — 요구했다고 제시했
다. 홀의 주도 아래 현대 문화 연구소는 좀더 과격한 목표를 추
구했고, 문화 비평의 전형적인 정체성과 기조 방향을, 문화 비평
의 담론 속에 쓰여진 사회적 관계들을 수정하려고 했다기보다
는, '새로운 종류의 지적 실천'과 이에 상응하는 '조직적 형식'
으로 그것들을 대체하려고 했다(Hall, 1980a: 43). 집단 행동주의
collectivism 는 현대 문화 연구소 활동의 관리 운영 규약이었다.
연구소 연구원들은 몇몇 활동 그룹으로 — 말하자면, 미디어 연
구 그룹 혹은 여성 연구 그룹 혹은 인종 연구 그룹 등이 그것이
다 — 나뉘었다. 연구원들은 그렇게 나뉘면서도 또한 전원이 출
석하는 모임에 — 이 모임은 긴급하고, 때로는 힘들게 싸워서
획득한 이론적 발전의 일반적 맥락 속에서 이루어졌다 — 규칙
적으로 참여를 했는데, 그 모임에서 개별적 프로젝트에 관해서 좀
더 광범위한 논의를 가졌다. 연구소의 기관지 <연구 초고 *Working
Papers*>는 주제적인 면에서 연구원들의 상호 조정을 거쳤고 공
동 연구를 선호했고, 그래서 자주 공동 저자의 형식으로 기관지
를 변형시켜서 완전히 상업적인 일련의 책으로 만들었다. 조직
의 이런 형식들은 개인이 아닌 형식 자체 내에서 지적 가치를
소유하게 했다. 이런 형식들은 전공에 따라 자신의 영역을 확고
하게 주장하는 여러 학문들의 즉각적인 저항에 대립하는 비정
규적인 교차적 성격의 학문 특성을, 연구와 비평에서 상호성의

윤리를 고양시키는 방법으로, 강화하는 데 도움을 주었다. 이 형식들은 1970년대 좌파의 반개인주의 스타일과 조화를 이루었고, 특히 문화 비평의 역사적 특성을 제한했던 카리스마적인 공연의 상연을 종식시키려는 의지를 암시했다. 이런 형식들의 가장 일반적인 논리적 근거는 정치적이었는데, 이런 점은 지식인들의 사회적 역동성에 관한 그람시의 전략적 반영에 대한 뚜렷한 독서로부터 출현했다(Gramsci, 1971: 5~14). 한 편으로는, 홀이 표현하는 것처럼, 전형적인 의미에서 '지식의 기존 패러다임을 발전시키고 섬세하게 만드는 임무를 자신들에게 부여했던' '전통적' 지식인들이 있었다. 또 한 편으로는, 다음과 같은 지식인들이 있었다.

> 비평적 역할 면에서 사회에서 새롭게 출현하는 경향들에 좀더 '유기적'이 되는 것을 목표로 하고, 그러한 힘들에 좀더 없어서는 안 되는 것이 되고자 하고, 그 힘들에 연결이 되고자 하고, 그람시가 '지식인의 기능'이라고 말했던 것을 좀더 넓고, 비전문가적이고 비엘리트적인 의미에서 반영할 수 있는 사람들이 있다(Hall, 1980a).

이런 종류의 지식인 역할은, 우선, 비판적으로 '가장 세련된 형식의'(그람시) 현대 사상과 교접을 해야 하며, 홀이 추후에 덧붙인 것처럼, '이론적 제한이 없이'(그람시) 그렇게 해야만 한다. 두 번째, '대중 교육'에 공헌을 해야만 하고, 기존의 지적 삶의 준자연적인 *quasi-natural* 경계들을 뛰어 넘어 의사 소통을 해야만 한다. '우리의 목적'은, 홀의 선언에 따르면, "좀더 '유기적인' 종류의 지식인을 형성하려는 투쟁으로서 정의될 수 있다"(Hall, 1980a: 46).

홀은 이런 야심의 어려움과 필수적인 겸손함을 강조했다.

지식의 객관적인 사회적 질서가 의지 행위에 의해서 취소될 수는 없었고, 지적인 자기 개혁은 그 자체의 자기 모순을 드러냈다(예를 들면, 집단적으로 쓰여진 텍스트는, 글쓰기의 과정에 의해서, 좀 더 광범위하게 접근할 수 없을지도 모른다). 그럼에도, 그 야심은 버밍엄 현대 문화 연구소의 프로젝트에 내재되어 있었다. **주체** *subject*를, 즉 문화적 원리의 권위를 부여받은 목소리를 소멸시키지 않으면서, 문화 비평의 **대상** *object*을 소멸시키고, 대중 문명을 대중의 의미 있는 선택과 행위의 장소로서 다시 상상하는 것은 불가능한 것처럼 보였다. "점진적으로 좀더 '유기적'인 작품을 생산하는 것은…… 내내 문화 연구소의 임무이자 목표였다"(Hall, 1980a: 47).

3 | 비평적 상황의 연극 무대

스튜어트 홀의 버밍엄 현대 문화 연구소와의 협력 관계는 그의 글에 대한 설명에서 너무나 명백하고 중요하게 드러나기 때문에 협력 기간이 상대적으로 짧았던 점은 무시되는 경향이 있다. 1950년대부터 시작된 지적인 경력은 약 15년의 세월 동안 지속되었다. 그리고 그 시기는 문화 이론가로서의 홀이 가장 뛰어난 생산성과 영향력을 보여 주었던 시기보다는 앞선 시기였고, 그 시기에 홀은 좌파 지식인 대열에 합류했다. 그러한 미완성의 활동 기록은 그 자체로서 관심을 요구한다.

홀은 비평적 태도를 신좌파와의, 그리고 영감을 주는 지식인인 레이먼드 윌리엄스와 에드워드 톰슨과의 관계 속에서 형성해 나갔는데, 신좌파 문제는 리처드 호가트의 관점에서는 주변적인 문제였다. 이런 관점에서, 1960년대와 1970년대 현대 문화 연구소와의 홀의 고별 설명은 다르게 나타난다. 홀은 세 단계의 이론적 여행을 서술했는데, 문화 비평과 역사적 기원의 원천적 자원을 가지고 시작했고, 사회학 안에서 그리고 사회학

에 대립해서 투쟁을 했다. 그 후, 홀은 구조주의로부터 결정적
인 도움을 받고 '복합적 마르크스주의'의 확 트인 공간에 나타
났다. 일련의 연구에 대한 이런 설명을 의심할 이유는 없다. 그
럼에도, 사회학에 제기된 문제들이 이미 사회학 너머에 존재했
던 복합적 마르크스주의의 문제들이었고, 과연 그 문제들이 문
화 연구 프로젝트의 최초의 장점을 형성했던 것처럼, 한 문제
의 역사로서 그 설명은 순환적으로 보인다. 복합적 마르크스주
의는 — 혹은 좀더 낫게 표현하자면, 마르크스주의 전통과의 '복
합적'인 관계를 말한다 — 유전 정보 내에 새겨져 있었는데, 그
런 유전 정보는 이론과 정치의 특히 '유기적'인 상호 의존성을
규제했다.

스튜어트 홀: 신좌파 '문화주의'를 넘어서

과거를 회상하는 또 한 편의 글에서 — 이 글은 1980년대 출판
되었는데 제도사적인 글이라기보다는 개념적인 글이었다 — 홀
은 이런 형성적 관계를 대단히 중요하게 여겼다(Hall, 1980b). 호가
트와 함께, 홀은 윌리엄스와 톰슨이 문화 연구를 '재창립했다고'
확신했다. 윌리엄스는, ≪문화와 사회≫에서, 이전의 전통과 '셈
을 청산했다settled accounts'고 볼 수 있다(Williams, 1958; 1961: p.58).[1]
≪장구한 혁명≫은, '정상적으로 분리될 수 있는 요소들이나 사
회적 실천들 사이의 활성적이고 용해될 수 없는 관계들을 가정
하면서,' 과거의 오래된 용어들에 근본적으로 다른 이론적 내용

[1]. 통사론적 맥락을 위해 동사를 수정했다. [본문에서 'settle accounts' 부
분을 말한다. 뒤에 전치사 with 때문에 윌리엄스가 원래 사용했던 단어를
'settle accounts'로 바꾼 것을 말한다. — 옮긴이]

을 부과했다. …… "'문화'는 **하나의** 실천이 아니다. …… 문화
는 **모든** 사회적 실천들을 통해 엮여 있고, 그 모든 사회적 실천
들의 상호 관계의 총합이다"(Hall, 1980b: 59). 이 개념을 발전시키
면서, 게다가, 윌리엄스는 다음과 같은 내용을 거부했다.

> 토대 - 상부 구조 은유의 — 고전적인 마르크스주의의 경우 이 은유
> 를 통해 사상과 의미의 영역을 상부 구조의 것으로 돌리고, '상부 구
> 조'는 대단히 소박한 방식으로 '토대'에 의해서 결정되고 '토대'의 단
> 순한 반영으로 여겼다 — 문자 그대로의 작동을. 문제는 상부 구조
> 자체의 사회적 유효성 논의가 없었다는 점이다. 말하자면, 윌리엄스
> 는 통속적인 유물론과 경제적 결정론에 저항하는 논리를 구축했다
> (Hall, 1980b: 59~60).

톰슨의 ≪영국 노동 계급의 형성 *Making of the English Working
Class*≫은 비평적 연대성의 — 여기서는 경제와 노동의 역사,
영국 마르크스주의의 역사 기술 등과의 연대성을 말한다 — 독
특하면서도 유사점이 있는 양식 속에서 그 모습을 갖추어갔고
수렴적 결과를 보여 주었다. '문화 문제들의, 즉 의식과 경험
문제의 전경화와 대행자에 대한 강조를 통해, 톰슨의 책은 또
한 결정적인 단절을 — 일정한 종류의 기술적 진화론, 환원적
경제주의, 그리고 조직적 결정론 등과의 단절 — 시도했다'(Hall,
1980b: 58). 말하자면, 톰슨의 책은 대중의 자기 표현을 기계 장
치의 복화술적 효과, 경제적 운동 법칙, 혹은 당의 계몽적 진술
등으로 변환시키는 그 어떤 이론적 기획과도 단절을 했다.

동시에, 그럼에도 불구하고, 톰슨은 문화 연구에서 기본적
참고 문헌이 되어 버린 한 비평문에서 윌리엄스가 역사적인 면
을 지나치게 강조하는 잘못을 저질렀다고 비판했다. 톰슨의 주

장에 따르면, ≪장구한 혁명≫은 '삶의 전반적인 방식'으로서의 문화를 지나치게 강조하는 실수를 저질렀다. 톰슨은 윌리엄스의 평화롭고 진화론적인 관념에 대립되는 좀더 극적인 '투쟁의 전반적인 방식 a whole way of struggle'으로서의 문화 개념을 제시했다. 그리고 '이데올로기'로서의 문화와 '권력 power'이 서로 짝을 이루는 추상화를 제시했다. 여기서 이데올로기는 사회적으로 동기를 부여받은 허위 진술이라는 익숙한 마르크스주의의 관념으로, 톰슨은 이를 "사상과 신념의 **체계**, 일반적으로 인정된 사상과 정통적 태도의 집성, '허위 의식' 혹은 자신을 이루는 부분들의 합 이상이고 그 자체의 논리를 갖고 있는 계급 이데올로기"로 풀어서 해석했다(Thompson, 1961).

홀은 윌리엄스의 문화 이론에 부족한 정치적인 면을 분명하게 확인시켜 주는 이런 반대 의견을 지지했지만, 곧 윌리엄스와 톰슨 모두 도전해야만 하는 비평적 전망을 명시했다. '문화주의자 culturalist' 패러다임의 어려움은 — 홀은 ≪장구한 혁명≫과 ≪영국 노동 계급의 형성≫을 문화주의의 범주에 넣었다 — 이론적이면서 정치적이라는 것이다. '문화주의 culturalism'는 문화적인 것을 경제적인 것의 뒷마당 역할, 부차적인 것, '현실' 물질 세계의 상부 구조 이미지로 좌천시키는 것을 반대했다. "문화주의는 문화를 모든 사회적 실천들로 짜여진 것으로 개념화한다. 그리고 다음에는, 인간 활동의 공통 형식으로서의 실천을 개념화한다. 감각적인 인간의 실천 행위인 활동을 통해서 남녀 인간은 역사를 만든다"(Hall, 1980b: 63). 그러나 문화주의자들의 분석 형식은 또 다른 종류의 결정론을 — 홀은 루이 알튀세르의 방식으로 그 특징을 제시했다 — 희생하고 경제주의로부터 형식의 해방을 쟁취했다.

분석 형식들의 경향을 보면 …… 겉보기에 명백히 미분화되어 서로 다른 영역들의 기저에 존재하는 공통적이면서 상동적인 '형식들'을 발견하기 위해, 분석 형식의 움직임은 '본질적'인 모습을 취할 수밖에 없다. 분석 형식들은 총체성 *totality* 을 이해하는 개별적인 방식을 갖고 있다 — 비록 총체성이란 단어가 소문자 't'로 시작하고 있지만, 총체성이란 단어는 구체적이면서 역사적으로 결정적이고, 그 단어의 대응 대상과 균형이 잡히지 않는다. 분석 형식들은 총체성을 '표현적으로 *expressively*' 이해한다(Hall, 1980b: 64).

전체를 하나의 완전체로서 고집스럽게 끌어안는 이러한 방식은, 우선, 이론적 어려움을 가져올 수밖에 없다. 이 고집스런 방식은 '다른 실천의 특수성과 그 다른 실천들이 구성하는 접합적 *articulated* 통일성의 형식 **모두**를 생각하는' 시도를 — 홀은 이 시도를 문화 이론에 필수적인 것으로 판단했다 — 금지했다 (p.72). 그리고 추가적으로, '경험'에 특권적 역할을 부여했기 때문에, 이 방식은 역사의 힘의 장에서의 구조화 관계들의 행위를 모호하게 만들었다. 이런 식으로, 이 방식은 '순박한 휴머니즘'을 조장했고 '필연적인 결과'를 끌어냈다. 즉, 필연적 결과는 의지의 역사적 잠재력을 평가할 때 '주의자'(主意者, *voluntarist*)가 되고 즉각적인 대중적 자의식에 대한 존경심이라는 면에서 대중 문화의 즉각적인 경향을 무비판적으로 받아들이는 '포퓰리스트 *populist*'가 되는 것이었다(p.67).

홀의 대항적 움직임, 즉 '구조주의'의 비판적 횡단은 '문화주의자' 패러다임의 명백한 단점과 일탈을 수정하려는 의도와 관련이 있었지만, 그 문제들을 거부하려는 것은 아니었다. 홀은 문화에 관한 마르크스주의 담론과 자기 자신의 복합적 관계를 규제했던 일군의 이론적 의미와 정치적 의미를 자기 자신의 주제로 수용하고 동화시켰다. 그런 관계에 대한 적합한 일반이고 객관적인 논의는 필수적일 것이다. 문화 담론의 '재건설' 이후, 여러 해에 걸쳐 새롭게 형성된 독특하고 구체적인 참여를 통해, 홀이 획득한 새로운 인식으로 무장하고, 그런 관계에 접근하는 것도 도움이 될 것이다. 세 가지 경우가, 설사 본보기로서는 아니더라도 적어도 비평적 휴지를 위한 예시와 기회로서, 그 역할을 할 것이다. 하나는 1970년대부터 나왔는데, 문화 분석에서 등장한 쟁점들을 강조한다(미디어 담론). 또 하나는 1980년대부터 나왔는데, 제재와 기조 방향 면에서 대조적으로 정치적이다(자본주의의 새로운 길과 자본주의의 주제들). 또 다른 하나는 1990년대에 주로 강조된 부분으로 정체성의 문제와 관련이 있다(민족지학의 문화 정치학). 이러한 영역에 참여를 한 홀의 활동에서 일정한 서사체 자체가 전개된다. 분명한 것은, 잘 만들어진 플롯에서가 아니라, 오히려 주체의 (이론적) 삶에서의 시퀀스가 전개된다.

의미 작용의 구조들

20세기 중엽 이후 계속 발전을 해 온 텔레비전은 문화적 혼란의 진원지가 되었다. 텔레비전은 홀이 1970년대 초엽부터 주로 관심을 가져온 대상이었고, 문화 이론에서 홀이 취한 가장 일반적인 입장에 대한 모범적 예였다. 1973년에 처음 전파를 탄 <텔레비전 담론에서의 기호화와 기호 해독 *Encoding and Decoding in the Television Discourse*>에서 비평적 연구의 전체적인 기조 방향의 윤곽을 제시했다.[2] 홀의 의도는 텔레비전 커뮤니케이션을, 특정한

---

2. 홀의 저술과 관련된 최근의 참고 문헌을 보면 이 텍스트(Hall, 1973)의

의미화 실천으로서, 의미의 영역에서 구조화된 사회적 관계로서, 이론화하는 것이었다. 또한 청중이나 관객이 이와 같은 담론 과정에서 — 이 담론 과정은, 비록 구조화되고 따라서 제한적이지만, 그 효과 면에서 보장받지 못했다 — 적극적인 역할을 했다고 주장하는 것이었다. 그리고 기술적이지도 않고 심리적이지 않지만, 사회적인 용어들로 '왜곡'이 의미의 순환에 개입을 하는지 보여 주는 것이었다. 알튀세르 식으로 말하자면, 홀의 의도는 문화적 실천의 '자율성'과 그 실천의 구조적 '상관성들'을 모두 생각하자는 것이었다. 홀은, 마르크스의 방법론적 지표를 따르면서, 커뮤니케이션의 특징을 '어떤 순간도 접합되는 다음 순간을 확실하게 보장할 수 없는' 구조화된 과정으로 규정했다. 그렇게 형성된 전체는, 그 전체의 요소들 가운데 그 어느 요소도 다른 요소로 환원될 수 없다는 점에서, '표현적 *expressive*'이라기보다는 진정으로 '복합적 *complex*'이다. 그러나 그 과정이 특히 의사 소통적인 한에서는 '메시지의 담론적 형식'이 압도적이다. 하나의 '사건

네 가지 판이 추가적으로 존재한다. 거기다가 번역본 하나와 그 텍스트에 관한 회고적 논의(Hall, 1996: 505~14)가 있다. 여기서 참조한 텍스트는 주로 가장 널리 보급된 판이다(Hall, 1980c: 128~38). '편집된 초록'으로 묘사되는 이 세 번째 본은 최초의 본과, 기호학적 개념에 관한, 특히 '외연'과 '내포' 개념에 관한 논의를 수정하여 명확히 했고, 그람시에 대한 정확한 출전을 생략하고(비록 그람시의 개념은 아니었지만), 마르크스주의에 관한 후기의 논의 요소들을 받아들였고, 마지막으로 볼로시노프 Vološinov(1973)의 ≪마르크스주의와 언어 철학 *Marxism and the Philosophy of Language*≫에 대한 출전을 밝혔다는 점에서, 다르다. 이 세 번째 본은 또한 B급 서부 영화에 대한 논의가 생략돼 있다. 이 논의에서 홀은 총싸움 시나리오가 폭력에 관한 것이 아니라 오히려 남성적인 예의 범절의 원칙을 정의하고 이행하는 것이라고 주장을 한다(1973: 5~10). 이런 텍스트적인 차이점들의 그 어떤 것도 현재의 논의에서 문제가 되지는 않는다.

event'은, '**의사 소통적 사건** *communicative event*'이 될 수 있기 전에, 하나의 '이야기 *story*'가 되어야만 한다(Hall, 1980c: 129). 그리고 이야기는 — 이야기는 의사 소통적 사건의 의미인 재현이다 — 수용자의 '지식의 뼈대' 내에서 이해 가능한 것이어야만 한다. '기호화와 기호 해독'은 그 과정의 구성적 행위들이다. 따라서 이 과정의 행위들은 더 이상 사전에 주어진 '내용 *content*'의 최적의 전송–수용으로서 이해될 수가 없다. 홀의 발생론적 성격의 이론적 전거典據는 구조주의 언어학이었지만, 기호의 외연적 의미라고 볼 수 있는 '문자 그대로의 의미 작용' 주변에 떼지어 몰려 있는 2차 질서의 의미 작용인 '내포'에 대한 홀의 논의는 좀더 많은 검색과 사회적으로 수용된 기호학적 스타일을 — 롤랑 바르트 (≪신화 *Mythologies*≫)와 초기의 반구조주의자인 볼로시노프 (≪마르크스주의와 언어 철학≫)의 스타일 — 요구했다.[3] 홀이 생각할 때, 내포는 심지어 가장 문자 그대로의 이미지에서도 존재하는 역사의 존재였다.

> 시각 기호의 내포 층위는, 즉 의미와 연상의 다른 담론적 영역에서의 컨텍스트적 참조와 입장 취하기의 내포 층위는 이미 약호화된 *coded* 기호들이 문화의 심층 의미론적 약호들과 상호 작용하며, 추가적이고, 좀더 적극적인 이데올로기의 차원을 취하는 지점이다(Hall, 1980c: 133).

내포의 층위는 기호가 '새로운 강조 행위에 자신의 문을 열고 …… 의미들을 넘어서 투쟁 속으로 — 언어에서의 계급 투쟁으로 — 완벽하게 들어가는' 층위이다(p.133).

---

3. ≪신화≫(Barthes, 1972)는 1957년에 출판되었고, ≪마르크스주의와 언어 철학≫ (Vološinov, 1973)은 1929년에 출판되었다.

이런 주장의 논리적 귀결은 내포화된 의미의 미결정성 그 자체가 결정적이라는 것이었다. 내포적 약호들은 보통 그다지 명료하지도 않고, 그다지 엄격하지도 않게 정의되었을 뿐만 아니라 동시에 '동등하지도 **않다**.' 내포적 약호는 '**지배적 문화 질서**'에 따라서 기능을 했다. 이런 질서 안에서 '사회적 삶의 다른 영역들은 담론적 영역으로 세밀하게 나누어져서 들어가고, **지배적이거나 선호되는** 의미 속으로 위계 질서를 지키며 조직적으로 들어가는 것처럼 보인다.' 이 질서는 '단일한 목소리만 있는 것도 아니고 경쟁이 없는 것도 아니기' 때문에, 선호되는 의미들이 어떤 보장을 받을 수는 없다. 그러나 이 질서가 지배적인 한, 이 질서는, 선호되는 읽기를 지지하고 그런 읽기로부터의 일탈의 범위를 제한하면서, 균형 잡힌 개연성에 동의한다. "물론, 언제나 사적이고, 개인적인 갖가지의 읽기가 있을 것이다. 그러나 '선택적 지각'[공식적 설명]은 그 개념이 제시하는 것만큼 거의 선택적이지도 않고, 임의적이거나 사적이지도 않다."

행위의 기호를 해독하는 것은 '의미 작용의 한 무리'를 보여 주는데, 홀은 의미 작용의 한 무리에 대해, 결론적으로, 관찰하는 '입장*positions*'에 대한 그람시적인 형식적 유형론을 제시했다. '지배적 헤게모니적*dominant-hegemonic*,' '교섭적*negotiated*' 혹은 '조합주의적*corporate*,' 그리고 '대립적인*oppositional*' 등이 그 유형들이다. 첫 번째 입장에서, 관찰자는 내포의 지배적 질서 내에서 작업을 하고, 그 결과 의사 소통의 '이상적*ideal*' 경험을 생산한다(국가적 이익은 국가적 이익이다). 두 번째 입장에서, '적응력 있는' 약호와 '대립적' 약호는 상호 교차한다. 즉, 의미의 헤게모니적 질서는 존중을 받지만 '예외적' 경우를 위해 유보된다(국가적

이익은 일반적인 지출 억제를 요구하지만 내 자신의 노동 조합의 주장은 정당화된다). 세 번째 입장은 의미의 대안적 질서 안에서 의도적이고, 비판적인 재약호화를 포함한다('국가적 이익'은 '자본주의자의 이익'으로 읽히기 때문이다). 홀은 첫 번째 입장과 두 번째 입장 사이의 불일치가 '오해'와 '의사 소통의 실패'의 진정한 조건이었다고 제시했다. 두 번째에서 세 번째로의 이동은, 만일 그런 이동이 발생해야만 한다면, 위기의 순간이었다. "이 부분에서 '의미 작용의 정치학'이 — 담론 내에서의 투쟁 — 결합된다"(Hall, 1980c: 138).

홀의 비평은 공식적 칭호에 앞서 후기 '문화주의자'의 방향 전환을 성립시켰다. '문화'는 이제 사회적 관계의 강력한 한 양식으로서 — 이 양식은 사회 생활 그 자체와 시공간적으로 함축적인 의미에서 같은 넓이를 갖고 있는 양식이다 — 그리고 활성적인 대중 (그리고 다른) 주제들의 영역으로서 확보될 수 있었다. 그러나 분석의 주요 목적은 특정한 문화적 실천들의 — 이 경우에는 텔레비전을 말하는 것이다 — 자율성과 생산성을 확립하는 것이었다. 그리고 동시에 전체로서의 사회와 맺는 구조적 관계들을 탐구하는 것이었다. 문화적 실천의 의미는 사회적 관계에서 '표현적' 순간으로서 '보장받지는' 못할 것이다. 문화적 실천의 의미는 그 자체가 물질적으로 구조화된 작품이다. 그러나 다원론자나 포퓰리스트의 믿음과는 대조적으로, 수용자의 행위는 구속받지 않았다. 생산과 수용은 똑같이 전 지구적 지배적 문화의 질서화된 개연성에 종속되었다. 질서화된 개연성은 경제적이고 정치적인 존재의 결정적인 조건들을 약호화했다. 문화의 영역은 이데올로기에 의해서 철저히 연구되었다. 이런 일반적인 용어로 요약되었던 홀의 비평은 지각된 장애물과 '문화주의'의 위험을 넘어서 길을 깨끗하게 하고 마르크스 문화 이론과 문화 정치학을 향해 선두에 서서 나아갔다. 또 다른 후기의 비평에서, 그러나 홀의 추론은 반대 방향을 가리키는 것처럼 보였다. 이 역전의 모순적 상황은 새로운 것을 대신해서 하는 변명이었다.

주체성을 위한 새로운 시기

'새로운 시기 New Times'는 1980년대 현대화한 공산당 지식인들과 비당원 협력자들이 진행시켰던 정치적 재건설의 프로젝트 이름이었다. 이 프로젝트의 제도적 기반은 공산당 월간지 <오늘의 마르크스주의 Marxism Today>이었다. 이 잡지에서 홀의 정치적 글이 일종의 도화선이 되었다. 홀은 '새로운 시기' 논의에 공헌을 했고, 잡지의 편집장 마틴 자크와 함께 잡지를 책 분량으로 모아서 다시 펴냈다. '새로운 시기' 프로젝트의 핵심적인 논제는 경제적 논제였다. 자본주의는 이제 '대량 생산의 낡은 조립 작업대'와 대규모 시장으로부터 '유연한 전문화'와 생산품 분화의 새로운 세계로의 이행을, 또는 일반적인 용어로 말하자면, '포드 시대'로부터 '후기 포드 시대' 체제로의 이행을 포함하는 주요한 내적 재조직화 과정을 겪고 있다. 이런 변화는 '좁은 의미에서 …… 온전히 경제적인 것만은' 아니다. 후기 포드주의는 사회와 문화의 포괄적인 재형성을 위한 '속기술 shorthand'이었다.

'새로운 시기'의 논리 정연한 주장은 세계가, 단순히 양적인 면에서가 아니라 질적으로 변했고, 영국과 다른 선진 자본주의 사회들이 근대 대량 사회의 특징이었던 동질성, 표준화와 규모의 경제와 조직보

다는 다양성, 분화와 파편화의 특징을 점차 많이 갖게 되었다는 점이
다(Hall & Jacques, 1989: 21, 11).

시급한 임무는 이제 이런 현실을 '지도가 없는 영역으로
과감하게 뛰어드는 것'보다는 과거의 '확실성'을 너무나 많이
선호했던 — 그래서 정치적 좌파는, 여러 면에서, '문화적으로
보수적인 세력'이 되었다 — 정치적 좌파에 각인시키는 것이었
다(p.14). 이런 점이 '새로운 시기'에 대한 홀의 해석이 이루어진
맥락이었다.

홀은 문화주의 혹은 기계적 환원주의의 총체적인 야심을
거부했다. 홀은 '새로운 시기'가 '단일한 은유의 제한 범위 안
에서, 사회적 변화의 수많은 다양한 면을 포착하려는 시도'를
의미했다고 썼다. 그리고 '그러한 사회적 변화의 어떤 것도' —
후기 포드주의, 후기 산업주의, 혹은 '주체의 혁명' — '다른
변화와 필연적인 관계를 맺지는 않았다'(Hall, 1989: 117). 후기 포
드주의의 주제 그 자체는 '경제를 위한 그 어떤 사전적인 결정
적 입장에 구속당하지 않는' 것이었다. 그러나 강력한 은유들
은 위험스럽게도 살아 남았고, 이 은유에는 그 자체로서 총체
적이고, 결정론의 야심이 존재했다. 당대의 역사적 과정은, 홀
이 표현하는 것처럼, 과거의 '대중' 사회, 대중 사회의 경제, 정
치 그리고 문화 등에 대한 함축적 의미에서 볼 때 통합적이고,
직접적이고, 운명적인 것처럼 보였다. 후기 포드주의는 하나의
전체 세계를 재창조하고 있었다. 홀은 그 세계에 대한 묘사를
'거대 서사'로부터 끌어낸 '포스트모던의 조건'에 대한 미셸 푸
코와 장 프랑스와 료타르의 통찰력의 분석에서 발견했다. 후기
포드주의는, 일상 생활에서의 선택의 풍부한 가능성과 함께, 확

장되고 '다원화된' 시민 사회의 모체 같은 기반이었다. 새로운 조건에서, '모든 것을 포괄하는 국가'는 더 이상 범위와 정치적 참여의 형식들을 강요하지 않았다. 정치는 이제 시민 사회와 동일한 시공간을 점유한 셈이었으며, 시민 사회에서는 '권력과 갈등의 지점들이' 증대했고, 지금까지 '비정치적인' 것으로 여겨졌던 문제들을 — 가족, 건강, 음식, 성 *sexuality*, 신체 — 끌어 안았다. 이런 새로운 상황의 '전반적인' 지도 *map* 도 없었지만, 또한 상황에 대한 관습적인 필요성도 없었던 것 같다. "아마도, 그런 의미에서는, 전략과 권력의 망과 전략과 권력의 접합 이 상으로 생각할 수 있는 '권력 경쟁'은 전혀 없다고 보아야 할 것이다"(p.130). 정치는, 오래 전부터 '경제적인 것'과 조화를 이 루면서 움직이는 것으로 여겨졌지만, 이제는 대조적으로 성향 면에서 '문화적' 경향과, '우리 시대의 혁명'의 일반적 경향과 보조를 맞추었다(p.128). 왜냐하면,

> [만일] '후기 포드주의'가 존재한다면, 후기 포드주의는 경제적 변화 의 묘사만큼이나 문화적 변화의 묘사가 될 것이다. 실로 그러한 구분 은 이제 소용이 없다. 문화는 생산과 물질의 '견디기 어려운 힘든 세 계'의 장식적 부록이, 물질 세계라는 케이크 위의 당의糖衣 같은 첨 가물 되기를 (문화가 정말 그런 장식품이 된 적이 있었는지 나는 의 심스럽다) 멈추었다. 문화라는 단어는 이제 세계라는 단어만큼이나 '물질적'이다(p.128).

변화의 '객관적' 순간과 '주관적' 순간 사이의 오래된 구분 이 더 이상 효력이 없다고 홀은 계속 말을 이어갔고, 주관성 그 자체는 경박하게 변했다. 개인이, 자신을 꾸미는 것을 찬양 하고 일상의 미학화를 촉진했던 문화 속에서, 두드러지고, 주관

적으로 더욱 더 변하기 쉽고 다양해짐에 따라, 친숙한 공동 주제들은 — 계급, 국민, 민족, 젠더 등의 주제를 말한다 — "점점 분화되고 '다원화'"되고 있다. 이러한 문화의 많은 것이 '상품화된 소비'일 수도 있지만, 그 친숙한 판단에서 망설이는 것은 역사적 전망을 놓치는 것이었다. 역사적 전망이란 '**또한** 잠재적으로' 시장 교환의 '숨겨진 의제의 일부분인' '민주화'를, 그리고 '**물질** 생활의 변모하는 리듬과 힘으로 개인을 열어 주는 것을' 말한다(p.128).

'새로운 시기'에 대한 이 교훈은, 의미에 대한 저항이란 면에서, 대조적으로 '낡은' 집단이었던 '좌파'에게 건네졌다. 새로운 시기에 상응하는 '오래된 시기' — 한때 텔레비전 시청자의 종속적 현실로서 환기되었던 국가와 계급 투쟁의 세계 — 중에서, 흔적이 남은 것은 많지 않았다. 비록 홀과 동료 편집자들이 현재의 단안單眼의 틀에서 교정 지점을 강조하였지만 — 필수적인 비평적 전법으로서의 과장이다 — 그런 의도가 홀의 진술 양식의 패턴이나 홀의 지배적 주제를 적절하게 설명해 주는 것은 아니다. 약 2년 전에 받은 인터뷰에서, 홀은 대중 연설의 엘리트의 수용에 대해 조롱하는 듯한 감정을 가지고 — 대중 연설의 수용은 그럼에도 파괴적인 역사적 세력을 계속 가졌다 — 말을 했다. "그것은 마치 지식인들이 역사적 세력이 무엇인지, 무슨 일이 진행되고 있는지 알기 위해서 계속 이리저리 돌아다니고 있는 반면에 대중들은 비밀을 유지하는 것 같았다"(Hall, 1986; 1996b: 140). 홀이 염두에 두었던 지적 '정치'의 종류는 "대중들은 단지 근대 산업 대중 사회의 구성과 깊은 관련을 맺은 역사적, 경제적, 정치적 세력의 수동적 반영에 불과할 뿐이라고 말하는 것에 뒤따르는 것이다"(p.140).

이런 특징은 포스트모더니스트의 이론화 과정 논의가 진행되는 가운데 출현했지만, 그 참고 사항은 비평적으로 볼 때 더 일반적이고 모호하다. 참고 사항은 문화 비평을 묘사하는 것일 수도 있고, 차갑지만 마르크스주의를 동일하게 참고하는 것일 수도 있다. '허위 의식'과 '대중 문화의 진부함'을 부정적 등가물로서 인용하는 관련 구절은, 어떤 관점에서 '좌파'가 단지 하위 집단의 '지식인'으로 보일 수 있는 것처럼, 보이는 인상을 확고하게 한다. 이러한 연상은, 확고한 범위 내에서는, '실재 *reality*'라는 현장에서, 범주의 전반적인 조정과 '대중'이나 대중 주체들과 지배적 사회 질서 사이에 대응 연상을 생산해 낸다. 이 부분에서, 논쟁의 여지는 있지만, 전체로서의 '새로운 시기'의 담론적 논리가 있었고, 홀의 주요 비평문의 담론적 논리가 — 이 논리는, 말하자면, '좌파'에게 이해되지 않았던 '비밀'을 밝혔다 — 있었다. 이런 호칭 형식은 그 자체가 새로운 것은 아니었고, 혹은 단순히 논쟁적 상황의 산물도 아니었다. 호칭 형식은 체계적으로 대중의 비밀을, 자기 자신의 이단異端 습관에 권위를 부여하는 방식으로 좌파 교리와 대조시켜 강조하였던 조지 오웰의 문화 저술의 특징이었다. 호칭 형식은 그리 까다롭지 않은 방법으로 또한 '좀더 유기적 *more organic*'이 되려고 생각했던 문화 연구 실천자들의, 지식인들의 호출 부호였다. 조지 오웰의 은밀한 현실은 영국 전통주의자의 그것이었는데, 따라서 홀처럼 근대적인 것과 잡종적인 것에 마음을 쏟는 경우와는 대조적이다. 그러나 일상적 자본주의의 은밀한 즐거움은 — 이 즐거움은 홀이 이제 좌파에게 밝혔던 즐거움이다 — 정치 비평을 위한 문화적 기반만큼이나 모호한 편이었고 상당히 최근의 포퓰리즘을 위해 그런 대로 쓸모가 있었다.

홀은 대중적 근대성의 현실 세계와 좌파 전통의 풍속화와 같은 서사 사이의 간극을 강조하기 위해 '새로운 시기'의 새로움을 과장했다. 그러나 홀의 담론에서 '새로운 것'의 기능이 단순히 묘사적이지는 않았다. 사회적 현상의 우발적 특성 (현재의 자질이든 아니든, 과장이든 아니든) 이상으로, 새로운 것은 현상들의 상관적 가치의 지표처럼 보였고, 의미의 추가적 상승에서는, 다시 말해 가치의 필수적 조건에서는 새로운 것이 단순히 발견될 수 없는 곳에 그 원인을 돌리는 것처럼 보였다. 따라서, 이미 앞서 인용한 부분에서(이 책의 189페이지를 참조하라), 홀은 문화와 경제의 구분이 '이제는' 쓸모가 없다고 주장을 하면서, '문화주의'에 대해 홀은 자신의 그리 오래되지 않은 반대를 과장해서 썼다. 비록 적개심을 없애는 추가적 발언이 문화가 결코 그런 적이 없었다고 하는 홀의 일반적인 이론적 확신을 인정했지만, 문화는 이제는 더 이상 "장식적인 부록 decorative addendum"이 아니라고 홀은 선언했다. "문화라는 단어는 이제 세계라는 단어만큼이나 '물질적'이다." 말하자면, 세계라는 단어가 언제나 그랬던 만큼 물질적이다. 또 다른 글은, 또한 문화적인 것의 사회적 지위에 관하여, 논리적 관계를 시간적 관계로 변환시키는 동일한 경향을 보여 주었다. "대안적 사회주의 경제에서, 의미의 체계에 따라 사물을 '약호화'하려는 우리의 성향은 — 이런 점은 우리 사회의 본질적인 모습이다 — **필연적으로** 중지할 것이라는 또는, 실로, 중지해야만 한다는 명백한 증거는 없다"(Hall, 1989: 235). 이 점은 논리적 허세이다. 만일 '성향'이 정말로 '본질적'이라면, 그 성향을 취소하는 가능성은 발생할 수가 없고, 증거의 균형에 대한 호소는 넘친다. 논리에 대한 홀의 강압적 시간화는 — 이런 시간화는 **이제** now와 **더 이상** no

longer 등과 같은 담론적 전이사(轉移辭, *shifter*)에 진실 테스트의
지위를 부여한다 — 새로움이 그 자체로서 하나의 가치가 되고
심지어 하나의 자율적인 문화적 세력이 되는 관점의 징후를 보
여 준다.

새로운 것에 대한 이러한 가치 부여는, 비록 가치 부여가
동시대의 것들과의 약속을 포함했지만, 문화 연구를 향한 중단
의 일환은 아니었다. 가치 부여는 문화 비평에서 일종의 상수
같은 요소였고, 그러한 좀더 적극적인 행동주의자의 다양성을
보여 주는 담론(예를 들면, 리비스의 담론을 말한다)에서는, 실천적
인 논리적 근거였다. 그러한 경우들에서, 물론, 새로운 것의 가
치는 부정적이었다. 그 가치는 일종의 '전조'였거나, 명백한 위
험 요소였다. 전통은 긍정적인 용어였고, 홀에게는 효과적으로
그렇게 되었지만, '가위처럼 짓누르는' 마르크스의 악몽은 아니
었다. 그러한 양극화는 홀의 텍스트와 새로운 시기를 위한 초
기의 선언문들 사이의 거리를 확립했으나, 또한 대칭처럼 균형
을 이루었던 적개심의 형식을 밝혀 주었다. F. R. 리비스는 생
산 양식으로서가 아닌, 근대성의 엔진으로서의 기술적 장치를
보았다. 홀은 자본주의를 인정했지만, 생산과 소비의 특수한 체
제를 — 포드주의와 그 이후에 출현한 후계자를 말한다 — 우
선적으로 분석했다.[4] 리비스는 정치를 궁극적 의미가 없는 도
구적 실천인 행정의 지위로 좌천시켰다. 홀은 정치적인 것을,

---

4. 존 크래니오스카스 John Kraniauskas(1998: 17)는 동일한 개념적 실수를
개방대학의 여러 권으로 이루어진 교재 ≪문화, 미디어 그리고 정체성
Culture, Media and Identities≫(1997)에서 확인한다. 이 교재 제작에서 홀은
선도 역할을 했다. "문화 회로의 일부분을 형성하는 '생산'이란 생각은 마
치 노동 같았다. …… 그것은 …… 생산 관계가 없는 생산이다."

확대된 시민 사회에서의 투쟁의 예로서 '일반화하면서,' 국가와
정부로 엉켜 있는 체계적인 실천의 의미에서 정치적인 것을 분
산시켰다. 리비스와 홀은 노동 과정 *labour-process* 의 새로운 형
식을 대중적 삶을 위한 결정적인 요소로 보았지만, 강조와 평
가는 대립적이었다. 리비스는 '표준화와 수준 저하'를 한탄했던
반면에, 홀은 '물질 생활의' 새로운 '리듬'의 가능성에 특권을
부여했다. 리비스는 '대중 문명'의 자동화에 저항해서 '소수 문
화'의 비평적 가치를 옹호하고, 본질적 인간 의도의 직관이란
면에서 능력이 있지만, 지금은 도덕적 권위를 크게 빼앗겼거나
명성과 의무를 교환하라는 유혹을 받는 지식 계급의 역사적 임
무를 옹호했다. 홀은 일상에서 후기 포드주의의 자연 발생적
경향의 정당성을 입증했고, 그러한 경향을 전통주의자의 교리
로부터 유리되었던 좌파의 관심 속으로 억지로 밀어 넣었다.
새로운 시기였고, 이상한 시기였다. 홀은 리비스주의자는 아니
다 — 이 생각은 기괴하다 — 그러나 이런 사회주의자 선언문
에서 홀은 그 '낡은' 반항적 담론의 담론적 형식을, 거울에다
문화 비평을 다시 쓰면서, 미래파로서, 복사했다.5

움직이는 정체성

타고난 천품이라는 사상은 오웰과 리비스가 공유하는 기반이었
다. 오웰의 포퓰리스트 사회주의는, 리비스가 — 리비스의 인

---

5. 실로, 미래파 모티프는, 오르테가의 예가 보여 주는 것처럼, 문화 비평
에 낯선 것은 아니었다. "…… 인간은 필연적으로 미래파적인 성향을 가
지고 있다. 말하자면, 인간은 무엇보다도 본질적으로 미래에서 그리고 미
래를 위해 산다"(Ortega, 1932: n.131).

본주의 엘리트주의는 한때 인기가 있었던 과거의 천부적 재능에 바탕을 둔 권위를 주장했다 — 그랬던 것처럼, 지속적이고, 규범적인 영국주의의 직관으로부터 영양분을 얻었다. 그 어떤 다양한 문화적 이유도 '새로운 민족성 *new ethnicities*'이라는 모순적 생각을 해결할 수가 없었을 것이다. 1990년대 홀의 글에서 지배적인 주제가 되었던 이 평범한 표현은 열망과 봉쇄의 미완성 전체 역사를 활성화한다. 민족성은, 평범한 이해를 바탕으로 하면, 전혀 새롭지 않다. 유전자와 신들처럼, 민족성이란 단어는 어느 시대에나 존재한다. 그리고 이 용어의 다원화는 관계가, 무엇보다도, 상대적인 영역에서 그 다양성의 원인을 찾는다. 성격과 전통은 운명적이다. 홀의 경우는, 오늘날 영국에서 흑인의 문화 정치학의 맥락에서 화제에 올랐는데, 그러한 모든 영원주의자와 본질주의자의 진부한 말에 대해, 가장 일반적인 종류의 비판적인 함축적 의미와 함께, 공격적으로 말했다(Hall, 1996d).

홀은 흑인의 문화 참여의 (즉각적인 경우는 흑인 영화와 영국 영화에 관한 런던 세미나였다. 비록 함축적 의미의 지평은 그런 정도를 넘어섰지만) 최근 역사에서 두 단계를 구분했다. 우선, 정치적 색깔의 — 수렴적 역사들과 공유된 상황의 기표로서의 '검은 색' — 가치는 민족성과 인종의 다양한 동일시에 대한 우선권을 주장했다. 선도적 실천은 지배적인 (백인의) 미학과 문화 담론의 "침묵 당하고 보이지 않는 '타자'"로서의 흑인의 자리 매김에 도전을 하는 것이었다. 목표는, 긍정적인 자기 재현을 위하고, 의미 작용의 지배적인 인종주의 질서의 방향을 거스르기 위한, 문화 생산의 장소와 수단에 대한 접근이었다. 그러한 종류의 문화 정치학은 계속됐고, 무한히 그렇게 되어야만 했다고 홀은 주장했다. 그러나 투쟁의 두 번째 단계에서, 더 이상 '재현의 관계'에만 관심을 두지는 않았고, 주도권은 '재현 자체의 정치학'으로, '본질적인 흑인 주체의 순진한 생각'을 넘어서는 문화의 이론과 실천으로 넘어가고 있었다(Hall, 1989; 1996d: 441~3). 재현은 이제 '표현적'인 것이 아니라 '형성적'이고 '구성적'인 것으로 이해되었다. '흑인다움 *blackness*'의 형성 조건은 '본성에 대한 보증'없이 역사적으로 등장한 것이라고 보아야 했다. 민족성에 대한 홀의 정의는 문제 그대로의 혹은 은유적인 발생론적 순수주의의 그 어떤 흔적도 제거하기 위해 개념을 체로 거르듯 조심스럽게 걸러냈다. '흑인 *black*'이란 단어가 인종주의 담론으로부터 튀어나오고 긍정적 용어로서 다시 만들어진 것처럼, 이제 '민족성 *ethnicity*'이란 단어도 문화 연구에서 주도적 역할을 하는 다문화주의 *multi-culturalism* 로부터 다시 전용해서 사용되어야만 한다. 다문화주의는 민족성을 변하지 않는 문화적 인격으로 절대화하는 경향이 있다. 민족성은 '주체성과 정체성의 구성에서 역사, 언어 그리고 문화 등의 장소를 인정하는 것'이었고, 그것 이상으로, '모든 담론이 어떤 장소에 놓이고, 어떤 위치에 놓이고, 어떤 상황에 놓이고, 그리고 모든 지식이 컨텍스트적이라는 사실'이었다(p.446). 이 공식의 모호함 때문에 비판적 성격의 긍정적 주장이 당황한 태도로 전달됐다. 민족적 정체성은 유전이나 상속으로 고정되는 것은 아니다. 오히려, 민족적 정체성은 존재의 연속적이고 변화가 많은 맥락 속에서 형성되고 재형성된다. 이산離散의 경험은, 즉 대양과 대륙을 건너 대규모 인구의 흩어짐을 말하는 **디아스포라** *Diaspora* 는 흑인 문화사의 뚜렷한 조건이었는데, 그 결과 흑인 문화사는 획득된 원천과 기대 사이의, 요구와 새로운 상황의 가능성 사이의 일정한 양상의 만

남을 — 그러나 이 만남은 '귀환'이라는 그럴듯한 선택적 사양
이 전혀 없었던 복합적인 연속적 사건이었다 — 기록했다. 민
족성은 따라서 계급, 젠더, 그리고 섹슈얼리티 등의 — 이런 것
들은 본질과 특성의 유사 – 자연적 구도에서 결코 고정되지 않
았다 — 질서와의 구성적 관계 속에서 '인종'의 침투성
permeability 을 기록했다. 역으로, 민족성의 자아 – 구별적 차이점
들은 이제 보편적인 것으로 — 여기서 보편적인 것이란 구별적
차이점들을 부차적인 것으로 보는, 그리고 그렇게 봄으로써 '민
족적 *ethnic*'인 것으로 표시하는 국민들과 계급의 보편적 특징뿐
만 아니라, 무차별적 보편성을 요구하는 국민들과 계급의 보편
적 특징을 말한다 — 여겨져야만 한다. 민족성은 문화 정치학
에 등장하는 배우들의 특징을 제시하는 것이라기보다는 오히려
배우들의 투쟁의 영역과 대상을 대략적으로 그리는 것이다.

> 우리는, 민족성이 지배적 담론에서 기능하기 때문에, 민족성을 민족
> 주의, 제국주의, 인종주의, 국가 등과의 — 이런 개념들은 두드러진
> 영국의 또는, 좀더 정확하게 말하자면, 잉글랜드의 민족성이 구축되
> 어 왔던 애착의 지점들이다 — 등가물로부터 흡수하기 위해서는 여
> 전히 할 일이 많다. …… 우리는 민족성의 비강제적이고 좀더 다양
> 한 개념을 재현하고, '영국다움 *Englishness*'의 전투적이고 헤게모니적
> 인 개념에 — 이 전투적인 개념은, 대처리즘의 보호를 받으며, 지배
> 적인 정치적 담론과 문화적 담론의 많은 부분을 안정시키지만, 영국
> 다움이란 개념은 그 자체가 헤게모니적 성격을 지니고 있기 때문에
> 민족성으로서의 자신을 정말로 전혀 재현하지 못한다 — 저항하는
> 방법에 관해 생각하기 시작했다…….
> 　　15년 전 [1970년대] 우리는 또는 적어도 나는 영국에 어떤 흑인
> 이 있었는지 관심이 없었다. 이제 우리는 관심이 있을 뿐만 아니라,
> 관심을 가져야만 한다(Hall, 1989; 1996d: 447~8).

홀의 민족성 개념은 민족성이란 용어가 친숙하게 환기하는 유전자와 관습의 숭배 모임에서 어떤 역할도 하지 못했다. 민족성의 개념은, 비록 '인종'의 개념과 강력한 컨텍스트적 관련을 유지하고, 계급, 젠더, 섹슈얼리티 등의 관계를 민족성의 핵심적 정의의 요소로서 통합하지만, 그럼에도 이런 범주들의 그 어떤 것으로도 환원될 수가 없었다 — 또는, 실로, 그 자체로도 환원될 수가 없었다.

민족성이란 개념은 여기서 수행적 역할을 하는데, 그 정의를 통해, 역사적 특수성과 불확실성에 대한 홀의 영속적인 기본적 원리들을 실현했다. 민족성이 자아 취소 *self-cancellation* 없이 도식화될 수는 없다. 그 어떤 사회적 범주 이상으로, 민족성은 필수적이지도 않고 불가능하지도 않은 그런 우연적 가능성을 구체화했다. 그러나 '차이와 다양성 위에서 서술된 민족성의 정치학'과 함께, 이와 같은 '주변적 존재의 민족성이라는 적극적 개념' 속에는 상응하는 정치적 모험이 있었다(Hall, 1989; 1996d: 447). 민족성은 '새로운 시기'가 들어가도록 유혹을 받았거나 — 홀 자신이 주목했던 것처럼 — 사실 매우 다르지 않은 어떤 것, 즉 수정된 자유 다원주의 *liberal pluralism* 속으로 천천히 들어가게 했을지도 모르는 포스트모던 포퓰리즘을 강화하는 역할을 했을지도 모른다. 실제로 그런 일이 발생했을 때, '본질적 흑인 주체'의 개념에 대한 홀의 비판 논리가 홀로 하여금 '새로운 시기'의 비평문의 강조 내용들을 뒤집어 버리게 했고, 잃어 버린 자유, 카니발 축제의 순간을 대중 문화에서 확인하도록 했다. 또한 상징적 종속의 구조화 현실과 자본주의 시장을 고집하도록 했다.

대중 문화는, 종종 그런 것처럼 상품화되고 정형화되지만, 우리가 가
끔 생각하는 것처럼, 결코 우리 자신이 진정으로 누구인지, 우리 경
험의 진실을 발견하는 그런 장소는 아니다. 대중 문화는 **대단히** 신
화적인 장소이다. 대중 문화는 대중적 욕망의 연극 무대, 대중적 환
상의 연극 무대이다. 대중 문화는 우리 자신의 자아의 동일성 확인으
로 우리가 연기하고 발견하는 장소이고, 우리가 상상하게 되는 장소
이고, 우리가 재현되는 장소이다, 메시지를 얻지 않는 저 바깥에 있
는 관객에게뿐만 아니라, 먼저 우리 자신에게(Hall, 1992; 1996g: 474).

이 인용문의 언어는, 능동태에서 수동태로의 통사론적 이
동과 (우리가 발견하는…… 우리가 상상하게 되는) 뜻이 대단히 모호
한 어법과 (우리가 재현되는……) 함께, 대중적인 것과 포퓰리스
트 사이에 미묘하지만 확실한 선을 긋는다.

그러나 좀더 일반적인 문제는, 홀이 인식했던 것처럼, 여전
히 남았다. 이 '문화 정치학'에서 '정치학'은 무엇이고, 혹은 어
디에 있을까? '차이'의 무제한적 자유주의를 — '기표의 무한한
미끄러짐'을 말한다 — 부적절한 것으로 무시했지만, 홀은 그
럼에도 자기 자신의 문화적 입장에서의 명백한 어려움을 인정
했다. 그 어려움은 다음과 같다.

정치가 — 정치는 차이와 함께 그리고 차이를 통해 일을 하고, 결속
의식과 동일성 확인의 형식들을 (사실 결속 의식과 동일성 확인이
있어야 공동의 투쟁과 저항을 가능하게 하지만, 그 의식과 동일성 확
인이 없다면 정치적 주장은 불가능하다) 형성할 수 있다 — 어떻게
구성될 수 있는지 생각해 보는 것은, 그러한 경계들을 영원히 고정시
키지 않고는, 조금도 쉽지 않다(Hall, 1989; 1996d: 444).

동일한 주제에 관한 추가적인 토론을 — 이 토론은 낡은

흑인 본질주의에 대해 좀더 분명하고 비판적인 토론이었다 ―
통해, 홀은 '투쟁해서 쟁취할 정치가 **존재한다**'라는 자신의 확
신을 반복적으로 보여 주었고, 그 관심과 논리적 근거를 예를
들어 보여 주었다. 홀은 '영국에서 이산 경험을 한 흑인은, 이
역사적 순간에, 흑인 **또는** 영국인이라는 이항 대립을 거부해야만
한다'라는 폴 길로이 Paul Gilroy 의 논점을 옹호하면서 설명했다.

> 당신은 흑인**과** *and* 영국인이 될 수 있는데, 이것은 그것이 1990년대
> 에 취해야 할 필연적인 입장이기 때문이기도 하지만, 또한 서로 대립
> 되는 대신, 연결사 '과 *and*'로 연결되는 그 두 용어가 우리 정체성의
> 모든 것을 소진하지는 않기 때문이다. 우리 정체성의 단지 일부분만
> 이 때로 그러한 특정한 투쟁에서 잡힌다(Hall, 1996g).

이런 추론은 ― 그 자체가 강제적일 정도로 저항하기 어
려운 요구를 대신해서 ― 이론적 진전의 길을 보여 주었지만,
또한 그 길 건너에 놓인 방해물을 구체화하였다. 정치는 문화
와 시공간적으로 동일한 외연을 갖지는 못하고, 또한 정치와
문화의 관계는 역사를 통해 안정적이지 않다. 그럼에도 이러한
구분이 '정체성'의 차원에서 그려진 한에서는, 그 구분은 희미
해지기 쉽고, 또는 지워질 수도 있다. 표면상으로는, 문화 이상
의 그 어떤 것도 아닌 문화로서의 정체성 콤플렉스 내에서의
정치를, 그리고 정체성 콤플렉스의 동기화된 장애물로서의 정
치를 말한다. 홀은 자신이 지금 강제로 밀고 나갔던 정치를 개
념화시키는 것의 어려움을 인정했다. 그러나 진정한 어려움은
이미 자리를 잡고 있는 개념화된 것으로부터 ― '문화 정치학'
을 말하는 것으로 비평적 강조가 두 번째(그리고 2차) 용어에서
첫 번째 용어로 조용하게 미끄러져 갔다 ― 나타날지도 모른다.

마르크스주의와 씨름하기

홀의 글에 개성적인 짜임새를 주는 많은 비평적 대화들 가운데, 가장 지속적이고 가장 흥분한 모습을 보여 주는 글은 마르크스주의와 함께 했던 글들이었다. 반복적으로 등장하는 주제는 문화와 정치에서 경제적 관계의 결정 역할, 즉 '그 오래된 토대 – 상부 구조 패러다임'이었다(Hall, 1986; 1996b: 135). 그러나 그 오래된 표현이 우리에게 충분히 상기시키는 것처럼, 어떤 것들은 너무나 명백해서 오히려 전혀 눈에 보이지 않았다. 여기서, 윌리엄스라는 앞선 경우에서처럼, 무엇이 위기에 처해 있었는지 질문하는 것은 가치가 있는 일이다. 사실, 홀의 구성적인 면에서의 이론적 의도는 윌리엄스의 의도와 매우 유사했다. 홀은 상관 있는 두 가지의 목적을 갖고 있었다. 첫 번째 목적은 사회 전반의 다른 구성적 실천들과의 — 정치적이고 경제적인 실천 — 관계 속에서 구성적인 사회적 실천으로서의 문화의 특수성을 확립하는 것이었다. 두 번째 목적은 이러한 관계들의 구체적인 역사적 모습을 이해할 수 있는 분석의 형식을 진정한 독창성 속에서 발전시키는 것이었다. 토대 – 상부 구조 공식은 이 임무에 적절하지 않은 것처럼 보였다. 토대 – 상부 구조 공식은 환원주의적이었고, 문화를 좀더 근본적인 활동의 결과로서 또는 핵심 현실의 발산으로서 읽는 인과 관계의 기계론적이거나 표현론적 관념에 호소를 했다. 그 어느 경우에나 그 공식은 문화를 수동적이고, 2차적인 존재로 넘겼다. 그 공식의 특권화된 현실은 경제였고, 특히 계급의 객관적 체계였다. 계급의 주체성 형식은 그 수준에서 고정되는 것이 당연하다고 가정되었다. 세 번째, 그 공식은, 그 공식이 사태의 피할 수 없는 상태와 방향으로서 이미 단정해 버린 것만을 발견하겠다고 교조적으로 맹세를 해 버린, 필연론자의 공식이었다. 홀의 첫 번째 비평적 호소는 루이 알튀세르에게 향한 것이었다. 알튀세르는 구조의 필수적인 복잡성이라는 측면에서 그 공식을 다시 생각했고, 상대적으로 자율적인 사회적 실천들의 ─ 경제가 단지 '최종심'에서만 결정하는 실천들이다 ─ '복합 결정' 총체성을 제안했다. 알튀세르의 이론적 재구성은 '국면'에 ─ 국면이란 일정한 공간과 시간에서 복합적인 전체의 구체적이고, 반복할 수 없는 상태를 말한다 ─ 분석적 우선권을 부여했다. 그러나 홀 자신의 작업은 좀더 높은 수준의 추상에서 머물렀고, '최종심 *the last instance*'의 모호성을 해결하지는 못했다. 안토니오 그람시는, 반면에, 자신의 개념적 도구들을 구체적인 역사적 사회인 이탈리아의 분석에서, 분석을 위해 가다듬었다. 홀은 근본적으로 자기 자신의 탐구 기준을 그람시의 작업에 두었다. 탐구한 것은 일반적인 의미에서 '자본주의 사회'가 아니라 자본주의 '사회 형성'(영국)과 그 형성들의 독특한 '국면들'(대처리즘)이었다. 또한 탐구한 것은 발생론적 '계급'이 아니라 계급과 다른 사회적 세력의 특수한 형성인 '역사적 블록 *historic blocs*'이었다. 또 탐구한 것은 순수한 의미의 '지배적 이데올로기'가 아니라 널리 퍼진 '상식'의 대단히 복합적인 문제와 비강제적인 사회적 권위 혹은 '헤게모니'를 위한 상식 내에서의 투쟁이었다(Hall, 1986; 1996c).

　　이런 다양한 마르크스주의의 가장 현저한 특징들은 정치적 투쟁의 장소와 양상으로서의 문화에 대한 가치 부여였고, '구체적 상황'에 대한 전략적 강조였다. 일반 이론에서 두 가지 새로운 방향 설정은 '정통적 마르크스 이론'의 발육을 저해하는 영향으로부터 그 특징들을 지켜 주었다. 표현적 인과론에 대한 자신의 비평을 실행하면서 홀은 '결정성 *determinancy*'이라는 개념을 — 이 개념에서는 경제적인 것이, 결정성이라는 용어의 좀더 강한 의미에서 볼 때, 원인으로서가 아니라, '생각 *thought*'의 형성 환경으로서 나타났다 — 선호하여 '경제적 결정론'을 거부했다.

> 이데올로기적인 것에 대한 경제적인 것의 결정성은 단지, 경제적인 것의 관점에서, 경제적인 것의 작용의 영역을 정의하는 것에 제한을 가할 수 있을 뿐이고, 생각의 '원재료'를 확립할 수 있을 뿐이다. 물질적 환경은 제약의 그물이고, 사회에 관한 실천적 생각과 예측을 위한 '존재의 조건'이다(Hall, 1996a: 44).

생각을 제약하고, 강력한 그러나 불완전한 의미에서, 생각을 결정하는 조건들의 관념은 — 후기 윌리엄스에게 일부 빚지고 있는 관념이다 — 토대 - 상부 구조 패러다임과 양립할 수 있었다(Williams, 1977: 87). 그러나 홀은 그 관념을 문화에 새로운 이해를 위한 이론적 중단으로 연관시키는 경향이 있었다. 새롭게 이해된 문화의 개념에서는 경쟁 세력들이 언어 혹은 언어들의 제한되지 않은, 실질적으로는 무한한 공간 내에서, 의미의 질서를 고정시키기 위해 투쟁한다. 의미를 향한 이런 투쟁들은 '이데올로기'의 — 언어에서의 정치적 욕망의 예이다 — 특수한 (잔여) 현실이다. 따라서 이데올로기는 더 이상 이미 구성된 사회적 주체들의 '표현'으로서 이해될 수는 없다. 이데올로기는, 에르네스토 라클라우 Ernesto Laclau 의 용어로 말하자면, 오히려 '접합 *articulation*'이다. 접합은 '국민'이나 '민족'과 같은 별개의 사회적 의미들의 연결을 말하고, '그 자체에 그 어떤 필연적인 정치적 함축도 갖고 있지 않은 요소들'의 결합을 말하고, 그 접합 내에서 주체는 발화와 작용의 위치를 발견한다(Hall, 1993; 1996h: 295, 305).

1990년대 초엽까지 이것은 과거의 토대 - 상부 구조 패러다임에 대한 홀의 굳건한 대안이었다. 그러나 과연 홀의 대안은 정확히 무엇을 대치했을까? 비록 '포스트마르크스주의'라는 명칭을 취했고, 전통과의 관계를 '천사들과 씨름하기 *wrestling with the angels*'로서 특징지었지만, 마르크스주의라고 불리는 발생론적 이론적 현실은 아니었다(Hall, 1986; 1996b: 148 / 1992; 1996e: 265). 홀의 대안은, 가장 소박한 의미에서, 비록 여러 해에 걸쳐서 비난을 자주 했지만, 경제적인 것에 의한 결정의 개념은 아니었다. 이 친숙한 요점에 개입하는 홀의 스타일에 특별한 주목을 할 필요가 있다. 페미니즘이 제기한 이론적 도전에 대해서 말하면서, 예를 들자면, 홀은 '물질적 조건'에 오로지 경제주의적이거나 '생산주의 지향적' 의미를 주려는 그 어떤 시도와의 중단을 공언했다. 또한 홀은 "소박한 명칭에서 '첫 번째' 의미도 '마지막' 의미도 '경제적인 것'과 관련이 없다는 점에서, 자기 모순이라는 다른 종류의 필연적인 복합성을" 역설했다(Hall, 1980a: 38). 몇 년 후에, 홀은 마르크스의 이론적 전통을 직접적으로 언급하면서, '근본주의자의 마르크스주의의 근본을 이루는 마르크스 계급의 자동적 개념'을 반박했고, 사상이 "사회의 계급 구조를 정확하게 거울처럼 비추거나 대등하게 보여 주거나 '반향시키지는' **않는다**"라고 주장했다(Hall, 1986; 1996c: 423, 434).

이러한 공식들의 공통된 양식상의 특징은 불분명한 수식이나 수정이다. 형용사구, 인용 부호와 갖가지의 반복은 공식의 실질적인 내용을 형성하고, 역설적 효과를 유발한다. 이러한 수

식어들은 발화에 힘을 더하지만 동시에 정확한 진술 내용을 흐리게 만들기도 한다. 단지 담론적 관습이, 비평의 개념적 지시 내용에 있어서 명확한 것보다 호칭 문제에 있어서 더욱 활력이 넘친다는 인식을 억제한다. 이 네 가지 경우 중에서 마지막 예는 특히 생생한 수사적 양식을 보여 주고, 진지한 대화 상대라면 주장하지 않을 것을 격렬하게 거부한다. 그리고 진지하게 고려할 때, 극적인 사건을 진부한 것으로 환원시키는 수식어를 ('정확하게') 덧붙이기도 한다. 이러한 경우에 강조는 강조가 의미하고자 하는 것의 반대가 된다. 강조는 사실 요점에 도달하지 못하는 방법이다. 강조는 이론적 회피의 속임수 비유법이다. 홀이 했던 낡은 패러다임과의 싸움의 의미는 그 싸움이 자주 보여 주는 그런 틀에 박힌 것은 아니다.

마르크스주의 이론의 영역에서 홀의 비평적 방향을 지배했던 것은 일단의 변치 않는 홀이 선호했던 것들이었다. 객관적 조건과 주관적 분별 사이의, 또는 일반적인 것과 특수한 것 사이의, 또는 추상적인 것과 구체적인 것 사이의 긴장이 존재하는 것처럼 보이는 곳에서는 어디에서나 홀은 후자를 선호한다. 홀이 특권을 부여했던 분석 대상은 국면이다. 홀이 으뜸으로 여기는 가치는, 인식론적일 뿐만 아니라 윤리적인 가치로, 우연성 contingency, 즉 장소와 실천으로서의 역사의 '개방성'이다. 일반적인 관점에서, 이런 신조들에 대해 일관된 마르크스주의자의 반대는 있을 수가 없다. 이런 신조들은 역사적 탐구와 의도적인 행위에 대한 그 어떤 프로젝트의 필연적인 가정들이다. 그럼에도 홀의 담론에서 그 신조들은 필요한 최소한의 힘 이상의 힘을 발휘하고, 역사적 과정에 대한 분명한 주의설 voluntarism 관점의 평가를 지지한다고 판단될 수 있다. 그람시는 구체적

205

상황의 '유기적' 요소들과 — '상대적으로 영원한' 구성적 특징들을 말한다 — '국면적'인 것 — '임시적이고, 즉각적이고, 거의 우연적으로서 보이는' 요소들을 말한다 — 사이의 구별을 제안했다. 그람시의 말을 따르자면, 그 상황의 현실은, '변증법적 관계'에 있어서, 그 두 가지의 특수한 형태에 있다. 변증법적 관계는 분석이, 그 임무가 아무리 어렵다고 해도, 반드시 이해하려고 시도해야만 하는 것이다(Gramsci, 1971: 177~9). 홀의 사용을 보면, 국면적인 것이 유기적인 것에 대해 언제나 명백하게 우선권을 성취한다. 유기적인 것은, 차례로, 명확한 목적을 지닌 재정의를 경험한다. 따라서, 홀은 문화 연구에서 '자본의 논리'에 대한 호소를 — 현대 문화의 형성적 현실로서의 자본주의의 구조와 성향에 대한 호소를 — '구체적이고 국면적인 분석에 의해서는 추상의 이런 고도의 …… 형식으로부터 그 어떤 것도 추론될 수 없다는 근거를 바탕으로' 비판할 수 있었다(Hall, 1980b: 71). 이 판단의 흥미로운 점은 의도적인 요구에 있다기보다는 '구체적인 것'과 '국면적인 것'이 등가물이라는 가정에 있다. 이것은 의문스럽다. 그람시는 국면을 사회적 형성의 좀더 긴 시간의 유기적 삶에서의 한 순간으로 보았다. 사회적 형성은 시간 면에서 좀더 확대되는 것에 대해서 상당히 구체적이다. 그러나 홀은 구체적인 것을, 유기적인 것과 대립적으로, 국면적인 것에 동화시킨다. 유기적인 것은 이제 '전반적인 자본주의 시대'의 모호한 범주를 통해 그러한 것으로서의 생산양식의 '추상'으로 환원되었다. 이런 식으로, 홀은 역사적 상황의 '상대적으로 영원한' 양상의 작용을, 형성에 있어서 '임시적이고, 즉각적이고, 거의 우연적인' 것들에게 유리하게, 효과적으로 연기하고, 따라서, 풍자적이긴 하지만, 가능성으로서의 현재

the present-as-possibility 의 — '주의설'로서 이에 대해 홀은 윌리엄
스와 톰슨을 비난했다 — 추상적인 가치 부여를 신뢰한다. **우연
성**에 대한 홀의 실천적 의미는 우연성에 대해서 동일한 깊은
선호 의식을 갖게 한다. 우연적인 것은 필연적인 것도 아니고
불가능한 것도 아니다. 우연적인 것은, 어떤 특정한 실질적 결
론에 이르는 의미 있는 안내자가 아니라, 역사적 분석이 출발
하는 기본적인 철학적 가정들 중의 하나이다. 우연적인 것은
그 어떤 주어진 구체적 상황에서 분명히 결정적인 것에 관해
서, 즉, 개연성이라는 발견 가능한 질서에 관해서 명확히 아무
것도 말해 주지 않는다. 그러나 '유기적인 것'의 구성적 행위가
일단 연기되자, 우연성이, 낮은 **개연성**이 기회의 역설적 향상
을 불러오는 역사적 영역에서, 필연성의 간결하고 충분한 개념
적 타자로서, 선택성으로서 출현한다.

　홀이 문화 이론에서 하나의 입장으로서 이 점을, 설사 홀
자신이 그것을 내가 주장하는 것으로, 또 나의 객관적 성향으
로 인정할지라도, 거부했을 것이라는 점은 거의 확실하다. 그것
의 논리는, 장 폴 사르트르의 작품이 일반적으로 생각되는 것
보다 홀의 지적 목록에서 더욱 더 중요하게 보이는 생각을 촉
발한다는 점에서, 어떤 점에서는 실존주의자적이다. 그것의 정
치적 동기는 더욱 친숙하다. 홀이 마르크스 문화 이론에서 없
애려고 노력했던 문제점은 발생론적 '결정론'이 아니라, 알튀세
르 이후에, 표현주의 expressivism로서 — 사회적 현상들은 본질적
인 경제적 원리의 수많은 전사轉寫라는 생각을 말한다 — 알
려진 마르크스 문화 이론의 특수한 형식이다. 실천적인 면에서,
홀의 관심은 여전히 좀더 특정적이었고, 혹은 오히려 선택적이
었고, 총체성이란 면에서 '경제'보다는 계급의 연합 체계를 강

조했고, 그러한 관계와 이해의 총체성이 아니라 오히려 구조적
으로 주어진 속성과 목적이 있는 노동 계급을 강조했다. 이러
한 배경에서 예시되었을 때, 표현주의 는 이론적 실수보다도 잘
못된 어떤 것으로 보인다. 표현주의의 설명 논리는 문화 연구
의 주요한 원리인 대중의 창조성에 대한 **사실상**의 부정을 의
미한다고 할 수 있다. 홀이 1990년대 초에 썼던 '대중 *the
popular*'이란 말로 홀과 현대 문화 연구소의 동료들은 "배제와
봉쇄의 상징적 실천의 작용을 통해 '가치 있는 것,' 즉 정전으
로부터 배제되었고 그러한 것들과 대립되었던 형식들과 실천들
을" 의미했다(Hall, 1993; 1996h: 293). 홀은 자신과 동료들의 하위
문화 연구에서 자신과 동료들이 '저항의 모든 형식들에 대한
내재된 한계를' — 제스처의 속성, 사회적 변모의 고전적 대행
기관으로부터의 분리, 그 당시 언어로 표현한다면 '마술적 해
결'로서의 그들의 지위 등의 것들 때문에 — 어떻게 숙고했는
지 회상했다(Hall, 1993; 1996h: 293). 홀의 회고적 진술은 다음과
같다. "이것은 진지한 문제이다…… 그러나 그렇게 표현하는
방식은 상징적인 것이 이차적이고 의존적인 범주를 제외한 그
어떤 것도 될 수 없다는 믿음을, 비록 주저하는 모습이었지만,
반영했다"(Hall, 1993, 1996h: 294).

그것은 진정 진지한 질문이고, 그것에 대한 홀의 해석의
오류는, 그 정도 면에서, 진지한 질문만큼이나 심각하다. '이차
적이고 의존적인' 실천은 그 정의상 실천을 포함하는 사회 전
체를 변모시킬 수가 없다. 그러나 일차적인 실천이 그 수용 능
력 면에서 그렇게 할 수 있는 등가물이라는 뜻은 아니다. 실천
이 동일하게 물질적일 — 그런 의미에서 공동으로 주요할 수
도 있다는 — 수도 있다는 검토되지 않은 가능성이 여전히 남

는다. 그럼에도 사회적 관계들을 구성하고 재구성하는 힘이라
는 면에서 동등하지 않다. 이것은 정확히 말하자면 실천으로서
의 사회적 관계의 물질적 특수성 때문에 동등하지 않다. 과거
의 고통이 담긴 용어들은, 홀이 보고하는 것처럼, 이런 가능성
을 인정한다. 홀의 해석적 회고는, 경제적 환원론이라는 그 오
래된 화제와 함께, 정치 이론의 흥미로운 질문을 — 문화적 실
천의 전략적 중요성은 무엇인가? — 혼란에 빠뜨리면서, 그 가
능성을 부정한다. 이런 회고의 순간에, 토대 - 상부 구조에 대
한 비판은 그 공식이 합법적으로 자신이 그렇다고 주장하는 과
학적 추구 이상의 어떤 것으로 보인다. 경제주의에 대한 홀의
공격이 만일 그 공격이 오랫동안 불신해 온 대상과 관련해서
볼 때 강제적이고, 지나친 것처럼 보인다면, 그것은 그 공격이
좀더 폭넓은 전략적 의도의 — 문화 비평의 추론으로부터 오
랫동안 친숙한 의도의 — 역할을 하기 때문이다. 문화의 물질
적 효과, 즉 일차적 현실에 대한 주장은, 문화의 정치적 수용
능력의 — 사회적 권위에 대한 요구 — 의식적儀式的 확인에
서, 역시 알레고리적 역할을 한다.

　　홀은 한 번 이상 독자들에게 문화의 고급 / 저급이라는 이
항대립적 요소가, 비록 그 어떤 본질적 근거도 부족하지만, 상
당한 수준의 역사적 유효성을 보유하고 있다는 점을 상기시켰
다. 그 경고는 적절한데, 자기 자신의 저술과 관련해서도 어느
정도 적절하다고 하겠다. 홀의 '복합 마르크스주의 *complex
Marxism*'의 여러 성향들은 — 미래주의, 주의설과 정치의 문화적
환원 — 그 자체 내부에 존재하는 담론적 타자의 기호들이고,
신비로운 것의 요소들이고, 문화 비평의 지속적인 힘을 — 문
화 비평은 포기되고, 부정되고, 거꾸로 뒤집히고 안과 밖이 바

꿰었지만, 완전히 극복되지는 않았다 — 멈추게 한다. 여러 성향들을 홀의 이론 정립의 본질적 진실로서 재현하는 것은 잘못된 — 부정확하고 올바르지 않은 — 것일 것이다. 그런 성향들에 과장 없이 주석을 다는 것은 어려운 일이다 — 비록 오르테가가 그러한 과정이 사고 행위의 필연적인 조건이라고 썼을 때도, 오르테가는 아주 조금만 과장하고 있었던 것이다. 이러한 성향들은 현실적이고 심각한 문제에서 생명 유지 수단을 발견한다는 점을 인정하는 것이 타당하다고 하겠다. 동시대적이 되는 것의 영원한 어려움을 어떻게 관리할 것인가. 문화가 상품화되고, 상품들이 성적으로 묘사되고, 정치적 권위가 대중의 동의에 의존하는 사회에서, 상징적인 것의 전략적 힘을 어떻게 평가할 것인가. 그럼에도, 그 문제의 현실과 힘, 그리고 문제가 예시하는 담론적 양가성을 인정하는 것이 필수적이다. 홀의 글쓰기는 적어도 자신이 바랐던 것만큼 복합적이다. 홀의 입장에서 보자면 대화는, 개인 스타일의 원리이다. 홀의 산문이 모으는 뛰어난 배역의 대화자들은 그런 의미에서 호가트의 합창단의 정반대이다. 그럼에도 그 합창단은 무대를 떠나지 않았고, 전체 대화를 이끌기 위해, 때때로, 나타난다. 문화 연구의 가능성들은 스튜어트 홀의 저술에서만큼 그렇게 풍부하게 예시된 경우는 그 어디에도 없다. 이 글 역시 그러한 가능성들 중 하나에 불과하다.

4 | 대중 문화를 향하여?

문화 비평은 아마추어 비평이었고, 지금도 아마추어 비평이다. 학문 진영에서 너무나 자주 언급되긴 하지만 — 무엇보다도 문학 연구에서, 그러나 또한 사회학과 철학에서 자주 언급된다 — 문화 비평은 그럼에도 불구하고 선택적이고, 수용된 실천으로, 사랑과 증오의 논리로 추구되는 경향으로 여전히 존재했다. 문화 연구는 — 문화 비평과 마찬가지지만 반대의 관점에서 작업을 행한다 — 학문적인 모든 기회들과 상속 재산과 함께, 하나의 전문 영역으로 진화를 했다. 영어권과 그 밖의 다른 언어권의 대학 캠퍼스에서 문화 관련 학과가 확산되는 경향이 있는데, 이는 공통의 지적 삶에서 가장 주목할 만한 최근의 발전에 호의를 표시하는 것이라 볼 수 있다. 추정이기는 하지만 1990년대 중엽까지 새로운 문화 연구 관련서 4개 가운데 하나는 문화 연구 그 자체에 관한 것이었다(Ferguson & Golding, 1997: xiv~v). 이런 글들의 일부는 문화 연구 분야에서의 이론과 방법에 대한 장기간의 논의를 — 예를 들면, 분석의 설명과 해석 전략의 상대적 타당성에

대한 논의를 또는 민족지학적 연구의 다양성에 대한 논의를 ─
계속 이어갔다(Garnham, 1997; Morley, 1997; McGuigan, 1992). 또 다른
일부는, 문화 연구의 첫 번째 충동과 보조를 맞추면서, 인정받지
못한 문화 주체들의 주장을 ─ 탐구 영역의 확대를 꾀할 뿐만
아니라, 탐구 영역을 재질서화 하자는 주장 ─ 논의한다. 젠더와
인종은 이런 종류의 역사적 '방해 interruptions'(Hall)였다. 그리고
그 이후 포스트식민주의 주제가 젠더와 인종에 관한 어느 정도
급진적인 일정의 개정판으로서 출현했다. 교과서들과 강좌 독자
들에게, 문화 연구는 습관적으로 저항하는 자기 정의를 위한 요
구를 자극하기 때문에, 단지 완화하려는 만큼의 고뇌를 생산하기
위해, 이런 자기 재현 문학에 예측 가능한 공헌을 많이 한다. 리
처드 존슨이 썼던 것처럼, 문화 연구가 아마도 의식적으로 디즈
니의 고전적인 작품 < 판타지아 *Fantasia* >에서 마법사의 도제로
등장하는 미키 마우스의 교훈을 무시했을 때, 문화 연구는 틀림
없이 '하나의 과정이고, 유용한 지식을 생산하기 위한 일종의 연
금술이 된다. 그 유용한 지식을 약호로 만들면 아마도 지식의 반
작용을 멈추게 할 수 있을 것이다'(Johnson, 1996: 75).

'제도화 *institutionalization*'는 ─ 공식적 교육 시스템에서 자율
적인 프로젝트의 비문碑文이다 ─ 집합적 자서전의 좀더 어두
운 주제들 중의 하나이다. 제도화는 1990년대 좀더 크고, '전
지구화 *globalization*'라는 좀더 거대한 서사에 의해서 과장되게
쓰였다. 제도화와 세계화는 모두, 문화 연구 실천자들이 구성적
인 면에서 '정치적'인 시작과 끝으로, 생산과 유통이라는 새로
운 환경에서 삭감돼서는 안 되는 채무에 눈을 돌리는 것처럼,
자기 반성의 현 단계에서 규칙적으로 부름을 받았다(Meller,
1992). 그럼에도 이런 참고 사항들은 결코 확실하지 않다. '버밍

엄'은 기원의 모든 주장에 관습적으로 저항하는 다루기 어려운 국제적 네트워크에서, 특히 모든 주장이 과거의 식민지 중심지에 관심을 갖는 곳에서는 탈중심화되었다. 그 전통은 구체적으로 말하자면 영국적인 것인데, 호주나 미국에서 영국의 문화 연구자들과 동시대에 자신들만의 문화 연구를 분명히 시작했다고 주장하는 사람들을 위한 받침대 역할을 하지는 못했다(Carey, 1997; Frow & Morris, 1993; Stratton & Ang, 1996). 근대성의 위대한 해방론자의 프로젝트가 일관성과 권위를 상실했다고 일컬어지는 시기에서는, 목적 역시, 자명하지 않다. 그리고 목적은 악을 위해서라기보다, 모든 의미에서, 선을 위한 것이다. 학술지 이야기는 아마도 상징적일 것이다. 1980년대 중엽, <문화 연구 호주 저널 *The Australian Journal of Cultural Studies*>은 런던의 출판사에 관리를 맡겼다. 이후로는 편집장 역할이 호주에서 영국으로 그리고 미국으로 넘겨진 다음, 계속 순환되는 것으로 결론이 지어졌다. 주소를 한정 짓는 제목은 부적절한 것처럼 보였다. 그래서 이 잡지는 지역을 알려 주는 호주라는 단어를 빼고 <문화 연구 *Cultural Studies*>로 다시 태어났다. 1991년, 추가적인 단순화 과정이 발생했다. 편집인 역할이 고정되었고, 미국인 학자 로렌스 그로스버그 Lawrence Grossberg 와 제니스 로드웨이 Janice Radway, 두 명이 편집인 역할을 맡았다. 그로스버그는 문화 연구라는 학문을 위해 한 해에 두 번이나 연단에 섰다. 캐리 넬슨과 폴라 트라이츨러와 함께, 그로스버그는 일리노이 대학에서 대규모의 국제 '문화 연구' 학술 회의를 조직했다(1990). 그 회의의 편집된 회보는, 1992년 동일한 이름으로 출판되었는데, 문화 연구라는 학문을 예시할 뿐만 아니라 문화 연구가 학문 자체가 **되려는** ─ 이런 시도는 '영어권 문화 연구에서 새로

운 미국 헤게모니'를 구체화하는 국제적인 웃음거리가 된 포럼
이었다 — 하나의 시도로서 인식되었다(Jameson, 1993; Stratton &
Ang, 1996: 363~5). 잡지 <문화 연구>에서, 한 편, 새로운 편집
자들의 첫 번째 가시적인 정책 방향은 정치적이고 지적인 선언
을 다시 쓰는 것이었다. 마르크스주의와 페미니즘은 새로운 선
언에서 과거 혹은 미래의 유사성 표시로서 사라졌다. 새로운
선언문은, 감탄할 정도의 포괄성을 갖고, 문화 연구를 기회 균
등을 외치는 자유주의의 최전선으로 위탁했다.[6]

문화 연구에서의 포퓰리즘

이 때, 그리고 문화 연구에서의 새로운 세계 질서의 조건들을
인식하면서, 탈정치화와 지적 쇠퇴라는 걱정스러운 주제들이
친숙한 주제가 되어 버렸다 — 문화 연구의 과거 수도인 영국
에서뿐만이 아니라(영국에서는 '미국'의 발전이 걱정을 키우는 것으로
여겨졌다) 미국에서도 그렇게 되었고, 캐나다와 '탈식민주의적'인
호주에서도 그렇게 되었다(Barker & Beezer, 1991; Ang, 1992: 311~21;
Hall, 1996e; 1992: 273~5). 이 당시, 역시, 좀더 엄밀하게 정의된
논쟁의 주제가 동일하게 광범위한 곳에서 후원을 얻었다. 종종
동일한 걱정으로 자극을 받았지만, 이런 현상은 어떤 경우에서
도 그 함축적인 의미에 있어서 두드러진 현상이었다. 문화 연구
에서 이제 명백하게 드러난 위험은 탈정치화가 아니라 잘못된
적극적인 정치적 방향이었다. 문화 연구는 '포퓰리즘' 속으로
후퇴를 하고 있었다(Williamson, 1986: 14~25; Modlewski, 1986; Craik,

---

6. *Cultural Studies*, 6, 1, January, 1992.

1987; Birch, 1987; O'Shea & Schwartz, 1987; Morris, 1996; 1988).

무슨 문제가 있는가? 포퓰리즘은, 국민과 민족에 매달리는 그 단순성에도 불구하고, 종종 하나의 정치적 현상으로서 혼란을 일으킨다(언제나 그리고 본질적으로 혼란을 일으킨다고 말하는 사람들이 있을지도 모른다). 따라서 포퓰리즘의 정의는 해결되지 않았다고 보아야 할 것이다. 그 정의의 다양함은 극단적일 정도로까지 확장되어 있다. 포퓰리즘에는, 제정 시대 후기의 러시아 경우에서처럼, 농민 혁명의 전략도 포함됐고, 좀더 최근에는, 아르헨티나 경우에서처럼, 군부 노동 조합까지도 포함됐다. 포퓰리즘은 또한 대처의 영국 경우에서처럼 노동 계급과 적대 관계를 유지하기도 했고, 지금은 유럽 연합의 흥분한 민족주의적 하위 문화들의 경우에서는 흑인과 **외국인** *Ausländer* 들과 적대 관계를 유지하기도 한다. 문화 연구의 좀더 온건한 경우에서 문제가 되고 있는 포퓰리즘은 의심할 여지없이, 계보나 제휴 선언 내용으로 볼 때, 좌파 포퓰리즘이다. 마르크스주의 전통에서, '포퓰리스트 *populist*'란 명칭은 보통 노동 계급의 이해를 좀더 광범위한 공동 목적 아래 실수로 — 또는 계획적으로 — 포함하려는 전략에 대한 비판적 판단을 전달했다 — 이런 공동 목적은 어느 정도 명백하게 '민족적'일 수도 있지만, 실상은 변함 없이 '국민'과 그 국민의 (독특한) 문화의 공동 목적이다. 그러한 종류의 포퓰리즘의 다양성은 전후 영국에서 노동당과 공산주의 역사에서, 스튜어트 홀과 다른 학자들이 판단한 것처럼, 초기 신좌파의 사고에서 중요한 역할을 했다(Anderson, 1980; Williams, 1980: 233~51). '민족'은 앵글로-브리튼 정치에서 오랫동안 지배적 계급 블록의 담론적 속성이 되었다. 좌파는 근본적으로 대립적인 관점에서 '민족'이라는 담론에 접근할 수 없었다(비록 오웰이 그렇게 접근하고 싶어 했던 예시적 인물이긴 하지만). 오늘날 민족이라는 담론을 주장하는 대부분의 사람들은 이제는 공식적으로 유예된 추정推定과 운명의 이름으로 후위 공격을 맡고 있다. 이런 사람들에는 편협한 단일 문화주의자, 웨스트민스터 노동 조합주의자와 유로 혐오주의자들이 있다. '국민'은, 관계 있는 의미와 확장된 의미에서 보자면, 규합하기가 결코 쉽지 않다. 과거의 자본주의 농업, 산업 생산에 대한 역사적 우선권과 상업에서의 고도의 집중력 등이 있는 나라에서는, 소규모 자산은 문화적으로 두드러지지 않고 정치적으로는 힘이 없다. 이런 나라에서 평범한 사람들은 '민족'으로서 유대가 이루어지지 않고, 대다수 임금 노동자에 섞여 나서지 않고 조용히 지나간다.

그러나 소규모 지적 네트워크는 전체 사회보다도 더 민감하다. 버밍엄 전통은 — 신좌파에서 출현했는데, 노동당 겸 공산당 문화의 특수한 형성이다 — '민족적' 기반과 '대중적' 기반 모두에 관한 포퓰리즘의 혐의를 벗어나지 못했다. 그 비난의 첫 번째 항은 상당히 구체적인 의미에서 정치적으로 더욱 긴급한 문제이다. '영국다움'의 의미는, '브리튼'과의 연관에서 보면 배타적이지는 않지만 필연적으로, '민족적'(인종적이고, 구성적인)이고 유럽적이고 전 지구적인 관계들이 전례가 없는 모습을 취하는 것을 볼 때, 1945년 이후 두 세대에 걸쳐 위기에 빠졌고, 다음 두 세대의 문화 정치에 필수적이 될 것이다. 지금은, 그럼에도, 관련 있는 과거 역시 미래처럼 해결되지 않기 때문이다. 폴 길로이는, 버밍엄 현대 문화 연구소의 졸업생으로, '나쁜' 영국 민족주의로부터 '좋은' 영국 민족주의를 선별해 내려는 — 국내의 대중 역사를 노예화와 식민화 과정을 겪은 해외의, 즉 나라 밖의 역사로부터 격리시키려는(이런 격리 노력은 국가 형성의 실질적인 전략적 컨텍스트였다) — 믿기 어려운 노력을 주장해 왔고, 초기 신좌파 담론에서의 이민 배척주의 전제의 지속을 비난했다(Gilroy, 1988; 1992). 길로이의 비판에는, 재판에서, 황당하게도, 비판 자체가 발상이 좋지 않다고 거들떠보지도 않으면서, 증거는 받아들이지만 평결은 파기하는 그런 주석자에 의해서 널리 받아들여진, 훌륭한 근거들이 있다 (Carey, 1997: 16). 영국다움은 에드워드 톰슨의 글쓰기와 또한 호가트의 글쓰기에서 — 이 문제에서 주요 용의자인 윌리엄스는 이런 이유로 해서 호가트에게 임무를 맡겨 버렸다 — 압축적으로 내포되어 있는 윤리적 - 사회적 가치였다. 톰슨처럼, 역사이고, 초기 신좌파 운동에서 반항적 공산주의자이고 주요 인사였던 라파엘 새뮤얼의 작업은 이런 생각에, 물론 이런 생각을 더 복잡하게 만들면서, 추가적인 무게를 실어 준다. 그럼에도 영국의 문화 연구가 제국주의 이후 민족적 정체성의 위기에서 비평적 요소로서 출현했다고 주장하는 사람들의 논의에도 이유가 있을 수가 있다. 형성적 시기에 민족적으로 주변적인 인물들의 — 예를 들자면, 윌리엄스와 홀 — 존재에 관심을 기울이는 사람들도 있다(Schwarz, 1989: 250~5). 영국적인 상황이 문화 연구의 출현의 일반적 규칙을 보여 준다고 과감하게 말하려는 — 이는 호주와 미국에도 해당되는 규칙이다 — 사람들도 있다(Stratton & Ang, 1996: 381~8).[7] 첫 번째 그룹의 논의는 결론이 나지 않았다. 두 번째 그룹의 증거는 충분하지 않은 것처럼 보인다. 그 어느 것도 민족이라는 생각으로 치명적인 함

---

7. 호미 바바와 비교하라. "문화는, 계급, 성, 인종, 국가 등의 사이에서, 일상생활의 논쟁과 접합에서, 하나의 문제로서, 혹은 하나의 문제틀로서 의미의 손실이 존재하는 지점에서 출현하기만 할 뿐이다"(Bhabba, 1994: 340).

축적 의미를 증명하지는 못한다. 실로, 좀더 강력한 유혹은, 문화 연구의 집이라고 할 수 있는 **세기 말** 학계의 위대한 대화 속에, 전 지구화와 지역적인 것의 성급하고 단순화된 개념이나, 탈식민주의의 사상에 대한 지나치게 일반화된 호소는, 오늘날의 대규모와 소규모의 사회적 관계들의 양식에서, 새로운 후기 민족주의 조건의 환상과 그에 상응하는 민족 – 국가의 지속되는 세력에 대한 무관심의 환상을 촉진할 것이다.

'대중적인 것'과 관련이 있는 두 번째 혐의는 더욱 더 그럴듯해 보이는데, 그것은 비평적 평가에서 자신감보다는 주의하라고 이르는 이유들 때문에 더욱 그렇게 보인다. 민족주의에 대한 비난은, 분명히, 좌파로부터 왔다. 민족주의는 인종과 민족성의 영역에서 해방을 위한 문화 정치의 갈등적 발전의 한 순간이다. 포퓰리즘의 쟁점은 이런 의미에서 제기되었지만, 동시에, 좀더 일찍 그리고 좀더 큰 반향을 일으키며, 좀더 친숙하고 더욱 확고부동한 명분을 위해 제기되었다. 결국, 문화적으로 대중적인 것에 대한 긍정적 흥미가 의심스러운 것임에 틀림없는 하나의 관점이 존재한다는 것이다. 즉, 문화 비평의 시각을 말한다. 리비스 학파 사람에게, 예를 들자면, 단지 가격만 존재할 수 있는 곳에서 가치를 발견하려는 주장이나 역사가 수동적인 획일성을 지시하는 곳에서 행위와 선택을 보려는 주장은 가장 비난받을 만한 종류의 너무나 명확한 포퓰리즘이다. 설사 문화 비평이 과거의 문화 비평이 아니라고 해도, 문화 비평의 논제는 학계와 점잖은 저널리즘의 상식에 직관적으로 호소한다. 맥주 받침 깔개에 관한, 혹은, 말하자면, 봅 딜런에 대해서 키이츠를 옹호하는 식의 영웅을 희화하는 조롱들에 관한 구조적 분석에 관한 재치 있는 농담은 여전히 교육받은 군중을 매

료시킬 수 있다. 정당한 비평적 대화가 있는 포럼에서 그러한 대담은 격론의 특성을 보여 준다. 대중적인 것은, 문화 연구에서 채택이 되었듯이, '대량적인 것 *the mass*'의 단순한 가치 변경이 아니고, 대량적인 것에 대한 어느 정도 '권위적'인 대안의 장소도 아니다. 그 어떤 본질적인 형식적 속성도 대중적인 것의 장르와 실천을 '고급'으로보다는 '저급'으로 구분하지는 않는다. 비록 대중 문화가 이런 범주화와 관련을 맺고는 있지만, 대중 문화는 "배제와 폐쇄의 상징적 실천의 작용을 통해서, 전범典範처럼 '가치가 있다고 인정된 것,' 즉 전범과 대립되거나 전범으로부터 배제된 그러한 형식들과 실천들로서," ≪의식을 통한 저항 *Resistance Through Rituals*≫의 저자들에게(Hall & Jefferson, 1976) 그랬던 것처럼, 보이게 되었다(Hall, 1996h; 1993: 293). 대중 문화는, 반드시 대립적인 것은 아니지만, 그람시의 개념에서는 적어도 '하위 집단 *subaltern*' 문화의 성격을 지니고 있다. 하위 집단이란 말의 관련 대립어는 '고급'이나 '소수'가 아니라 '지배적'이다(Shiach, 1989). 이 개념은 한 집단만의 야영지가 아니라 논쟁의 공유 기반이다.

실로, 핵심어인 '포퓰리즘'은 그 자체가 양 진영에서 요구하는 단어였다. 주디스 윌리엄슨 Judith Williamson 과 미건 모리스 Meaghan Morris 에게 — 두 사람은 이런 경향을 대표하는 초기 비평가들이었다 — 포퓰리즘은 명백히 부정적인 것이다. 이언 챔버스 Iain Chambers 에게 — 챔버스가 내린 대중적인 것의 해석은 이 논쟁의 중심적인 것이 되었다 — 포퓰리즘은 긍정적인 것이다. 짐 맥기건 Jim McGuigan 의 책 제목 ≪문화 포퓰리즘 *Cultural Populism*≫은 자신의 주제가 아니라, 자신의 비평적 노력의 영역을 정의해 주는데, 이런 점은 사실 그 범주 내에서의 구별에 의존한다. 도입 부분에서 드러난 맥기건의 정의는 그 자체가 문제이다. "문화 포퓰리즘은, 대중 문화 관련 학생들이 만들어 낸, 지적인 가정, 즉 평범한 사람들의 상징적 경험과 실천이 대문자로 시작하는 문화보다 분석적으로 그리고 정치적으로 더 중요하다는 가정이다"(McGuigan, 1992: 4). 포퓰리즘의 개념적 형성의 결정적 지점에서, 문화 연구의 일상적 용법으로 빠져드는 것은 — '정치적으로 중요한' 것에 대한 자기 확신에 찬 호소와 '대문자 C로 시작하는 문화 Culture with a capital C'에 대한 피상적인 참조를 말한다 — 풍자적이거나 공범적이거나 그 둘 모두이다. 어느 경우에서든지, 논쟁이 요구하는 포괄적 성격 묘사는 아니다. 그러나 약간의 추가적인 개념 형성은 이중적 태도를 완화시킨다. "긴요한 점은 지식인과 일상적 취향과 쾌락에 대한 무無 — 판단의 감식 태도를 [포함하는] 대중 문화 사이의 **긍정적 관계**와 관련이 있다"(1992: 4). 따라서 스튜어트 홀과 레이먼드 윌리엄스는 노동자 문화 비평가인 리처드 호가트가 — 호가트는 문화 연구 실천가를 겸손하고 약간은 사랑에 빠진 존재로 상상했다 — 그랬던 것처럼, '좌파 민주주의 포퓰리즘'의 대표자들이다(1992: 26). 맥기건 그 자신은 이런 의미에서 문화적 포퓰리즘을 옹호하는 사람이다. 맥기건이 주장해야 했던 점은 '대중 문화 연구에서의 **무비판적** 포퓰리즘주의자의 표류, 즉 스스로 한계를 설정하는 일련의 논점들에 대한 비전과 고정을 식별할 수 있을 정도로 범위를 좁히는 것'과 관련이 있다(1992: 5) — 이런 점에 대항해서 맥기건은, '평범한 사람의 일상적 문화**와** and 그 문화의 물질적 구성을 평범한 사람들의 직관적 이해와 통제를 넘어서는 강력한 힘으로' 설명하면서, 탐구의 해석적이고 설명적인 형식을 통합해 줄 수도 있는 '비판적 포퓰리즘의 가능성'을 지지한다(1992: 5).

사실, 맥기건이 비난하는 것처럼, 문화 연구는 '대량'에 대한 엘리트의 이미지에 저항하는 '대중popular'의 개념을 동원하는 방식으로 시작됐지만, 그 이후로 문화 연구는, 문화 산업의 형식과 실천에서 자율적인 대중 문화 행위의 조건들을 발견하면서, 그 둘을 하나로 합치는 경향이 있었다(1992: 38). 이런 식으로 문화적 레크리에이션의 즉흥적 양상에 가치를 부여하는 것을 보면, 무비판적 포퓰리즘이 단순할 정도로 생각이 얕지는 않다. 무비판적 포퓰리즘은 객관적으로 순응하는 모습을 보여 준다. 판에 박힌 진부한 일들은 그 외형을 바꾸고, 남을 속이는 전복顚覆의 양식이 된다. 텔레비전과 쇼핑은 이제 이중적 권력의 장소로서 드러난다. "일상 생활의 미시 — 정치에는 너무나 많은 행위가 있어 좀더 나은 미래에 대한 유토피아적 약속은 — 이런 약속은 한때 대중 문화 비평가들에게 너무나 유혹적이었다 — 모든 신뢰성을 상실했다"(1992: 171).

맥기건은 문화 연구를 단일체로 잘못 재현한 점에 대해서, 예를 들자면, 존 스토리로부터 비난을 받았다(1996: 7~8). 대부분 독자들이 판단하겠지만 그 주장은 공평하지 못하다. 그러나 그 주장은 부분적으로는 자멸적이기도 한데, 그것은 그 주장이 자신이 실제로 진술한 비난이 현실에 근거를 두고 있다는 필연적인 함축적 의미를 수반하기 때문이다. 맥기건이 문제의 범위를 과장한다고 판단해 볼 수도 있고, 해결책이 비판적인 정치경제와의 새로운 지적 연관성에 있다는 자신의 믿음에 의문을 품을 수도 있고, 그럼에도 그렇다고 인정할 수도 있다. 그리고 실로, 그러한 인정은 문화 연구에 광범위하게 퍼진 것은 아니다. 스토리 그 자신이 예시하는 형식의 문화 연구에서, 그러한 인정은 잡담거리가 되었다(Storey, 1996: 7). <문화 연구>라는 잡지는 첫 발행 때 반포퓰리즘 텍스트 두 개를 실었고, 곧 그 후 "기호학적 민주주의의 최초 시민 First Citizen of the Semiotic Democracy"이란 글에 대한 짐 비 Jim Bee 의 도전적인 글을 실었다(1989: 353~9). 이엔 앙 I. Ang 은 — 그녀 자신은 타니아 모들레스키에게 포퓰리즘의 혐의로 비난을 받았다 — '이 입장의 가장 열광적인 대표자'와의 — 이 대표자는 '문화적 투쟁에서 의미와 쾌락에 대한 수용자의 독립성을 실질적으로 선언했다' — 차이점을 강조했다(1996: 242~3). 안젤라 맥로비는 — 안젤라는 맥기건의 통속적인 순응주의자의 최종 선발 후보자 명단에 등장한다 — '과민한 hyperactive' 청중이나 독자를 위한 주장을 조롱하고, '쇼핑몰을 어슬렁거리는 사람들의 행위에 존재하는 자기 표현과 저항을 바라보는 소수의 흥분한 목소리들'과의 관계를 부인한다(1996: 256). 미건 모리스는 문화 연구 팬덤 fandom[8]의 현상 속에서 새로운 페르소나를 구별해 냈다. 즉, '불량 청소년으로서의 백인 남성 이론가'를 구별해 냈다(1996: 159). 이런 모든 풍자는 한 개인을 가리킨다. 포퓰리즘은 많은 형태를 가질 정도로 다양하고, 무수하다. 그 이름은 피스크이다.

존 피스크 John Fiske 는 확실히 자신의 직업적 악명을 위해 일을 했다. ≪텔레비전 문화≫와 같은 책을 보면, 시청 경험에서 '속박'과 '저항' 사이의 복합적 관계들은 행복할 정도로 단순하게 표현되고, 수용자는 방송 텍스트를 통제하는 것으로 드러난다(Fiske, 1987; 1996: 115~46). 혹은, 프랑스 문화 이론가 미셸 드 세르토 Michel de Certeau 의 말을 빌리자면, '강자의 전략'은 '약자

---

8. 팬덤은 일종의 팬의식을 말한다. — 옮긴이

의 전술'에 대해서 어떤 이점도 양도받지 않는다(Morley, 1997: 125) — 대부분의 현실 세계 상황에서 패배를 보장하는 평가이다. 그럼에도 맥기건과 다른 사람들이 지적하는 것처럼, 피스크는 사실 패러다임을 따로 분리해서 점유하지는 않는다(McGuigan, 1992: 75; Barker & Beezer, 1991: 12). 피스크의 독서 행위를 지배하는 심술궂은 최선의 규칙은 — 즉, 해석이 그럴듯하지 않을수록 일반적으로 좀더 저항하기 어려운 해석이 된다 — 설사 문화 연구에서 자주 그렇게 엄격하게 준수되지는 않는다고 해도, 널리 존중받고 있다. 맥기건이 주요한 혐의에서 해방시켜 주었던 스튜어트 홀까지도 자선 성격의 팝 콘서트를 하나의 '운동'으로 잘못 판단하는 실수를 했다.[9] 피스크를 격리시키려는 집단적 움직임에는 아마도 의식儀式 요소가 있었을 것이다 — 이런 점은 다른 문화 비평에서 그룹이, 조심스럽게 말하는 것보다, 더 위협을 느꼈다는 것을 제시한다. '문화 연구에서의 진부함'에 대한 미건 모리스의 비판은 — 이 비판은, 비록 혼란이라는 정당한 느낌과 자주 함께 하는 것은 아니지만, 널리 인용된다 — 여기서 절대 필요하다. 모리스의 '불량 청소년 *bimbo*' 비유는 치명적이다. 실로 잔인하지만, 비평적으로 볼 때는, 날카롭고 신랄하다. 문화적 포퓰리즘의 문제에서 위기에 처한 것은 대중 문화 대상의 감상적인 혹은 갈망하는 가치 부여가 아니다 — 심지어 주로 그렇지도 않다. 가치 부여는 가치 부여를 재현하는 것을 주장하는 주체의 담론적 유행이다.

9. Stuart Hall & Martin Jacques, "People Aid — A New Politics Sweeping the Land," Marxism Today, July 1985: pp.10~4, cited in McGuigan, 1992, p.38.

불량 청소년과 팬

모리스가 지각한 '진부함'은 문화 비평의 나쁜 '대중적 *mass*' 대
상의 진부함이다. 그 진부함은, 모리스가 주장하는 것처럼, 문
화 연구의 실천자를 위한 믿을 만한 자세로서 이제 다시 살아
났다. 그 회귀는 특별한 실질적 효과가 있다. "일단 '대중 *the*
people'이 텍스트를 위한 권위의 원천이고 **텍스트 자체의 비평**
적 행위의 인물인 이상, 포퓰리스트의 기획은 구조 면에서 원
형적일 뿐만 아니라 ……나르시시즘적이다"(Morris, 1996; 1988:
158, 강조는 필자). 모리스가 믿은 것처럼, '반복의 회로'로부터의
탈출은 상상할 수 있는 일이지만, 문화 비평에서 친숙한 대안
적 사양 *option*은 "다른 곳에서 다른 타자적 인물들이(자주 그 페
미니스트 혹은 마르크스주의자의 에코, 즉 과거로부터의 비난을 말한다)
오해하거나 실망하게 함으로써 좀더 많은 반복을 필요로 하게
만들고 가능하게 하도록 도모하는 것이다"(p.158). 모리스는 여
기서 문화 연구 실행의 상당히 주요한 특징들을 집중 조명한
다. 즉, 그 특징들은 자기 정의의 동일하게 관례적인 거부와 관
련된, 자기 정당화의 관례, 영원히 단지 시작만 하는 탐험의 비
유, 마음에서는 아직 젊은 30대 정도의 의지 등을 말한다. 그러
나 불량 청소년 주제는 나르시시즘적인 것일 뿐만이 아니라,
또한 생각이 모자라는 주제이기도 하다. 페미니즘('심술궂은')과
마르크스주의('화를 잘 내는')는 비평적 이유의 포스트모던 이전
윤리의 잔류물이다. 이언 챔버스는 — 모리스의 사례 연구 가
운데 또 하나이다 — 스스로 '대중적 인식론'이라고 부르는 지
식의 새로운 이론 또는 형식적 체계를 선호하여 이런 잔류물을
포기했다.

챔버스에게, 대중 문화는 행위와 탐구의 영역일 뿐만 아니라, 또한 지식의 지배적 형식에 대한 민주주의적 대안의 공간이기도 하다. 챔버스에 따르면, '예술 갤러리, 박물관, 대학 강의 등에 보존된, 공식 문화는 세련된 취향과 형식적으로 분배된 지식을 요구한다. 공식 문화는 일상 생활의 진행으로부터 분리된 관심의 순간들을 요구한다'(Chambers, 1986). 대중 문화는, 20세기 후반 도시의 일상 생활 경험은, 다른 종류의 '전문적 기술'을 형성한다. 그 전문적 기술을 다음과 같이 설명한다.

촉감적인 것, 우연적인 것, 일시적인 것, 소모품 등을, 즉 본능적이고 감정적인 것을 동원한다. 대중 문화는 관심의 특권적 대상들 사이의 추상적인 미학적 연구를 포함하지 않지만 감각의 유동적 질서, 취향과 욕망 등을 포함한다. 대중 문화는 명상 *contemplation* 의 방법을 통해서 전용**專用**되지는 않지만, 발터 벤야민이 한때 표현한 것처럼, '산만한 수용 *distracted reception*'을 통해서 전용된다(Chambers, 1986).

챔버스는 '대중은 심사관이지만,' 벤야민으로부터 빌려온 말로, '정신이 나간 심사관이다'라고 결론을 내린다(Chambers, 1986: 12). 이와 같은 비평적 지성의 새로움과 특별한 가치는 그 비평적 지성이 친숙한 종류와 대립되는 것이라는 점이다. 여기에 문화 연구 주체를 위한 원안 *protocol* 이 있다 — 비록 '연구 *studies*'가 챔버스가 **대중 문화**에서 예증하려고 제한하는 참여의 형식 체제를 결코 묘사하지는 못하지만 말이다. 더 이상의 메타담론은 없다. 대중 문화의 지나가는 장면을 설명하려고 하는 것은 "명상적 응시 아래에 지나가는 장면들을 다시 당겨 두려는 것이 될 것이고, 학문적 마음의 권위를 채용하는 것이 될 것이다"(1986: 13). 그러한 '허영 *vanity*'은 일상적 오락의, 즉 '감각적인 것, 직관적인 것, 쾌락적인 것, 구체적인 것 등에 기초를 둔 일상의 비공식적 지식'의 인식론적 약속을 무시한다(1986: 13).

　대중 문화에 관한 이런 일반적 묘사에 함축적으로 들어 있는 선택은 1948년 엘리엇의 목록만큼이나 ─ 여기서 목록은 양배추, 더비 경마, 그 나머지를 말한다(이 책의 107페이지를 참조하라) ─ 명확한 의도를 지닌다. 이 선택은, 물론, 그 함축적인 감수성 면에서 동시대적이고, 그런 면에서 엘리엇의 감수성과는 대립적인 것이다. 챔버스의 전원田園은 길거리에 속한다. 그러나 챔버스의 전원은 전략적인 면에서 동일한 방향으로 밀어 붙이고, 심지어 더욱 강하게 밀어 붙인다. 챔버스의 일상은 ─ 엘리엇의 일상보다도 오히려 더 완벽하게 일상적이다 ─ '고급' 문화와 관련 단체의 타자 자체이다. 패스트푸드와 춤은 가장 그럴듯한 전형적 상징이고, 다른 질서의 투자를 요구하는 그 어떤 대중적 흥미는 실천적인 자기 모순이 된다. 그럼에도 쾌락주의와 오락은 교회, 자선 단체, 노동 조합과 정당 등에서의 자발적 노동의 주체성의 특징을 자명하게 제공하지는 못한다. 엘리엇조차도 그냥 지나칠 수가 없었던 상대적으로 덜 엘리트적인 대중적 기쁨을 얻기 위해서, 쾌락주의와 오락은 스포츠 문화의 형식과 실천을 설명하지 못한다. 단지 미식 축구 팬들을 생각할 필요가 있을 뿐이다. 미식 축구 팬들이 과감하게 배우고, 집착의 경지에 이를 정도로 집중하고, 토너먼트와 이사회의 모든 정치적 움직임을 예언하려는 추진력에서 대가다운 솜씨를 보이는 것을 볼 때, 미식 축구 팬들은 불량 대중 문화에 대해 대량으로 지적인 반박을 하는 존재들이다. 챔버스가 '명상 contemplation'에 부여한 논리적이고 심리적인 속성들은, 단지 학문적인 지식만의 필수적인 조건들이 아니라, 모든 지식의 필수적인 조건이다. 그 속성들을 경시함으로써, 챔버스는 가벼운 마음으로 '대중적 인식론'이라는 자신의 관념을 자기 모순 상태로 빠뜨린다. '촉감적인 것 *tactile*'과 '본능적이고 감정적인 것 *visceral*'에 대한 호소는 길거리 문화에 밝은 것처럼 보이지만, 그런 호소는 평범한 학문적 배경에서 '삶'의 비이성적인 철학으로서 — 또는 문학 연구에서 말하자면, D. H. 로렌스의 스타일에서의 교조주의적인 반지성주의처럼 — 좀더 쉽게 인식된다. 챔버스의 이원론적 구도, 즉 육체에서 분리된 지적 명상과 어리석은 대중적 오락의 이론원적 구도는 문화 비평의 기본적 범주를 뒤집으려는, 문화 연구에서의 주기적 성격의 반복적 경향을 예시적으로 보여 주고, 뚜렷한 개인적 극단주의에서, 그 경향을 있을 법한 미래로 투사한다. 적절한 문화 이론이라면 모든 종류의 의미 작용에서 육체의 고집스러운 삶을 이해하는 방법들을 발견해야만 할 것이다 — 정신 분석의 '명상적'인 이론적 전통은 정확히 그러한 시도였다. 그러나 이 경우처럼, 대중적인 것에서 개념성이 고갈되고, 그에 따라 지적 실천의 모델로서 지위가 향상됐을 때, 더 이상 이론이나 문화는 존재하지 않는다. 그리고 문화 연구는 그 자신의 종말을 명상하는 대상으로 남겨진다.

챔버스는 '대문자로 시작하는 문화'와 전형적인 명상적 해석자인 학계에 직면해서 자신의 대중적 인식론을 옹호했다. 2년 후 — 1988년, 모리스가 중재를 한 해 — 딕 헵디지는 또 다른 종류의 지식인을 향해 '허영'의 원인을 제출했다. 헵디지는 대중 문화에 대한 첫 참여를 늦추면서 1979년 첫 번째 대처 정부의 임명을 받아들였을 때 — 이것은 집단적 역사를 자서전으로 오해한 것처럼 보이는 회상이다 — 헵디지는 그러한 출발에 대

227

한 일반적인 정치적 논리 근거에 의심을 품었다. 대중 문화는, 고매한 정치적 이유에서라기보다는, 그 자체를 위해 연구되어서는 안 되는 것일까? 대중 문화는 실로 '진부하지만,' '치명적으로' 진부한 것이 아니라, '생명 유지에 필수적으로' 진부하다. 그러나 이런 생명력은, 분석의 구성적 대상을 ─ 사실 이런 분석 대상은 '여러 세대에 걸친 지식인들이 그들 자신에게 주로 허용되지 않은 욕망과 걱정의 많은 부분을 투사하는 유리로서의 역할을 했다' ─ 비난하는 것이 아니라, 대중 문화 과정 그 자체를 비난한다. 이런 통명스러운 해석적 환원에서, 헵디지는, 그 자신의 학문적 형성과 공공연한 정치적 임무를 포함해서, 전체로서의 메타문화적 담론에 도전을 했다. 1985년 여름의 거대한 라이브 에이드 *Live Aid* 콘서트에[10] ─ 이 콘서트는 스튜어트 홀이 사회 운동으로서 받아들였던 사건이었다 ─ 생기를 불어넣었던 '소망'은 결국 '상상의 대중들과 병합하거나 대중의 사라짐에서 승리를 거두려는 지식인들의 탐구보다 더 **격심했다**'(Hebdige, 1988).

여기에 챔버스의 비전보다 훨씬 더 대담한 비전이 있다. 즉, 포스트문화 연구에서의 주체와 대상의 화해와 팬으로서의 지식인을 말한다. 헵디지가 말을 할 수 있었던 입장을 분간하는 것은 쉽지가 않다. 헵디지가 내린 판단의 권위는 정확하게 자기 기만으로서 거부했던 사람들과 '합병하려는' 지식인의 종류에 달렸다. 이런 점에서, 헵디지의 판단은 그 옛날의 크레타 섬의 모순과 ─ 이 모순은 비록 사실처럼 보이지만 거짓인, 또는 그 반대의 경우에 해당되는 진술을 말한다 ─ 아주 밀접

---

10. 1985년 전 세계 기아를 돕기 위한 자선 콘서트를 말한다. ─ 옮긴이

한 유사성이 있다. 헵디지의 결론이, 70년의 세월의 범위에서는, '음악의 종말'을, 그러한 모든 추정 속에, 두려워하면서, 지적인 도식주의에 저항해서 자아 확인의 문화를 방어했던 다른 풍자 작가의 말을 되풀이했다는 점을 주목할 필요가 있다. 토마스 만은 다음과 같이 말했을지도 모르지만, 사실은 거의 그렇게 말을 했다고 보아야 할 것이다. "진부함은 지식인에게 치명적일 수도 있다. ……반면에, 진부함은 우리의 목숨을 구할 수도 있다"(Hebdige, 1988: 32; 그리고 이 책의 37페이지를 참조하라).

유기적 지식인들?

챔버스와 헵디지는, 어떤 경우에서는 행복하게, 또 다른 경우에서는 반어적으로, '조직적 *organizational*'이었던 버밍엄 현대 문화 연구소의 실존적 프로젝트를 목격한다. 즉, 새로운 종류의 지식인의 형성을 목격한다. 이 새로운 종류의 지식인은, 스튜어트 홀의 고별사에서 다음과 같다.

> 사회에 새롭게 출현한 경향에 대해서 좀더 '유기적 *organic*'이 되고자 한다. 또한 그러한 세력에 좀더 중요한 일부분이 되고자 하고, 그러한 세력에 연결이 되고자 하고, 그람시의 말을 빌리자면, 좀더 폭넓은, 비전문가와 비엘리트주의적 의미에서, '지식인의 기능 *intellectual function*'을 반영할 수 있고자 한다(Hall, 1980a: 46).

이처럼 홀의 말은, 1990년대 초에 과거를 돌아본다는 차원에서, 지금 반복할 가치가 있다.

우리는 문화 연구에서 유기적 지식인을 만들어 낼 수 있는 제도적 실천을 발견하려고 애를 썼다. 우리는 1970년대 영국이라는 맥락에서 그것이 무엇을 의미하는지를 전에는 몰랐고, 우리는, 설사 유기적 지식인을 만들어 내려고 애를 썼을지 모르겠지만 우리가 유기적 지식인을 인식하려고 했었는지, 확신하지 못했다. …… [우리는] 출현한 역사적 움직임이 어디에서 발견될 수 있었는지 당시에는 알 수가 없었고, 지금도 거의 알 수가 없다. 우리는 그 어떤 유기적 참고 사항이 없는 유기적 지식인들이었다. 즉, 향수나 의지 혹은 희망이 있는 유기적 지식인이었다. …… 만일 그러한 국면이 나타났다면, 어느 순간, 그러한 종류의 관계를 위한 지적인 작업에서 우리는 마음의 준비를 했을 것이다. 더욱 진실하게 말하자면, 우리는 그러한 국면이 결여된 관계를 상상하거나 모델로 삼거나 흉내낼 준비가 되어 있었다. 우리는 결코 그 솟아오르는 움직임과 연결되지 않았다. 그 움직임은 은유적 실천이었다(Hall, 1996e; 1992: 267~8).

위 인용문은 홀이 지속적으로 갖고 있는 어려움과, 이미 행해진 지적 작업의 '필수적인 겸손함'에 대한 홀의 성찰을 중계해 준다. 그러나 어떤 한 시기에 대한 반영으로서, 위 인용문은 확신을 전달하지는 않는다. 이 글은 자기 비판적이라기보다는 무장 해제적인 성격이 짙고, 따라서 이 글은 오히려 그 부분에 관심을 좀더 깊이 가지도록 한다. 신흥하는 역사적 움직임이 — 친숙하고, 새롭거나 다시 창안된 움직임을 말한다 — 다양하게 호전적인 시기에 번성했다. 후에 홀이 단 한 문단으로 취급했던 페미니스트와 흑인 투쟁은, 현대 문화 연구소가 그랬던 것처럼, 영국 사회 전체에 형성적인 위기를 불러일으켰다. 아마도 당시의 수많은 문제들 중에서 가장 큰 문제는 자본과 우파의 출현 경향의 문제였을 것이다. 그리고 이 지점에서 대처리즘에 관한 홀의 초기 야심적 분석을 기억하고(Hall & Jacques, 1983),

또한 신노동당에 영양을 공급해 주었던 새로운 시기의 해설자로
서(Rustin, 1989), 영국 공산주의의 마지막 시기의 문화 연구 지식
인들의 '유기적' 역할에 주목하는 것이 올바른 태도일 것이다.
집단적인 인식 무기력에 대한 홀의 수사적 강조는 — '우리'가
몰랐던 것이고, 확신하지 못했던 것이고, 인지할 수도 없었던
것이다 — 이 쓸쓸하고 고독한 회고의 좀더 유별난 특징이다.
즉, 그 강조는 단지 그 당시의 이용 가능한 정치적 지식이 유
보되고, 소거되거나 무효화된다는 과감한 조건에서만이 설득력
이 있게 된다. 그런 점은 실로 챔버스 '인식론'의 함축적 의미
이다. 이 함축적 의미는 대중 정치의 사상을 자기 모순에 빠뜨
리고, 헵디지의 진부함의 창조적 포용 사상을, 지적 병리학의
징후로서의 좌파 열망의 대응적 포기와 함께, 자기 모순에 빠
뜨린다. 그리고 이런 점에서, 역설적으로, 대중정치의 사상과
헵디지의 사상은 유기체주의 *organicism* 의 가능한 견해를, 홀이
정의했던 것처럼, 예시적으로 보여 준다. 즉 폭넓고, 비전문가
적이고, 비엘리트주의적인 지성을 말한다. 혹은 도심에서의 오
락거리를 말한다. 이런 점이 소극笑劇으로서의 유기체주의이다.
　그럼에도 버밍엄은 일반적으로 진정한 다양성으로서의 사
상의 발전을 일구어 냈다. 이런 다양성의 취지는 전적으로 사람
들에게 받아들여지는 그런 것이 아니었다. 유기체화 *organicization*
에 대한 홀의 그람시식 해석에서 가장 두드러진 특징은 이 해
석이 그람시 자신의 범주들을 효과적으로 대체한다는 점이다.
홀은, 학문적이고 당파적인 성향과 실천의 양식 사이의 계급적
구별로서, '전통적' 지식인과 '유기적' 지식인 사이의 계급적
구별을 재창안한다. 이런 점은 그 의미에 있어서 결정적으로
역사적이고 사회적이며 구조적이다. 동시에, 홀은 전통적이란

첫 번째 용어의 동일시 속성들을 '유기적'이란 두 번째 특권적
인 용어로 옮겨 놓는다. 그람시의 전통적 지식인들은 그 기질
면에서 전형적으로 폭넓고 비전문가적이었고, 그들 스스로를
일반적인 사회적 이익에 봉사하는 뚜렷하고 응집력 있는 조직
체로서 표현했다. 전통적 지식인들은 과거의 계급 형성으로부
터 적응력 있게 살아 남은 잔존 계급으로서의 자신들의 객관적
성격 때문에 그렇게 할 수 있었다. 유기적 지식인들은, 대조적
으로, 근본적인 사회적 계급으로부터 발생했고, 계급들을, 부분
이 전체를 대표하는 것처럼, 단지 약속이라는 자유로운 행위
면에서가 아니라, 환유적으로 재현했다. 뚜렷한 생물학적 은유
가 암시하는 것처럼, 그람시는 전통적 지식인을 사회적 그룹**의**
지식인으로, 사회적 그룹을 **위한** 지식인으로, 일반적인 역사적
삶의 과정의 특수화된 기능으로 이해했다(Gramsci, 1971: 5∼14).
홀의 독서 과정에는, 그러나 사회 구조적 결정론이 어느 정도
의식적이고 확고한 '배열 *alignments*'의 양상 속에 용해되어 들어
가고, 유기적 지식인은 전통적인 것의 영역 내에서 당파적인
대중적 경향의 도덕적 형식을 당연한 것으로 여긴다(Hall, 1996b;
1986: 433). 여기서 쟁점이 되고 있는 문제는 책과 관련된 것이
아니다. 이와 반대로, '유기체주의'의 문제틀에 대한 적절하고,
의도적인 논의는 — 이런 논의는 사회적 변모의 그 어떤 프로
젝트에도 실로 결정적이다 — 그람시를 넘어서는 금기 사항이
없는 비평적 발전을 가져올 것이다. 지금 중요한 점은 버밍엄
현대 문화 연구소 내에서의 유기화 *organicizing* 모티프의 담론적
모호성이다. 전통적 지식인의 특징이, 그람시가 전통적 지식인
을 이해했던 것처럼, 일상적인 학문적 실천으로 축소될 수는
없다. 일상적인 학문적 실천으로 정치적 단절을 선언하는 것도,

실망시킬 가능성에 맞서서, 가능하다고 하겠다. 비전문적 지성의 전통은, 일반적인 사회적 이익에 대한 관리 의식으로서의 승화된 형식의 차원에서는, 언제나 상당히 다른 종류의 단절을 사전에 가정했다 — 유럽 문화 비평의 예언자들이, 특히 뛰어난 전통적 지식인들이, 모두 확인해 주는 것처럼. 정치적 단절이라는 바로 그 생각은 어떤 영역에서는 — 문화의 영역에서는 — 이해되지 않는 것이다. 그런 생각의 전가轉嫁된 진실은 모든 정치에 대한 비평이고, 그러한 것으로서의 정치에 대한 비평이다.11

메타문화의 '정치학'

이 생각은 앞뒤가 맞지 않는 것처럼 보인다. 스튜어트 홀은, 문화 연구가 새로운 지역에서 문화 연구 자체를 창안하고 재창안하기 때문에 다양할 수 있다고 해도, 문화 연구의 구성적 관심은 재현과 '권력'의 연관 관계에 있을 수밖에 없다고 주장했다 (1997: 30). 마틴 바커 Martin Barker 와 앤 비저 Anne Beezer 는 '중심 개념으로서의 권력'을 대신하는 것을, 즉 자신들이 '새로운 패러다임'으로서 지각한 것을 거부하는 사람들에 속한다. 그런 반면, 이들 두 사람은 중심성을 다시 주장하는 문화 연구 주체

---

11. 토니 베넷 Tony Bennett(1992: 34)은 홀의 지각적 인식을 '생각이 너무 많은 것으로' 여겨 거들떠보지 않았다. '주로 학문에 계속 근거를 두어 왔던 지적 프로젝트에 그러한 기능을 귀속시키는 것은 단지 이데올로기적이라고 묘사될 수 있는 현실적인 존재 조건과의 관계를 인식하지 못했다는 것을 보여 준다.' 다른 정치적 관점과 이론적 관점에서 바라본 다른 종류의 비판에 대해서는, 존 프로우 John Frow(1995)와 앨런 신필드 Alan Sinfield(1997: 19~21) 두 사람의 글을 보라.

인 '우리'에 대한 믿음은 유지를 했다(1991: 9). 현대 문화 연구소에서 홀의 후계자인 리처드 존슨은 버밍엄의 개입을 "'과거 좌파' 정치를 개혁하려는 투쟁"으로, "노동 조합 운동 내에서의 지배적 스타일과의 건설적 싸움, 특히 정치의 문화적 조건에 대한 무시와 정치 그 자체의 기계적 협소화 *narrowing* 와의 싸움"으로 규정을 했다(Johnson, 1996: 79). '우리'는 '정치적'이 아니라면 아무 것도 아니다.

존슨의 명확한 표현은 초기 신좌파 지식인의 전략의 개요로서 감탄할 만하다. 존슨의 표현은 동시대를 잘 표현하고 있고, 문화 연구 분야에서 아마도 광범위한 동의를 얻을 수 있을 것이다. 존슨의 표현이 과연 문화 연구 실천 분야의 좀더 두드러진 경향을 정확하게 묘사했는가의 문제는 그럼에도 논쟁거리가 될 만하다. 데이비드 몰리 David Morley 는 문화 연구 분야에서 지금 받아들여지고 있는 '상대주의적이고, 자기 반영적인 정통적 신념'에 반대했다.

> 이러한 것 대부분의 전반적 효과는 결국 무능력한 효과였다. 그 무능력한 효과의 결과로서, 존재론적 제국주의의 혐의를 받는 것이 두려운 나머지, 누구라도 타인에 (또는 다른 것에) 대해서 무엇인가를 말하는 것이 상당히 어려워진다. 다른 고려 사항들은 말할 것도 없고, 대부분의 이런 종류의 일의 선언적 정치 신임장(과 의도)에도 불구하고, 문화 연구 내에서, 이런 점은 사실 정치적으로 무능력하다고 볼 수 있다. 그 원리상 불확실한 정치적 단상 주변에서 움직이는 것은 어렵다, 특히 만일 그 원리들 중 하나가 무엇이 진행되고 있는지를 아는 것이 궁극적으로 불가능하다는 것이라면(Morley, 1997: 110).

그리고 여성 주간지 <젝키 *Jackie*>에 관한 영향력 있는 자신의 연구를 되돌아보는 안젤라 맥로비의 경우를 보자. 그녀는 이 잡지에 대해서 그러한 실천의 감상에 있어서 진행중인 백일몽만큼이나 부적절한 비난을 했다.

> 일상 생활 경험의 좀더 사적인 양상들을 무시하는 것은 그런 양상들의 기능을 고려하지 않고, 또한 이런 양상들이 정치와 사회 변화의 관점에서 어떻게 이해될 수 있는지를 고려하지 않는 것이다(McGuigan, 1992: 110에서 재인용).

다음, 로렌스 그로스버그는 '문화 연구에 있어서 현재의 노상 장애물'에 관해서 한 마디 언급했다.

> 헤게모니 투쟁의 맥락에서 대중 문화와 체계적 정치 사이 관계의 특수성을 언급할 수 없는 문화 연구의 무능력을 주목해야 된다(McGuigan, 1992: 214에서 재인용).

마지막으로, 이언 챔버스는 자신의 ≪대중 문화 *Popular Culture*≫의 비평적 통찰력을 희석한다.

> 문화 연구는 대중 미학에 관한, 쓰고 버릴 수 있는 문화에 관한, 일상의 지각에 관한, 그리고 궁극적으로는 감각에 관한, 즉 우리 세계의 정치에 관한 논쟁이다(Chambers, 1986: 190).

여기에, 누적적 차원에서, 문화 연구의 상상력이 존재한다. 몰리, 맥로비, 그로스버그 등은, 한 단락이나 심지어 한 문장의 현혹적 표현에서 철학, 백일몽 혹은 학문적 의제로부터 정치적 단상, 투쟁과 사회적 변화 등에 이르기까지의 길을 추적하면서,

깨달음이라는 동일한 서사를 제공한다. 챔버스의 경우, 서사는 이미 완전하다. 통사론적 병렬이 암시하는 것처럼, 챔버스의 목록은 화제 *topic* 의 연속이 아니라 일단의 등가물들이다. 토드 기틀린 Todd Gitlin 이 판단했던 것처럼, 이런 상상에서는 '위안적 *consolatory*' 논리가 작용하는지도 모른다 — 20세기 말의 거대한 반동적 흐름에서 앞으로 전진하는 좌파 세대의 반사적 행동을 말한다. 아마도 그 상상력은 스튜어트 홀이 '다른 수단에 의한 정치'라고 명명했던 것의 긴 역사 속에서 한 단계를 구별해 낼 것이다 — 특히, 영국의 신좌파의 초기 야망을 촉진하는 대안적 수단을 구별해 낼 것이다(1990). 또는 아마도 — 이 추가적인 생각이 다른 나머지 생각들을 막지는 않는다 — 좀더 과거의, 좀더 기본적인 욕망이 그 압력을 부활시켰을 것이다.

　　문화 연구에서 정치는 도처에 존재한다. 정치란 단어는 문화 연구 자료의 거의 모든 페이지에서 나타난다. 단지 '문화' 그 자체만이 문화 연구라는 주제의 일반적 담론에서 좀더 많이 두드러질 뿐이다. 이런 점에서는 너무나 진부하지만, 그럼에도 또한 그 중요성 면에서는 너무나 분명하게 긴급한, 그런 '정치'는 이런 영역에서 허사虛辭로서의 기능을 한다. 허사는, 실용적 효과 면에서, *p* - 단어 *p-word*, 즉 친교적 단어들이다. 허사들은 명제 면에서 볼 때 잉여적이다. 즉 허사의 담론적 기능은, 언어학자들이 말하는 것처럼, '친교적 *phatic*'으로, 바꿔 쓸 수 있는 개념적 내용보다는 의사소통적 교환의 조건을 결정해 준다. 문화 연구에서 *p* - 단어는 그 어조 면에서 현저하게 친교적이고, 관계, 정체성, 함축적으로는, 욕망 등을 확인해 준다. 그 욕망은 제도화를 요구하는 압력에 직면해서 단순히 정치적으로 행해지는 것은 아니고, 심지어 좌파 내에서 좀더 적절한 정치적 상상

력을 계발하는 것을 돕지도 않는다. 그 욕망은, 기틀린의 추가
적이고 좀더 혼란스러운 비평적 판단을 따르자면, 단순히 '정
치일 뿐**이다**'(Gitlin, 1997: 37).

'정치**라고** 주장하는 것'은 과연 무슨 의미일까? '정치의 문
화적 조건'에 관한 존슨의 비평적 강조는 — 이것은 문화 연구
를 이끌었던 이론적 변화의 필연적이고 중대한 결과로서 뒤따
라오는 것이다 — 그러한 주장을 배제하고, 문화와 정치의 비
정체성과, 문화나 정치 그 어느 쪽과도 관련이 없는 박식한 주
체를 암시한다. 존슨이 말하고 있는 담론적 형성에서, 그러나
문화/정치 구별의 전략적 의미는 상당히 명확하다. '문화적 조
건들'은 사회적 다수가 — 즉, 대중 문화가 — 전형적으로 선
호하는 부분이고, 정치는 조직화된 좌파가 선호하는 부분이다.
각각에 대해서 대응하는 지식인의 종류가 있다. 버밍엄 현대
문화 연구소는 유기적 지식인의 기능을 열망했다. 이른바 대문
자 P로 시작되는 정치의 이론가들은 전통적 지식인을 열망했
다. 그런 식으로 배열되었기 때문에, '건설적 싸움'은 명확한 구
별 의식과 모순되는 형식을 당연한 것으로 가정했고, 실제적으
로, 대중적인 것의 논쟁적인 영역에서, 정치에 대한 문화의 우
월성을 확립하려는 투쟁이 되었다. 새로운 시기의 모험의 의미
는, 문화 연구 차원에서 보자면, 바로 이런 점에 있었다. 이 의
미는, 사실, '우리는 우리가 먹는 것의 등가적 존재이다'라는 오
래된 속담의 가장 강렬한 비유적 의미에서 '정치**라고** 하는 주
장'을 성립시켰다. 그러한 모험의 명백한 합리적 근거는 — 영
국 문화 연구 지식인의 삶에서의 한계적 순간 — 얼간이 같은
좌파의 감수성을 개조하는 것이었다. 그 모험의 객관적 담론
충동은 정치적인 것을 문화적인 것 아래 포함시키는 것이었고,

결정론적 사회적 형식으로서의 정치의 합리성을 제거하는 것이었다. 리비스와 <스크루티니>가 또한, 그 논리가 주장의 상대적 겸손함과는 모순되었던 그런 비평적 실천에서, 정치의 문화조건에 건설적 참여를 촉구했다는 점을 상기할 때이다. 문화비평은 권위를 차지하려는 거짓 사기꾼으로서의 정치를 합리적으로 설득해서 도덕적 존재와는 관련 없게 만들었다. 문화 연구는, 그런 전통의 사회적 책무를 역행시키지만 그 전통의 담론적 형식은 유지하면서, 선례를 따르려는 유혹을 받았다. 그리고 문화 연구가 굴복을 하는 범위에서, 문화 연구는 문화 비평에 대립하는 엄격한 제한적 양식으로서의 그 특성을 드러내었다. 문화 비평과 함께 문화 연구는 메타문화의 담론적 공간을 계속적으로 공유하고 있다.

3부 메타문화와 사회

20세기의 유럽 문화 비평의 기록은 문화 비평의 힘을 증언해 주고 있다. 즉, 근대성을 평가하는 방법으로서 문화 비평에 대한 매력적인 힘과, 추정적 진실에 대한 급진적인 도전을 흡수하는 문화 비평의 능력을 — 대단히 인상적인 — 말한다. 문화 연구 전통은 문화 비평과의 급진적인 대립 속에서 형성되었다. 그러나 나는 너무나 많은 메타비평적 담론이 지배적으로 존재하는 경향이 있다고 비판적으로 주장해 왔다. 다시 말해, 그것은 단순히 지배적인 경향이 아니라, 즉각적으로 지배하고자하는 경향이 있는 담론을 말한다. 그러한 주장은 필연적으로 논쟁적이다. 사실 현존하는 문화 연구는 기본적으로 이종적異種的 모습을 취하고 있다. 지적인 순수함은 준수해야 할 규칙이나 자기 발전의 전략 속에서 획득해야 할 목표로서 여겨지지 않았다. 그리고 20세기 말 학문적 존재의 실용적 조건들은 사실 이런 선호를 좌절시키기보다는 선호하는 경향이 있었다. (문화 연구는 문화 연구에 헌신했던 사람들이나 전통주의자와 같은 비난자들이 생각하고 싶어하는 것보다 환경에 훨씬 잘 적응을 했다.) 그럼에도 이런 순수하지 못한 형성 과정에는 비판적 차이, 즉 문화 연구의 이름으로 수행되는 교육과 연구 프로그램을 지원하는 다양한 이론들과 방법론과, 문화 연구 자체의 사상을 구별하는 주제가 관통한다. 이 프로젝트를 문화 이론과 사회학의 일상적 경향과 구별시켜 주는 것은 주체로서의 분석적 대상을 창조하려는 충동이다. 즉, 말해지는 것을 문화에 관해 말하는 존재로서 확립하려는 충동이다. 따라서, 문화는 새로운 문화적 주체의 정당성을 입증하려고 하고, 마지막으로, 문화를 사회적 관계에 관한 담론의 권위적 주체로 제도화하려는 것이다.

문화는, 여기서, 비록 그 범위 면에서 아무리 급격하게 확장된다고 해도, 형식과 실천의 단순한 집합 이상일 뿐이다. 문화는 심지어 의미화 양식에서 보이는 사회 전체보다 더 크다고 할 수 있다. 문화 비평에서처럼, 문화는 원리이고, 타당한 사회적 판단의 조건이다. 방다의 영원한 진리, 만의 민족, 리비스의 인간적 가치 등은 이렇게 나누어질 수 없는 권위의 다양한 구체화였다. 그런 권위의 이름으로 이들은 근대 사회의 자기 중심적인 배타주의에 대해서 비판을 했다. 그리고 무엇보다도 이들이 '대중 *mass*'의 실존과 관련시킨 그러한 이익에 대해서 비판을 했다. 문화 연구는 하위 개념이라고 볼 수 있는 대중적 *popular* 인 것을 위해 대중 *mass* 의 개념을 대체했고, 그것으로 급격한 대안을 위해서 문화 *Kultur* 의 권위적 주체를 혼란에 빠뜨렸다. 그러나 그렇게 했지만, 그 이상을 하지 못했기 때문에, 문화 연구는 극복하려고 했던 것의 담론적 형식을 재생산했다. 문제가 되는 것은 '문화'로 여겨지는 것의 영역은 아니다. 또한 문화에 새겨져 있는 사회적 가치의 양식도 아니다 ― 마치 과거의 문화 비평이 단지 그 협소함과 전통주의의 잘못을 저질렀던 것처럼. 여기서 문제가 되는 것은 원리이다. 문제가 되는 것은 문화적인 것의 지위이고, 특히 일반적인 사회적 권위의 확립된 형식, 즉 정치와의 관계이다. 문화 비평은 자신의 자격이나 권리를 의심하지 않았다. 정치는 일반적 권위의 양식이라는 면에서 볼 때는 본질적으로 부족하다. 그런 일반적 권위는 오로지 전체의 알기 어려운 삶 또는 문화에서만이 출현할 수 있다. 문화 연구는 그러한 관계에서는 그 자체를 거의 인지할 수 없었지만, 그럼에도 문화 연구는 그렇게 말을 했고, '좌파'의 신흥 권위에 대한 영원한 비난으로서 자신을 설정했다. 만일 문화 연구 담론에서의 p-단어가 집요한 만큼 공허한 것처럼 자주 보인다면, 이것은 그 단어에 권력을 제공하는 욕망이, 맥락상, 말로 표현할 수 없는 것이기 때문이다. 문화는, 이제 대중적이고 대립적이고, 새로운 프로젝트 분야의 '유기적 지식인'에 의해서 재현되고 있지만, 한때 또 다른 종류의 지식인에게 주어졌던 특권을 이어받는다. 메타문화 담론은 메타정치이고, (좌파의) 정치적 이유의 최종적인 것이다.

문화 연구라 불리는 욕망

이런 불가사의한 현상이 어떻게 설명이 될 수 있는가?[1] 문화 연구는 그 자체가, 논평자들이 문화 연구 출현의 논리와 발전의 경향을 탐구하면서, 모든 문화 연구 자료의 일부분이 되었고,

---

1. 이 부분의 소제목은 프레드릭 제임슨(1993)이 그로스버그 외(1992)에 실린 평론에서 빌려온 표현이다.

직접적인 사회적 컨텍스트와 정치적 컨텍스트에 특별한 관심을
표현했다. 짐 맥기건은 지식인으로서 자신들의 정체성에 대한
확실한 사회적 선행자가 없는 사람들을 ─ 노동 계급으로서 대
학을 졸업한 첫 세대를 말한다 ─ 위한 특별한 호소를, 그리고
'일반적으로 사회적 복종과 주변성의 위치에 처한 사람들을 위
한' 특별한 관심을 표현한다(McGuigan, 1992: 11~2). 그는 또한 좀
더 집중화된 분야에 관한 관심의, 새로운 '계급 분파'의 ─ 이
들은 이전 세대의 의미로 볼 때는 부르주아도 아니고 지식인도
아니지만, 이제는 미디어와 홍보 산업과 같은 '제시와 재현'의
문화적으로 중심적인 실천에 이식된 계급이다 ─ 형성적 압력
에 주목한다. 이러한 확정적인 역사적 형상으로부터, 맥기건의
제시에 따르면, 문화 연구인 '문화 지식에 있어서 포퓰리스트의
개입'이 따른다. 그리고 그런 포퓰리스트의 개입은 '상당히 협
소한 관심을 재현하지만, 그럼에도 이와 마찬가지로 문화의 확
실한 민주화를 ─ 이것은 포스트모던 포퓰리즘이다 ─ 증명하
면서, 우선, 상징적 권력에 대한 투쟁으로서 이해될 수 있
다'(p.220). 무비판적 포퓰리즘은 따라서 타고난 행동 성향으로서
볼 수 있는데, 이 성향에서는 '유대 의식 *solidarity*'이 사실상 일
종의 사회적 순응주의라고 볼 수 있는 '감상성 *sentimentality*'으로
타락하는 경향이 있다. 존 피스크의 기호학적 민주주의의 개념
과, 해방된 문화적 지대로서의 텔레비전의 개념은, 맥기건의 관
찰에 따르면, 소비자 선택이라는 신자유주의 신조와 '상응'한다.
존 피스크의 이런 개념은 현대 자본주의에서 선도先導 이데올
로기의 유사-저항적 재연이다.

　이 사회학적 가설에는 불확실한 설명적 상황의 비평적 판
단이 공존하고, 그렇게 공존하기 때문에, 문화 연구에서의 지적

인 가치로서의 설명에 대한 쇠퇴를 관여한다. 맥기건은 대중의 소비 분석에서 최우선 요소로서의 동정적 *sympathetic* 해석에 대해 점차 증가하는 선호적 태도, 문화적 실천의 구조적 조건에 대한 그에 따른 관심의 결여, 탐구의 해석과 설명적 형식의 재통합 등을 비난한다. 그러나 이런 것을 넘어서서, 맥기건은 또한 '무비판적 포퓰리즘'의 성장에서 원인 요소로서의 이론과 방법의 분할을 고려하도록 유혹을 받는다. 반면에 토드 기틀린은 비록 맥기건과 유사한 정신적 태도로 글을 쓰긴 했지만, 문화 연구의 서사체에서 특히 정치 역사의 흔적을 본다. 기틀린은 문화 연구의 형성적 야심을 문화 연구의 관습적 용어로 지지한다. 그는 전후 자본주의에서 대중 문화의 증가하는 사회적 중요성에 대한 초기 신좌파의 인식에 동의한다. 그리고 익숙하지 않은, 아마도 대중 문화 내에서 형식을 취하는, 정치적으로 의미 있는 집단적 주관성에 대한 좌파의 인식에도 동의한다. 그러나 그는 1970년대와 1980년대의 정치적 국면에서 새로운 프로젝트의 규범이 발전되면서, 그에 대응해서 새로운 프로젝트 규범을 평가할 때 엄격한 입장을 취한다. 문화 연구는 그에 따르면, 다음과 같다.

외부에서 삶의 경내로 들여온 정열과 희망에 답을 주는 지적인 삶의 형식이다. 문화 연구는 학문의 경내를 넘어서는 중요한 사회적 움직임은 아닐지 모르지만 [기틀린은 여기서 문화 연구를 대신해서 특유의 강력한 주장을 암시하고 있다], 분명한 것은 사회적이고 문화적인 움직임의 에너지에, 그리고 그 움직임의 쇠퇴에 반응을 한다는 것이다(Gitlin, 1997: 25~6).

기틀린의 논점은 문화 연구의 정치적 주장들이 광범위한 좌파 진영의 실제적인 정치적 자산에 ─ 문화 연구는 좌파의 일부분이었다 ─ 반비례해서 발전했다는 것이다. 문화 연구는 방해받고, 패배당한 운동을 위한 보상적 대안으로서 그 자체를 가다듬어 나갔다.

아마도 문화 연구에서는 필연적으로 지배 그룹을 대체하고 극복하려는 신흥 계급을 취임시키고, 굳건하게 하고, 고귀하게 하는 것이 청년 문화였다! 적어도 대중 문화는 활력, 저항성, 대항 정신을 갖고 있었다. 그리고, 함축적으로, 대중 문화를 인기 있게 만들었던 사람들도 그런 정신들을 소유할 수 있었다. 설사 정치적 권력이 배제되었다고 해도, 문화라는 성城의 흉벽은 여전히 공격을 받고 있는 상태였다! 혹은 아마도 ─ 만일 개인적인 것이 정치적이라는 점을 정말로 믿는다면 ─ 그 흉벽은 이미 공격을 받고 있었다. 또는 정치가 헛된 것으로 보였던 유일한 이유는 아마도 잘못된 문화가 세력을 얻었기 때문이었다(Gitlin, 1997: 29).

광범위한 패러디에도 불구하고, 맥기건보다 더욱 동정적이었던 기틀린도 문화 연구의 순응주의에 대해 내린 판단을 보면 똑같이 엄격하다. 그리고 필요한 교정 수단에 대한 기틀린의 생각을 보면 전혀 학문적이지 않다.

과연 적절한 구원의 기회는 있는가? 아마도, 만일 우리가 완고하고 빈틈없고, 욕망이 덜한 문화 연구를 상상한다면, 정치적 실천이 되려는 그 자체를 상상하는 부담으로부터 벗어나야 할 것이다. 순화되고, 현실적인 문화 연구는 그 자체에서 정치적 주장을 제거하려고 할 것이다. 문화 연구는 정치가 **되려고** 주장하지 않을 것이다. …… 문화 연구는 세계에 관해서도 덜 낭만적이 될 것이지만 자기 자체에 관해서도 역시 덜 낭만적이 될 것이다. 부족한 것이 넘치는 것이 될 것이다(Gitlin, 1997: 37).

p - 단어는 더 이상 강제적으로 발화되지 않고, 비평적 힘의 일부를 회복할 수 있을 것이다.

과거와 미래 사이에서

맥기건의 사회학적 추측과 기틀린의 정치적 읽기는 문화 연구를 이해할 때 필요한 중요한 요소들을 제공한다. 그 자체에서, 그러나 두 사람의 추측과 읽기에는 특수성과 일반성이 결여되어 있다. 완벽하게 구체적인 설명은, 영국적 경험의 세계를 정의하는 중요성을 가정하지도 않고, 단일한 국제적 효과의 모호성을 감소시키지도 않으면서, 엄밀하게 보자면 비교적이 되어야만 할 것이다. 동시에 — 그리고 이것은 논쟁의 배경에서 결정적인 고려 사항이다 — 구체적 설명에는 시간과 공간 면에서 독특성을 위한 지역적 특수성이 빠져서는 안 될 것이다. 구체적 설명은 설명되어야 하는 담론적 형성이 새로운 것, 혹은 단지 새로운 것, 즉 아주 최근의 조건에서 만들어진 최근의 창조된 것이라는 가정을 — 이 가정은 문화 연구 자체의 가정이다 — 따르지는 않을 것이다. 기틀린은, 비록 태만에 의해서이긴 하지만, 이런 가정을 받아들이는데, 그 결과 흥미롭게도 기틀린의 인식은 자신이 했던 설명의 표현보다 더 훌륭하다고 볼 수 있다. 1970년대의 특수성이 그 특수성보다 오래 전에 선행했던 현상을 초래할 수 없는 일이다. '정치가 **되려는**' 문화적 충동은 더 과거의 일이고 더 일반적인 현상이다. '문화 연구의 반정치적 포퓰리즘'은, 기틀린이 명명하는 것처럼, 발전이라기보다는, 그 발전이 좋은 것이든 나쁜 것이든 상관없이, 만일 메타문화의 역사에서 역설적 삽화적 사건이나 퇴행적 집착이 아니라면, 지속적인 현상으로 보인다. 여기서 중심적으로 문제가 되는 것은 문화 연구의 기록이 아니라 이런 담론적 형성이다. 사실 문화 연구의 기록은 담론적 형성이 공들여서 이루어지는 장소 중의 하나일 뿐이다.

'문화라는 개념의 마무리'는, 레이먼드 윌리엄스가 한때 썼던 것처럼, "다시 통제를 향해 서서히 도달하려는 것이다"(1961: 285). 통제 *control* 란 단어의 위치는, 문장의 마지막에 오고[2] ≪문화와 사회≫의 마지막 결론 장章의 문단에 등장하는데, 이는 비평적 중요성을 뚜렷하게 표시하는 것이다. 이 점에 대해 할 말이 더 있다(비록 라틴어에 그 기원을 두는 다른 언어와 비교해서, 영어에서 통제란 단어는 의미론적으로 확인 *checking* 혹은 감시 *monitoring* 등과 같은 단어와 관련이 있을 뿐만 아니라 또한 훨씬 강한 지배 *dominance* 혹은 명령 *command* 등과 같은 의미를 가질 정도로 모호할 수도 있다는 점에 주목할 가치가 있지만). 그러나 먼저 우리는 여기서 잠시 멈추어 서서 '문화라는 개념'에 아로새겨진 일시성—時性 *temporality* 을 고려해야만 한다. '마무리'와 '서서히 도달하려는 것'은 초월의 지점을 향한 진행적인 움직임을 암시한다. 이 초월의 지점에서는 지속적인 조건이 ― 도달이 서서히 진행되는 것 ― 부정된다. 그러나 이러한 일시성이란 표현 속에 윌리엄스는 스타일상 어색한 다시 *again* 라는 단어를 삽입한다. 그리고 이것은, 따라서, 미래가 회복의 순간이 되는, 또 하나의 분명한 일시성을 불러일으킨다. 회복의 순간은 결여의 보상일 뿐만 아니라 상실의

---

2. 실제 원문에서는 마지막에 오지만, 번역상의 문제로 마치 앞에 있는 것처럼 여겨질 뿐이다. ― 옮긴이

보상이기도 하다. 메타문화 담론에서의 이렇게 뚜렷한 일시적인 것들의 기능은 엄격한 의미에서 보자면 복합적이다. 그 어느 쪽도 다른 것의 내적 진실이 되지는 않는다. 일시적인 것은 상대적인 힘 면에서, 경우에 따라서, 극단적으로 변한다. 그렇다면, 이런 점을 알고 있었던 윌리엄스가, 그럼에도, 단일한 역사적 실천에서 그런 일시성들의 접합이 만들어 내는 함축적 의미를 강조했어야만 했다는 점은 더욱 흥미로운 점이다.

상실의 직관은 문화 비평의 시간적 상상력을 제한한다. 그 상실이 전 민족의 정신의 상실이든(만), 수준 높은 엘리트 정신적 절제의 상실이든(방다), 정치적 혹은 문화적 질서의 상실이든(오르테가, 리비스), 인식과 흥미의 응집력 있는 사회적 기획의 상실이든(만하임) 상관없이, 상실은 언제나 완전한 권위의 상실이다. 과거는 근대성이 벗어났던 기준이고, 만일 그런 것이 있다면, 적응의 양식이다. 만과 방다에게, 유일한 전략적 선택 사양은 개인적이었고, 아이러니 혹은 명상의 윤리적 절제였다. 오르테가는 예언 쪽으로 몸을 돌렸다. 리비스와 만하임은 공공 영역에서의 행동주의자의 해결책을 권유했다. 이 모든 사람들이 귀족주의 혹은 성직자의 이미지 — 이 이미지는 이들이 망명중인 저항자로서 혹은, 속임수를 쓰자면, 근대적 우상 파괴자의 면전에서 새로운 수재 교육 제도로서 찬양하고 싶어하는, 일반적 권위의 역사적 유형들이다 — 에서 비평적 완전성에 대한 자신들의 주장을 구체화했다. 만하임과 리비스는 문화적 대체의 능률적인 기획에서 초월과 회복의 일시적인 것들을 묶었다. 문화적 대체에서 새로운 교육적 엘리트들은 과거 위계 질서의 권위적 성격의 무엇인가를 회복하려고 했다. (확고한 보수주의자인 엘리엇도 그런 식으로 인식을 했고, 자신의 방어 전략을 그에 따라서 강화했다.

즉 문화는 *Kultur*, 진실로, 비평 *Kritik*에 의해 가장 잘 대접받지 못했다. 비평은 크롬웰 같은 사람을 교육시킬 수 있을지 모른다 — 혹은, 적어도, 호가트 같은 사람은 교육시킬 수 있을 것이다.) 또 다른 짝, 울프와 오웰 입장에서 보자면, 그러한 담론적 기교는 소용이 닿지 않았다. 두 사람은 하위 범주적 성격의 사회적 이익과 — 즉 각기 여성과 노동자의 이익과의 연대를 말한다 — 연대하는 글을 썼는데, 이러한 사회적 이익은 여성이나 노동자 그 어느 쪽도, 하여튼, 미리 적응을 하고 점령하지 못하는 장소인 마음의 이상적 공동체로 쉽게 승화될 수가 없었다. '문화'의 이중적 일시성은 여기서도 역시 작용을 했는데, 해방의 비전을 생산했을 뿐만 아니라 또한 양가성을 생산하기도 했다. 울프는, 페미니스트적 흥분과 위기에 가득 찬 '성 의식'의 징후가 있기 전 시기에, 양성적 미래의 이미지를 위해 문학적 과거에 접근하기도 했지만, 또한 문학적 과거 속으로 물러나기도 했다.[3] 오웰은 영국 전체를 놓고 볼 때 전국적으로 인기 있는 잉글랜드가 — 그러나 잉글랜드는 오웰이 좌파의 동료 지식인들을 향해서 자신의 수사적 반란을 시작했던 정신적 기지였다 — 힘을 실어 주는 사회주의 혁명을 요청했다.

메타문화의 후기 전통은 모든 그러한 일시적 짝짓기를, 유효하든 아니든 상관없이, 불필요하게 만들었다. 만일 엘리엇이, 자신의 보수주의 입장에서, 단지 물려받은 문화적 불평등을 확인하려고 하면서, 사회적 초월의 단호한 거절을 예증했다면, 엘리엇의 진정한 대척점은, 해방의 변화를 위해서, 부정에 이르는

---

3. 울프의 역사적 판타지 ≪올랜도≫(1928)와 비교하라. 이 작품에서, 양성적 주인공은 자신이 거의 만났을 뻔했던 남자를 — 아마도 셰익스피어였을 것이다 — 잊을 수가 없다.

의지를 구체화하는 문화 연구이다. 문화 연구의 시보時報는 …… **더 이상** 존재하지 않는다. 과거는, 그 대상이 문화 비평이든 어떤 마르크스주의 경제주의 이론이든 상관없이, (이제) 인연을 끊어야 할 대상이었다. 이 두 이론은, 대중적 창조성의 실효失效를 생각하면서, 이 담론에서는 엄밀한 보완물로서 등장한다. 혹은, 그 자명한 이치의 가역도 가능하기 때문에, 인연을 끊어야 할 과거는, 그 이유 때문이라도, 심지어 명백한 자기 모순의 대가를 치러서라도, 반드시 과거로서 표현되어야만 한다. 새로운 시기에 대한 스튜어트 홀의 논평의 기회주의적인 타협적 수사修辭는 이러한 점을 개략적으로 잘 보여 준다(이 책의 189페이지 이하를 참조하라). 전형적 문화 연구 주체는 ─ 문화 연구 프로젝트의 옹호자로서의 실천자 ─ 그 스스로 이러한 강제적인 모더니즘을 규정하고, 언제나 자기 스스로를 마치 처음인 양 알리고, 알리지 않았다면 주체가 형성적인 역사로서, 그러므로 제한적인 역사로서, 다시 말해 자기 자신의 과거로서 가정했어야만 하는 것을 발산한다. 편안한 극단적 상태에서 ─ 이언 챔버스와 딕 헵디지의 예가 보여 주는 것처럼, 이 편안한 극단적 상태는 단지 가설은 아니다 ─ 모더니즘은 실로 객관적인 면에서 순응주의자이다. 확실한 종류의 유기적 지식인은 엘리엇의 전통주의를 뒤집고 마치 현재가 바람직한 미래인 것처럼 현재를 산다. 즉, 바람직한 미래가 일단 마술처럼 현실화되면, 바람직한 미래는 실제로 존재하는 것에 대해 판단을 내릴 수 있는 비평적 세력으로서 더 이상 존재하지 못한다. 그러나 그러한 제스처의 진부한 효과를 일방적으로 주장하는 것은 그 자체가 진부한 행위가 될 것이다. 그 자체가 문화 연구인 좌파 모더니스트의 변화 속에서의 메타문화 담론은 통제를 향해 서서히 손을 뻗치는 윌리엄스 행위를 ― 그 자체의 타당성 있는 역사적 과정을 한 발 앞서려는 (실제로도 한 발 앞섰다) 유토피아적 욕망을 말한다 ― 촉진하려는 충동을 구체화한다.

메타문화와 사회

'촉진 *acceleration*'과 신중한 예상의 (그 자체의 과정에서 '**한** 발 앞서는' 실천을 말한다) 모티프들은 토마스 만의 ≪한 반정치적 인간의 고찰≫의 시절로부터 나온다. 모티프의 원천은 마르크스주의 비평가이자 철학자인 게오르규 루카치가 헝가리 혁명 정부에서 교육 문화부 대표 위원의 자격으로, 1919년 6월 행한 강연이다.[4] '역사적 유물론의 변화하는 기능'이라는 이 강연의 긴급한 목적은 사회주의 혁명의 특수성을 정의를 하는 것이었고, 특히, '폭력'의 역할을, 그 형성 면에서 볼 때, 정치적 실천에서의 계획적인 폭력의 순간을 옹호하는 것이었다. 그러나 그 강연 제목이 제시하는 것처럼, 루카치는 가장 일반적인 종류의 논쟁으로부터 자신의 논거를 확립했다. 이런 점은 메타문화 담론 문제의 본질로 우리를 신속하게 이끌 것이다.[5] 루카치의 근본적인 이론적 의도는 '경제'의 비판이었다. 자본주의의 역사적 성취, 그리고

---

4. 루카치가 후일 썼던 것처럼, 이 시기에 루카치와 만은 정신적 동료로서 헤어졌다. 만은 루카치와 자신의 정신적 기초를 형성했던 낭만주의 - 비관주의 전통을 계속 이어나갔다(Lukács, 1964: 10).

5. 실로, 그 문제는 루카치 자신만의 문제였다. 1년 전 루카치는 '구문화와 신문화'에 관한 비평문을 발표했다. 이 비평문에서 루카치는 사회적 혁명의 보상적 잠재력에 대해 새로 발견된 믿음을 갖고 '문명'의 낭만적 비평을 종합하려고 시도했다.

하나의 체계로서 모든 전대의 사상과의 차이점은, 루카치가 주장했던 것처럼, 주어진 물질 세계를 변모시키고, '자연적 한계 *natural limits*'를 초월하려는 전례가 없는 권력에 있다(Lukács, 1971: 233). 그럼에도 동일한 정도로, 차후로 역사적으로 지배적이 되려고 했던 특수한 사회적 관계와 목적은 그 자체 스스로 '경제'의 — 경제는 법과 국가와 함께, 그렇게 지정되었던 현실이 '**폐쇄**' 체계로서, 즉 '명백히 상당히 독립적이고, 비밀스럽고 자율적인' 조직으로서 나타났던 사회적 형식이다 — 특수하고, 명백히 자연스러운 형식을 가정했다(p.230). 마르크스는 고전적으로 구성적인 사회적 관계로부터 자본주의 시장을 추출해 내고, 자본주의 시장을 경제적 속성으로 영원히 고착화시켰던 '천박한 *vulgar*' 경제주의자들을 비판했다. 이제, 루카치는 천박한 마르크스주의도 마찬가지로 인류학적 상수常數를 위한, 즉 역사의 '법칙'을 위한 경제적 삶의 명확한 자본주의 형식을 오해하는 실수를 저질렀다고 주장했다. 경제적 속성의 법칙은, 그것이 영원한 것이든 혹은 진화론적인 것이든 상관없이, 소외된 사회적 관계들의 지표였다. 현실을 취소할 때, 혁명은 또한 법칙을 '무효화'시킬 수 있을 것이다. '사회화'의 순간은, 루카치의 선언에 따르면, 소유 관계의 재구조화를 수반하지만 또한, 그 재구조화의 결과로서, 사회 전체 내에서 '경제적인 것'의 지위의 변모를 수반하기도 한다. 사회화의 순간은 '**질적으로 새로운 무엇인가로의 방향 전환**'을 포함하는데, 다시 말하자면, '사회의 이해 가능한 총체성을 향해 방향을 잡은 의식적 행동'을 포함한다(p.250). 폭력은 — 혹은 대중 혁명의 정치 — '인간에 대한 물신화된 관계의 지배력과 사회에 대한 경제의 지배력'을 중단시키고 '이데올로기'가 지배적인 것, 즉 '인간 삶의 진정한 내용'이 되어 버리는 사물의 상태에 이르는 접근을 제거한다(pp.251~2).

만일 루카치의 강령이 우리에게 풍요로운 시기의 특질을 나타내는 것처럼 보인다면, 그것은 우리 자신의 역사적 파벌주의에 대한 반영이다. 루카치가 여기서 씨름했던 문제는 메타문화 그 자체의 문제이다. '경제'의 주제는 '토대와 상부 구조'의 주제처럼 레이먼드 윌리엄스와 스튜어트 홀의 독자들에게는 친숙한 주제가 될 것이다 — 실로, 윌리엄스는, 방향은 같지만 사상의 독자적인 발전 속에서, 동일한 실질적 용어로 자기 자신만의 비판을 구축했다(이 책의 143~55페이지를 참조하라).6 그러나 루카치는 윌리엄스와 홀 두 사람보다 훨씬 더 명료하게 경제적 결정론의 이론적 요체를 심의적審議的 권위의 정치 - 문화 요체와 ('의식적으로 방향을 잡은 사회'라는 사상 Lukács, 1971: 251) 연결시켰다. 그리고 그 두 가지에 대해서 통합적 해결책을 제안했다. 경제적 결정론은 순수한 실수라기보다는, 루카치가 사실상 논쟁을 했던 것처럼, 자본주의라는 역사적으로 뚜렷한 현실로부터 — 이 자본주의는 '경제적인 것'을 특수하고, 자율적인 과정으로 구성하고 그에 따른 사회적 근거의, 즉 '경제학'의 형식들을 선호한다 — 이끌어 낸 그릇된 일반화이다. 따라서 '경제적 강박'에 의해 지배를 받는 사회를 위한 필연적 귀결은 도구화된 정치(다루기 어려운 현실 세계에 대한 복종에 근거를 둔 지배의 형식이다)이고 효과 없는 헛된 문화(상부 구조로서만 생각될 수 있는, 이차적이고, 종속적인 것으로서만 생각될 수 있는 가치는 있지만 소용없

───────────────

6. ≪장구한 혁명≫(Williams, 1961; 1965)의 1부를 보고 ≪마르크스주의와 문학≫(Williams, 1997)을 전반적으로 보라. 이 책들의 사상과 루카치의 ≪역사와 계급 의식 *History and Class Consciousness*≫(1971)에 나타난 사상이 유사하다는 점은 기본적인 내용이다.

는 원리들)이다. 다르게 표현하자면, 사회적 심의를 거친 권위와 권력의 구조적으로 유도된 약화 현상을 말한다. 이런 점에서, 역시, 자본주의는 앞에 있었던 그리고 뒤에 오는 사회 형식과 조직적인 면에서 다르다. 비록 루카치가 그렇게 많이 말하지는 않았지만, 봉건주의의 '자연적 한계'를 변모시켰던 사회적 권위의 — 종교적 권위이든 전통주의 권위이든 상관없이 — 치명적 담론을 상기하는 것은 루카치의 분석과 모순되지 않는다. 루카치는 물론 사회주의가 "자연적 한계"뿐만이 아니라 "경제와 폭력"의 한계 역시 능가할 수 있다는 자신의 확신을, 또한 "지금까지" "단순히 '이데올로기'"였던 것을 혹은 문화에 존재하는 정치의 조건을 창조할 수 있다는 확신을 강조했다.

　　루카치 논의의 역사적 맥락은 성취되었거나 (러시아에서) 혹은 진행중인 (자신의 고국인 헝가리와 중앙 유럽의 다른 곳) 사회주의 혁명이었다. 여기서 우리에게 관계가 있는 것은 자본주의이다. 마르크스주의 형식에서 볼 때, 루카치의 기본적 주장은 생산의 자본주의 양식이 필연적으로, 가장 강력한 의미에서, 무정부주의적이라는 점이다. 자본주의 생산 양식은 결국 제어할 수 없다는 것이다(Marx, 1869; 1976: 635, 667). 그럼에도 자본주의 시대는 또한 정치의 시대이기도, 즉 그 뚜렷한 근대적 목적의 또 다른 이용 가능한 공식에 따른 — 여기서 공식은 자유, 민주주의, 독립, 평등, 복지, 사회주의 등을 말한다 — 사회적 자기 결정을 위한 투쟁의 장소와 수단이기도 했다. 부르주아 문명은 조만간 프로그램 중에서 최고로 잘 적응된 것을 거의 무효화하려는 사회 경제적 조건 속에서 정치를 찬양했다. 이 역사적 역설은, 루카치가 글을 쓴 이래 대중 문제에 대한 자격 부여와 참여를 해야 한다는 대중적 주장이 폭넓게 제기되는 것과 함께, 수십 년에 걸쳐서 강화되었는데, 정치라는 바로 그 생각을 불신하는 그 어떤 지역적 실망이나 추문 이상의, 비록 정치 그 자체가 대단하다고 해도, 역할을 했다. 그러나 설사 전반적인 사회적 관계 속으로 심의적審議的 개입을 하는 것으로서의 정치가 '일반적 노동'의 더할 나위 없이 좋은 예라고 해도, 정치만이 유일한 것은 아니다. 결국 문화는 전반적인 사회적 관계와 시공간적으로 동일한 연장선상에 존재하고, 실로, 특별한 문화적 실천 속에서, 이를테면 문화 비평의 대안적 공동체처럼, 의미와 가치의 대안적 공동체로서 재현될 수 있다. 20세기 문화 비평의 영웅적 국면에서 글을 썼던 마르쿠제의 입장에서 볼 때, 문화의 근대적 이상은 부르주아 사회의 객관적 무질서의 명상적 해결로서의 기능을 했다. 레이먼드 윌리엄스의 ≪문화와 사회≫는 스타일과 과정의 차이에도 불구하고 일치하는 해석을 제공하면서, '추상과 절대'로서의, 마지막 항소 법원으로서의 문화의 형성을 추적했다(Williams, 1958; 1961: 17). 윌리엄스의 역사에서 중추적 인물이었던 매튜 아놀드는 그러한 의미에서의 문화와 문화의 실천적 등가물인 국가의 이상적 결합을 지향했다. 메타문화적 담론은, 타당한 사회적 권위의 역할을 가정하면서, 문화가 정치적인 것을 용해하고 그 정치적인 것에 알맞은 비전문적 노동을 취하는 형식이었다.

그러나 그러한 권위의 조건과 대행 기관은 단순히 주어진 것은 아니다. 문화는, 정확히 사회적 관계에서의 의미의 실례 그 자체라고 볼 수 있고 또한 동시에 단지 의미의 예에 지나지 않기 때문에, 모든 사회적 적대감과 깊이 결부되고, 최근에는, 자본주의 생산 그 자체의 일상적 갈등 속에서는 '문화 산업'으로서의 함축적인 의미를 갖게 된다. 지식인들은, 그 기원, 직업

적 성향, 사회적 인간 관계 등의 면에서 다양한데, 자명한 일반
적 이해에 대해서는 즉각적으로 목소리를 내지 않는다. 심지어
정치 이상의 경우에서도, 따라서, 문화와 지식인들은 똑같이 중
심적이고 주변적으로, 당당하고 단지 허풍을 떠는, 숭고하고 우
스꽝스러운, 모든 것과 아무 것도 아닌 모습 등으로 나타난다.
폴 발레리의 풍자적인 몽환시夢幻詩는 그 끝의 어떤 것도 상
실하지 않았다.

> 꿈에서 여러 누더기 옷들이 나에게 다가왔다. 나는 내가 '지식인'이
> 라고 불렀던 인물들의 형태를 그렸다. 세계에서 위대한 움직임을 초
> 래했던 그 사람들이 거의 움직임이 없었다. 혹은 손과 입의 활발한
> 동작을 하는 대단히 활기찬 사람들이 있었는데, 지각할 수 없는 힘과
> 본질적으로 눈에 보이지 않는 대상들이 명백하게 드러났다. …… **사
> 상가, 문인, 과학자, 예술가** — 대의 명분, 살아 있는 대의 명분, 개
> 성적 대의 명분, 최소한의 대의 명분, 대의 명분 내의 대의 명분과
> 지식인들에게 이해될 수 없는 대의 명분 — 그리고 그 효과가 **내가
> 바랐던** 것만큼 헛되지만, 동시에 대단히 중요한 대의 명분. …… 이
> 러한 대의 명분의 영역과 그 효과는 존재했고 존재하지 않았다. 이상
> 한 행위, 생산, 비범한 존재 등의 이러한 시스템에는 카드 게임의 전
> 능하고 공허한 현실이 있었다. 영감, 명상, 작업, 영광, 재능, 이 시스
> 템은 이러한 것들을 거의 모든 것으로 만들려고 하는 단지 확실한
> 시선을 보낼 뿐이었고, 그것들을 거의 아무것도 아닌 것으로 격하시
> 키려고 단지 확실한 다른 시선을 보낼 뿐이었다. …… [그리고 이러
> 한 지식인들 중에서] 가장 우스꽝스러운 지식인들은 스스로를, 자기
> 자신의 권위로, 부족의 재판관으로 만드는 그런 사람들이었다(Valéry,
> 1948: 61~2).

문화와 지식인의 그러한 이미지들은, 예의 바르고 인기 있
고, 훌륭한 역사적 대의 명분을 가지고 있는 그런 이미지로, 일

상적 담론에서 판에 박힌 이미지들이다. 마르크스가 낭만주의자
와 공리주의자 사이의 싸움에 관해서 말했던 것은 '문화'와 '지
식인'의 짜증나는 문제에 동일하게 적용된다. 그러한 문제들은
자본주의 사회의 자연 발생적 담론에서는 진부한 것이고, 계속
해서 '행복한 결말에 이르기까지' 순환될 것이다(Marx, 1973: 162).
메타문화 담론은 언제나 행복한 결말을 초조하게 삶 속으로 밀
어 넣으려는 객관적인 사회적 모순을 관리하려고 하기 때문에,
그 구성상 '분열'의 수사학에 의존한다. 정신 분석 전통에서 묘
사된 분열과 유사한 과정을 통해, 자본주의 사회에서의 '문화'
와 '지식인'의 양가성과 모호성은 선과 악, 진실과 거짓, 고급과
저급 등이라는 숙명론적 양극단으로서 다시 쓰여진다.7 문화 비
평은 보다 간단한 예시를 제공한다. '문화'(선)는 반복적으로 '문
명'(악)과 문명의 다가오는 재앙을 발견해야만 한다. 이런 점은
문화의 정체성과 임무를 확인해 준다. 지식인들은 자신의 도덕
적 본질에 순응하거나 타락시켜야 한다. 지식인들은 방다가 말
하는 진정한 지식인 *clercs* 이거나 시장과 대중의 믿을 수 없는
위험한 공범이다. 문화 연구는 ― 메타문화 담론이 지배적이지
만 반드시 그럴 필요는 없는 복합 형성을 말한다 ― 좀더 가지
각색의 그림을 제공하지만, 근본적으로 다른 그림을 제공하지는
않는다. 팬들의 평범한 세계를 위해 지식인의 명칭을 포기해야
만 하는 지경에까지 나아가는 자칭 유기적 지식인들은 반복적
으로 대중 문화의 진실을 발견해야만 하고, 언제나 대문자 'L'
로 시작되는 좌파의 경우와 마찬가지인 '대문자 C로 시작되는

---

7. 프로이트의 '자아의 분열'과 멜라니 클라인의 '대상의 분열'에 대해서
명확하고 학문적인 설명을 원하면, Laplanche & Pontalis(1988: 427~30)를
보라.

문화'의 권력을 무시하고 대중 문화의 진실을 증언해야만 한다.

메타문화 담론은 의식儀式을 통한 저항의 형식이고, 한때 버밍엄 모임이 부르주아 사회에서 정치의 빈곤에 대한 '마술적 해결'로서 개념화시키고 싶어했던 것을 제안한다. 과거의 국면과 좀더 최근의 국면 사이의 차이점은 일시성의 차이점이다. 생산의 자본주의적 양식에서의 '경제'의 왜곡된 자율성은, 루카치가 그 차이점을 본 것에서 알 수 있는 것처럼, 검사를 받지 않는다. '사회의 이해 가능한 총체성을 향해 방향을 잡은 의식적 행위'는 혁명으로서 이해하는 것을 제외하고는 달리 생각할 수 없다. 생산의 '사회화'는, 즉 '경제'의 물신화된 형식에서의 '무효화'는 문화가 정말로 사회적으로 지배적인 것이 되는 집단적 삶의 구조적 조건이다. 그리고 그 결과는 역사적 현재 속에서, 그리고 역사적 현재에 저항하는, 효과적 정치 세력의 검열과 권력 행사에 달려 있다. 메타문화 담론은 그 자체가 두 가지 형식을 가정하는 대안을 상술한다. 문화 비평은 문명화된 무정부 상태를 진압할 수 있는 상징적인 메타정치적 세력을 찾기 위해 과거를 바라본다. 공공의 선과 전체의 '사심 없는' 통제라는 <스크루티니>의 이미지들도 기원 면에서 보자면 중세적이었다. 만하임의 경우처럼, <스크루티니>의 비평적 엘리트들은 새로운 사제가 될 것이다. 문화 연구에서, 해방된 미래를 향한 막을 수 없는 욕망은 현재의 상징적 변모에 힘을 실어 주었다. 문화 비평이 단지 무관심, 표준화, 수준 저하 등만을 보았던 근대의 대규모 상품 전시에서, 문화 연구는 단지 사용 가치, 심미성, 다채로운 자유 재량의 잠재력 등을 보는 것을 선호한다. '젊음'에 매혹을 느끼는 것은 유효하다. 서서히 도달하는 것은 시간 여행의 속도를 획득했다. 그 자체와 그것의 사

259

회적 세계를 최종적으로, 중개되지 않은 상태로 소유하는 것은, 날씨 좋은 날에, 마치 루카치의 비전이 현실화된 것처럼, 마치 대중 문화가 '단순한 이데올로기'와 정치의 '폭력성'을 뛰어넘은 것처럼 보일 수 있다.

메타문화 담론이 과거로부터 요청하는 권위는 질서와 완전성을 촉진한다. 메타문화 담론이 미래로부터 대안적으로 빌려오는 권위는 차이를, 즉 다양성으로서의 차이뿐만이 아니라, 이성 혹은 인간성 혹은 민족 등의 표준화 틀 내에서 자신을 주장하는 이종성으로서의 차이도 지지한다. 그리고 권위는 이성, 인간성, 민족 등을 분열시킨다. 이 대조는, 문화 비평과 문화 연구의 모든 비교적인 자서전 개관이 보여 주고 싶어하는 것처럼, 역사적인 면에서 볼 때 실질적이다. 그럼에도, 메타문화의 형식적 연속성을 — 이 연속성은, 문화 비평과 문화 연구의 그 어느 쪽 양식에서도, 권위적 주체, 즉 그 기능이 자본주의 근대성의 모순의 상징적 메타정치적 해결을 중재하는 것인 '좋은 good' 문화를, 그 문화가 소수의 문화이든 대중 문화이든 상관없이, 창안한다 — 파열시키는 것은 충분하지 못하다. 대중 문화는, 물신화된 담론적 구축에서 나타나는 것처럼, 1930년대 마르쿠제의 관심을 끌었던 고급 문화 전통의 변증법을 재연한다. 대중 문화 역시 좋은 의미와 나쁜 의미 모두에서 '긍정적'이다. 문화 연구가 책망을 받았던 흥분을 유발하는 '순응주의'와 '포퓰리즘'은 문화 비평의 소극주의와 엘리트주의와 평행으로 달린다. 순응주의와 포퓰리즘의 경우, 역시, 모호한 '행복의 약속'이 동력원이 된다. 순응은 여기서 우리를 압도하는 현실에 대한 실용주의적인 적응일 뿐만 아니라, 설사 순응이 언제나 압도적 현실을 닮는다고 해도, 희망이 꺾인 유토피아주의이기도 하다.

문화 정치?

메타문화 담론은 불일치의 창조물이다 — 그 불일치에 대해서 메타문화 담론은 스스로를 해결책으로 제시한다. 불일치는 사회적 권위의 차원에서 보자면 문화와 정치의 불일치이다. 초기 단계에서, 문화 비평의 비평, 즉 정치의 비평은 단호하고 최종적이다. 정치는 문화의 도덕적 통찰력을 신진 대사처럼 원활하게 이용할 수가 없고, 따라서 본질적인 면에서 보자면, 사회적 형식으로서는 부족하다고 볼 수 있다. 만일 우리가 정치를 완전히 피할 수 없다면, 방다가 선호했던 것처럼, 정치는 정신 *mind* 이라는 상위 개념의 정치에 의해서 규제를 받아야만 한다. 문화 연구는 실질적으로 정치적 근거에서 이 전통과의 인연을 끊었는데, 그것은 단지 '문화 연구 자체'의 정치적 조직을, 즉 좌파의 정치적 조직을, 필적할 만한 효과가 있도록, 동일한 비평에 제공하기 위해서였다. 문화 연구에서의 주체성의 점진적 전경화, 그리고 사회적 적대의 장소와 이해 관계로서의 정체성의 특권화는 전경화와 특권화가 그럴듯하게 제공하는 풍부함과 복잡화보다 훨씬 많은 것을 성취한다 — 혹은 오히려, 그 이하를 성취할 수도 있다 — 만일, 이론적 현실에서는, 풍부하게 하거나 복잡하게 하는 타당하고 특수하게 정치적인 실천이 더 이상 없다면. 메타문화 담론에 생명을 불어 넣고 겉으로 정당화하는 문제는, 근본적으로는, 도덕적 실체의 문제는 아니다 — 특별한 사회적 이익과 목적과 관련이 있다 — 정치의 '내용'이 비평적 논쟁의 기록에서 아무리 그림처럼 그려졌을지라도 그 문제는 형식의 문제이다.

　문화 비평의 전형적인 이원론만이 — 문화와 문명의 분열

— 문화 연구가 그 기반을 두었던 통찰력을 가려서 어둡게 만든다. 만일 문화가, 가장 일반적인 현실에서, 사회적 관계에서 의미의 순간이라면, 만일 문화가 모든 실천 중에서 의미를 만드는 요소 이상도 이하도 아니라면, 그렇다면 문화는 정치의 수준 낮은 요구를 중재에 회부해야만 하는 수준 높은 도덕적 법정으로서 찬양받을 수는 없다. 반대로, 그리고 동일한 이유로, 정치적 관련성으로부터 면제되는 문화의 예는 없다. 그러나 동일한 제재制裁가 대중 문화에도 적용되어야만 한다. 대중 문화는, 마찬가지로, 문화 연구가 바라는 대로 특권을 부여받을 수는 없다. 게다가, 근본적인 설립 통찰력으로부터 '모든 것이 정치적'이라는 진부한 말로 이동하는 것은 문화 비평이 근대성의 강제적인 경멸적 비전을 위해서 의지했던 명백히 모순적인 통찰력을 경시하는 것이다. 정치는 결코 모든 것이 아니다. 이것은 역설적으로 보인다. 결국, 정치의 특수한 실천은 주어진 공간에서 사회적 관계의 총체성을 결정하는 것이다. 그러나 이 본질적으로 일반적인 노동은 양식 면에서 특수화된다. 일반적인 노동은 성격 면에서 보통 심의적審議的 특성이 있고, 다음과 같은 질문, 즉 '무엇이 행해져야만 하는가?'와 같은 질문의 통제를 받는다. 정치적 발화는, 그렇다면, 매체, 상황 또는 장르 등에 상관없이, 언제나 금지적이다. 정치적 발화는 강요하고, 명령하는 특성이 있다. 정치적 발화의 목표는 동의를 확보하는 것이다(정체성의 문제가 실로 중심적인 과정이다). 그리고 그것을 실패했을 경우, 강압이 마지막 보증을 제공하는 순종을 확보하는 것이다. 본연의 문화적 실천은 — 주요 기능이 의미 작용인 사회적 의미의 2차 상술 — 그런 양식의 특수화를 필요로 하지 않고, 혹은 심지어 문화적 실천이 '정치적' 목적을 추구하는 정

치적 발화에 대한 권위적 접근을 하지도 않는다. 문화적 실천은 정치적 실천의 형식적 구별을 결여한다. 따라서, 문화적 실천은 판단의 규범 면에서 정치적 실천과 다르다. 문화는 그 어떤 가치라도 절대화한다(메타담론처럼, 그 자체의 가치도 포함한다). 문화는 무한한 종류의 도덕적 차별을, 서로 최소한의 양식으로, 제공할 수 있다. 그 어떤 의미나 가치가 단순히 다른 의미나 가치를 번역하지는 않는다. 그 존재 근거가 존재의 이러 저러한 일반적 조건을 확보하는 것인 정치는, 명확한 사회적 관점에서 보면, 언제나 제휴, 유대, 적대 등의 최적 조건을 찾아야만 한다. 이에 반해, 정치적 프로젝트는 문화적 친근감의 영역에서, 동일한 기본적 이유로, 구분과 촉진 행위를 수반한다. 따라서, 그람시가 인식했던 것처럼(Gramsci, 1985: 99~102), 정치적이고 문화적인 가치 평가는 자연스럽게 비대응 관계를 향하는 경향이 있다. 정치적 가치 평가와 문화적 가치 평가는 서로에 대해서 지나치기도 하고(너무 광범위하고, 너무 협소하다) 불충분하기도 하다(너무 광범위하고, 너무 협소하다). 문화와 정치의 불일치는 언제나 역사적으로 특수하다. 그 불일치는 국가적 전통의 위기, 혹은 민주주의 적법성의 위기, 혹은 공적 기준의 위기, 혹은 계급 의식의 위기, 혹은 민족적 연속성의 위기 등이기도 하다. 그럼에도, 불일치 그 자체는 일반적 규칙이다.

규칙은 일반적이고, 또한 재판권의 인식 가능한 한계도 없다. 만일 정치가 심지어 문화의 차원에서 전적으로 수행되었을 때조차도 양식樣式 면에서 특수한 상태를 유지한다면, 자유롭고 거침없는 인간의 자아 완성에 대한 루카치의 비전은 제한을 받아야 하기 때문이다. 심지어 문화적 실천이 '단순한 이데올로기'로부터 해방된다고 해도, 정치적 실천이 '폭력'의 필요성으로부터 해방된다고 해도, 그 불일치는 명료한 상상을 넘어서서 미래에도 지속될 것이다. 그것은 아주 오랫동안, 마르쿠제의 '긍정적 문화'는 행복의 약속의 모호한 상술 속에서, 객관적인 사회적 모순의 순수하게 '내향적' 취소 속에서 지속되었기 때문이다. 마르쿠제는 상술이나 취소에 의해서 좀더 중요한 결과를 초래하는 정치적 공격을 받지 않아도 되었다. 그리고, 그러므로, 해결에 대한 의지를 구체화하는 긍정의, 공관적共觀的 synoptic 이고 참여적인, 가장 일반적 형식인 메타문화 담론 역시 정치적 공격을 받지 않아도 되었다. 그럼에도, 메타문화가 비평적 사고의 피할 수 없는 담론적 조건을, 손에서 빠져나가는 미래에서나 우리가 이미 경험하고 있는, 손으로 잡을 수 있는 더욱 구체적인 미래에서, 반드시 구성하는 것은 아니다. 이 경우에 유일한 필요성은 불일치 자체의 필요성이다. 불일치는, 일단 그러한 것으로서 이해된다면, 다른 양상으로, 즉 역사적 좌절과 소원의 장소로서가 아니라 가능성의 공간으로서 나타난다.

'문화 정치'는 공간적 범주이다. 사회적으로 행해진 예술 실천과 비평은 문화 정치의 친숙한 예이다. 새로운 민족성과 흑인 대중 문화에 대한 스튜어트 홀의 탐구는 이런 종류의 문화 정치를 예증한다. 공공 정책은 민족적 '유산'에 대한 논쟁이 풍요롭게 예시하는 또 다른 종류의 근거이다(Wright, 1985; Samuel, 1994). 그리고 특히 토니 베넷과 연관된 발전에서 보자면, 베넷은 이런 현상의 결과로 '문화 정치 연구'의 형식을 취했다(Bennett, 1992).[8]

---

8. 의견을 달리하는 두 명의 판단이 있는데, 앙(1992: 11~21)과 오리건 O'Regan(1992: 395~408)을 보라. '문화 정치 cultural politics'와 — 맥기건은 흑인 재현에 관한 홀의 논쟁을 참조한다 — '문화의 정치 the politics of culture'를 — 문화의 정치는 '정치 분석과 정치 형성'을 포함한다 — 구분

베넷의 프로젝트는 공공연하게 알려질 정도로 개혁주의자의 것
인데, 제도 면에서 '기술적' 개입을 선호하는 '비평'과 단절을
초래한다. 즉 '문화 연구는 그 역할을 문화적 기술자의 훈련으
로 마음에 그릴 수 있다'(Bennett, 1993: 83). 대조적으로 글렌 조
단과 크리스 위돈은 문화 연구의 해방주의자적 임무를 재확인
한다. ≪문화 연구≫라는 책에서 이들이 말한 바에 따르면, 문
화 연구는 "특정한 그룹을 위한 의미를 고정시키려는 투쟁이
다"(Jordan & Weedon, 1995: 544).

> 누구의 문화가 공식적 문화가 되고 누구의 문화가 종속적이 되는가?
> 무슨 문화가 전시할 가치가 있는 문화로 여겨지게 되고 어떤 문화가
> 숨겨져야 하는 문화가 되는가? 누구의 역사가 기억되고 누구의 역사
> 가 주변적이 되는가? 사회적 삶의 어떤 이미지가 투사되고 어떤 이
> 미지가 주변적이 되는가? 무슨 목소리가 들리게 되는 것이고 무슨
> 근거 위에서 들리게 되는 것인가? 이런 점들이 바로 문화 정치의 영
> 역이다(Jordan & Weedon, 1995: 4).

이런 의문들은 논쟁할 여지없이 근본적인 의문들이다. 그
러나 추가적인, 그 자체는 정치적이지 않은, 답례의 성격을 지
닌 의문이 있다: 정치적이지 않은 그 어떤 문화적 실천이 있는
가, 혹은 문화적이지 않은 그 어떤 정치가 있는가? '사회적이고
문화적 삶의 **모든** 것이 근본적으로 **권력**과 관계가 있는 것처
럼 보이지는 않는다. 권력은 문화에 절대 필요한 요소이다. **모
든 의미화 실천은 — 즉, 의미를 갖는 모든 실천 — 권력
관계를 포함한다**'(p.11). 여기서 제기된 요구는 정확하기보다는

하는 맥기건(1996: 5)과 비교하라.

강조적 성격이 강하지만, 충동은 실수가 없는 것처럼 보인다. 조단과 위돈이 자주 의지하는 '문화 정치'는, 한 마디로 말해서, '모든 것'이다. 두 사람의 책 제목은 너무나 긴 한 단어이다. 두 사람의 결합이 논리적으로 의존하는 문화와 정치 사이의 구분은 이론적으로 존재로부터 벗어나서 논의되어 왔다.

문화와 정치의 구별은 있을 필요가 없다. 논의의 현재 맥락에서, 문화 정치라는 사상은 지배적 메타문화에 관한 비평적 검사로서의 정확한 개념적 가치를 획득하고, 대안의 논리적 근거로서의 정확한 개념적 가치를, 비록 분명히 실질적인 것은 아니지만, 획득한다. 내가 여기서 제안하는 분석은 그 성격상 형식적이라는 점, 강조하지만, 다시 한 번 언급되어야만 한다. 그 분석은 적대적인 사회 이익의 영역에서 특정한 동일성 확인을 — 비록, 내가 메타문화 담론 분석이 보여 주는 것을 도와 주었으면 하고 바라는 것처럼, 형식이 2차 문제는 아니지만 — 암시하지도 않고 배제하지도 않는다. 문화 정치는, 여기서 이해되는 것처럼, 정치나 혹은 문화의 특수한 경우는 아니다. 문화 정치의 행위 영역은 문화 정치의 구성적 용어들 사이의 — 문화 정치는 이 구성적 용어들로부터 문화 정치에 동기를 부여하는 긴장을 흡수한다 — 불일치 속에 지도처럼 그려져 있다. 스튜어트 홀은 지나치게 단호하게, 그리고 아마도 분명한 낭만적 편견을 가지고 목소리를 내면서, 문화를 '무한한 기호 작용 과정 *infinite semiosis*'으로, 즉 끝이 없는 의미 만들기로 정의하고, 정치를 동일하게 추상적인 조정자調整者, 즉 '자의적 종결 *arbitrary closure*'로 정의한다(Hall, 1997: 30). 문화의 역사적 형성은, 구조화된 사회적 과정으로서, 그 말이 제시하는 것만큼 그 움직임에서 그리 활발하지는 않다. 정치의 정의는 이미 문화주의자와 관련이 있다. 그럼에도, 홀은 적절하게 과장을 한다. 그 어떤 정치도, 정치가 사회적 관계들의 질서를 전반적으로 결정하게 되는 구성적 기능을 존중하는 한, 정치가 영향력을 행사하고자 하는 문화적 형성의 윤곽과 구성을 적절하게 모방할 수는 없다. 정체성, 이익과 가치 등의 영역은 언제나 과도한 *excessive* 특징을 보여 준다. 이 과도함은 인간성이나 민족이라는 (문화 비평) 좀더 높은 진실로서 단순화되고 정신적 의미를 부여받았고, 일상 생활의 주목받지 못하는 민주주의로서 단순화되고 정치화되었다(문화 연구). 그러나 문화적 원리에 대한 이런 대안적 해석은 이런 해석의 축소적 정의에 대답을 하지 못하는 공간에서 실마리 역할을 한다. 과도함은 그 어떤 고정된 성향이나 경향이 없다. 과도함은 대량의 이종적異種的 신구新舊, 그리고 결코 상호 번역이 불가능한 가능성들이고, 더 이상 또는 일반적 권위를 지니고 있는 것으로서, 정치적 판단의 고유한 규범으로서의 자격을 결코 부여받지 못하고 아직은 부여받지 못한 가능성들이다. 문화는, 의미의 형성 외부에는 그 어떤 사회적 삶도 없다는 의미에서 볼 때는, 모든 것이지만, 결코 무엇인가를 추가하지는 않는다. 정치적 실천은 전체로서의 — 프로그램들 중에서도 가장 미묘한 프로그램보다 더욱 풍요롭게 미분화된 전체를 말한다 — 사회적 관계들을 결정하려고 한다. 따라서, 그런 전체는 결코 모든 것이 되고 싶어하는 열망을 분명히 가질 수가 없다. 그리고 그 필요한 비정체성에는 문화 정치로서 의미 있게 두드러질 수 있는 행위, 이해, 관점 등의 가능성이 있다.

스튜어트 홀은 문화 연구의 '필요한 겸손함'을 강조했다. 문화 정치의 개념에 관한 이 종결 부분의 요점은 자신의 프로젝트가 권위적인 선배, 즉 문화 비평으로부터 어쩔 수 없이 배왔던 무례함이, 적어도 이론적으로는, 필요하지 않다는 점을 제안하는 것이다. 계보는 운명이 아니다. 메타문화가 기호화하는 사회적 욕망은 소멸할 수가 없다. 사회적 욕망을 강요하는 것은 헤르더의 '행복의 이미지'이다. 그러나 담론 형식으로서의 메타문화는 기사 이야기, 즉 황무지를 통해 잃어버린 덕을 찾아가는 여행이거나 상품들의 마술에 걸린 숲으로 떠나는 여행이다. 그 숲에서 미래는 심지어 1년 내내 제철을 만난다. 분명히, 명확성을 감수하는 편이 — 행복의 이미지를 '순수하고 비타협적인' 모순을 유지하는 방법으로 '부정적으로' 예우하는 것이, 아도르노가 표현한 것처럼(1981: 32) — 더 낫고 문화 정치에 사실, 가능성의 예술로서, 좀더 큰 야심에 도움이 되는 좀더 큰 겸손함을 가지고 입문하는 편이 더 낫다.

주요 용어

권위 *authority* 권위는 비강제적인 기반에서 주장되고 받아들여지는 모든 리더십의 형식을 지시한다. 본질적으로 강제적인 '권력 *power*'과는 대조를 이룬다.

담론 *discourse* 담론은, 가장 소박하고 일반적으로 말하자면, 활동 중인 언어 *language in action* 이다. 담론에 관한 강력하고, 동시대적인 의미에서 보자면, 내가 사용하는 의미는 그 많은 의미들 가운데 하나의 종류일 뿐이다. 담론은 사회적 실천 내에서 그리고 그 실천을 통해서 필연적으로 움직일 수밖에 없는 개인에 대해서 사회적으로 형성된 언어 실천의 우선권을 강조한다. 담론은 어느 정도 체계적 일단의 형식이고, 발화의 대상과 ― 여기서 대상은 '보여지는' 것과 말해지는 것이다 ― 주체 ― 여기서 주체는 담론을 실천할 때, '우리'가, 의식적으로든 무의식적으로든, 가정하는 정체성을 말한다 ― 모두를 규제하는 화제 *topics* 와 절차 *procedures* 이다.

대중적 *popular* 대중적인 단어는 문화적 선호의 문제에서 균질, 조잡성, 수동성 등의 함축적 의미를 일반적으로 수반하는 '대중 *mass*'[대량이라는 경멸적 의미에서 ― 옮긴이]이란 단어에 대한 중립적이거나 긍정적인 대안 단어이다. 관련 대립 단어들은 '고급 *high*'이나 '엘리트 *elite*' 등의 단어들이거나, 또는 좀더 날카로운 정치적인 날카로움을 고려한다면 '지배적 *dominant*' 등의 단어이다.

메타문화 *metaculture* 또는 '메타문화 담론' 메타문화는 이 책에서 논의되는 '문화'의 지적 전통에 관한 비평을 요약하는 데 사용한 용어이다. 메타문화 담론은 '문화'가 그 자신의 일반성과 — 즉, 여기서 일반성이란 의미의 전 영역을 말한다 — 존재의 역사적 조건을 발언하는 담론이다. 메타문화 담론의 고정된 충동은 진실하고 진정으로 일반적인 권위의 이름으로, 혹은 '문화'의 이름으로, 정치를 일정한 형식의 사회적 권위로 대체하는 것이다.

상징 *symbol* 상징은 많은 의미에서 철학, 언어학, 미학, 시학 그리고 정신 분석에서 발생하는 개념인데, 그 의미들의 일부는 서로 완벽하게 대립적이기까지 하다. 이 책에서 상징적이란 단어는 최소한의, 일반적 의미로 사용된다. 즉 의미를 만들거나 담지하고 있는 그 어떤 것을 명시하는 다른 단어들 중의 한 단어를 말한다.

유기적 *organic* 유기적이란 단어는 낭만주의 시대 이래로 유럽 문화에서 피할 수 없는 은유가 되었는데, 보통, '체계,' '계산,' '도식론,' '이성적 구성' 등과 같은 — 이 모든 것들은 '기계적인 것'과 동일한 은유를 집요할 정도로 함축적으로 의미한다 — (부정적) 가치와 대립적으로, '삶,' '자연적인 것,' '자연 발생적 성장,' '완전함' 그리고 '신뢰성' 등을 함축적으로 의미한다. 예를 들면, F. R. 리비스와 리처드 호가트의 글에서도 유기적이란 단어는 이와 마찬가지로 사용된다. 그러나 이 책의 2부에서 압도적으로 사용되는 은유의 의미는 상당히 다르다. 안토니오 그람시가 사용한 '유기적'이란 단어의 의미는 '구조적으로 혹은 구성적으로 필요한'이라는 의미를 지닌다. 따라서 사회적 계급의 '유기적 지식인'은 만일 이런 유기적 지식인이 없다면 사회적 계급이 삶과 실천의 뚜렷한 형식을 유지할 수 없는, 그런 사람들이다. 유기적 지식인은 스스로 독립적인 사회적 조합을 구성하는 것처럼 보이는 '전통적 지식인'과 대립적으로, 자신들이 재현하는 계급의 일부분이고 그 계급을 위해 존재한다. 마찬가지로, 역사적 상황의 '유기적' 양상들은 '국면적' 양상과는 — 국면적 양상은 일시적이거나, 단순히 '우연적'일 수 있다 — 대립적으로, 사회의 주어진 형식의 영원한 특징들이 되는 양상들이다.

조합주의 *corporatism* ('몸'을 의미하는 라틴어 *corpus* 에서 나온 단어) 조합주의는 사회를 (혹은 좋은 사회) 몸을 모델로 해서 설명하는 사회 이론들을 지시했다. 조합주의는 사회를 상호의존적인 부분과 기능의 복합체로 보았는데, 모든 부분과 기능은 전체의 건강에 필수적이고, 상호 교환이 불가능한 공헌을 한다고 보았다. 조합주의는 따라서 그 기질 면에서 반개인주의적이고(몸의 각 부분들 사이의 경쟁 개념은 터무니없다) 또한 반사회적이다(손과 머리 사이의 투쟁 개념 역시 동일하게 터무니없다). 조합주의자의 사회적 구성에서, 사회 조직의 주요 구성 요소들은 자주 '조합 *corporations*'이라는 이름으로 불렸다. 따라서 조합의 개념이나 지적인 삶에 대한 조합주의자의 윤리가 있을 수가 있고, 그 개념이나 윤리 안에서 그러한 지식인들은 전체 사회의 정신적 안내자로서의 공통적인 소명에 부름을 받는다. 조합주의의 논리는 언제나, 결국은, 권위적이다. 현재의 친숙한 조합은 (말하자면, 출판사와 대학) 단체의 조직적 임무와 비전과 가치라는 면에서 볼 때, 1930년대의 조합주의자의 기획으로 벗어난 세계처럼 보이지만, 벗어난 세계는 아니다.

주의설 *voluntarism* 주의설主意說은, 함축적으로든 혹은 사실적으로든, 객관적 조건들을 이기는 의지가 포함된 행위의 수용력을 상정하는 모든 이론이나 행위의 양상을 명시한다.

주체 *subject* 이 책에서 유일하게 관련 있는 주체의 의미는 내가 어느 순간에라도 점유하는 지각하고, 말하고 / 듣고, 행동하는 위치를 지시한다. 즉, 담론의 주어진 컨텍스트에서 나이거나 내가 되는 '나'를 말한다. 담론은, 의미의 사회적 질서 속에서 실제 개인을 위한 위치를 확립한다는 점에서, 주체들을 창조한다.

토대와 상부 구조 *base and superstructure* 토대와 상부 구조는 오랫동안 역사에 대한, 또는 역사적 유물론에 대한 마르크스의 유물론적 개념의 핵심적 주제를 표현하는 간략한 표준적 참고 사항이었다. 마르크스의 주장은 경제적 관계가 전반적인 사회적 관계의 형성과 재형성에 있어서 근본적인 역할을 한다는 것이었다. 경제적 관계는 '실질적인 기반 *real foundation*'(마르크스는 '토대 *base*'라는 말을 하지 않았다)으로, 그 기반 위에서 정치와 문화의 '상부 구조'가 발생한다.

포퓰리즘 *populism* 이 책에서 주로 관련 있는 의미의 포퓰리즘은 대중 문화의 자연 발생적 경향들의 (실제적이든 상상되는 경향이든 상관없이) 무비판적 승인과 채택이다.

참고 문헌

Adorno, T. W. (1981[1955]). *Prisms: Cultural Criticism and Society.* Cambridge, Mass.: The MIT Press.

Althusser, L. (1969). *For Marx.* B. Brewster (trans.), London: Allen Lane.

Anderson, P. (1976). *Considerations on Western Marxism.* London: NLB.

―――― (1980). *Arguments Within English Marxism.* London: Verso.

Ang, I. (1992). "Dismantling 'Cultural Studies'?" *Cultural Studies* 6. January: pp.311～21.

―――― (1996). "Culture and Communication: Towards an Ethnographic Critique of Media Consumption in the Transnational Media System," in J. Storey (ed.), *What is Cultural Studies?: A Reader.* London: Edward Arnold.

Arnold, M. (1964[1864]). *Essays in Criticism.* London: Dent.

―――― (1932[1869]). *Culture and Anarchy.* J. Dover Wilson (ed.), Cambridge: Cambridge University Press.

Bakhtin, M. M. (1981). *The Dialogic Imagination: Four Essays.* M. Holquist (ed.), Austin: University of Texas Press.

Bantock, G. H. (1949). "Mr Eliot and Education," *Scrutiny* XVI (1). March: pp.64～70.

Barker, M. & Beezer, A. (eds.) (1991). *Reading Into Cultural Studies.* London: Routledge.

Barnett, A. (1976). "Raymond Williams and Marxisam: A Rejoinder to Terry Eagleton," *New Left Review* 99. September～October, pp.47～64.

Barthes, R. (1972[1957]). *Mythologies*. A. Lavers (trans.), London: Jonathan Cape.

Bee, J. (1989). "First Citizen of the Semiotic Democracy," *Cultural Studies* 3. pp.353～9.

Bell, C. (1928). *Civilization: An Essay*. London: Chatto and Windus.

Benda, J. (1969[1928]). *The Treason of the Intellectuals*. R. Aldington (trans.), New York: W.W. Norton.

—— (1975). "Préface de Julien Benda à l'édition de 1946," *La Trahison des clercs*. Paris: Grasset.

Benjamin, W. (1970[1936]). "The Work of Art in the Age of Mechanical Reproduction," in W. Benjamin, *Illuminations*. London: Fontana, pp.219～53.

—— (1970[1940]). "Theses on the Philosophy of History," in W. Benjamin, *Illuminations*. London: Fontana, pp.255～66.

—— (1970). *Illuminations*. London: Fontana.

Bennett, A. (1992). "Putting Policy Into Cultural Studies," in L. Grossberg & C. Nelson & P. Treichler (eds.), *Cultural Studies*. New York & London: Routledge.

—— (1993). "Useful Culture," in V. Blundell & J. Shepherd & I. Taylor (eds.), *Relocating Cultural Studies*. London & New York: Routledge.

Bhabha, H. K. (1994). *The Location of Culture*. London: Routledge.

Birch, D. (1987). "Publishing Populism," *Cultural Studies* 1 (1). January: pp.127～35.

Blundell, V. & Shepherd, J. & Talyor, I. (eds.) (1993). *Relocating Cultural Studies*. London & New York: Routledge.

Bourdieu, P. (1993). *The Field of Cultural Production*. R. Johnson (ed. & Introduction), Oxford: Polity.

Bradbury, M. (1956). "The Rise of the Provincials," *Antioch Review* XVI (4). pp.469～77.

Brunsden, C. (1996). "A Thief in the Night: Stories of Feminism in the 1970s at CCCS," in D. Morley & K. -H. Chen (eds.), *Stuart Hall: Critical Dialogues in Cultural Studies*. London: Routledge, pp.276～86.

Carey, J. W. (1997). "Reflections on the Project of (American) Cultural Studies," in M. Ferguson & P. Golding, *Cultural Studies in Question*. London: Sage, pp.1～25.

Caudwell, C. (1937). *Illusion and Reality*. London: Macmillan.

—— (1971[1938 & 1949]). *Studies and Further Studies in a Dying Culture.* New York: Monthly Review Press.

Centre for Contemporary Cultural Studies (1978). *On Ideology.* London: Hutchinson.

—— (1982). *The Empire Strikes Back.* London: Hutchinson.

Chambers, I. (1986). *Popular Culture: The Metropolitan Experience.* London: Methuen.

Cixous, H. (1981). "The Laugh of the Medusa," in E. Marks & I. de Courtivron (eds.), *New French Feminisms.* Brighton: Harvester.

Cormican, L. A. (1950). "Mr Eliot and Social Biology," *Scrutiny* XVII (1). Spring: pp.2~13.

Craik, J. (1987). "The Road to Cultural Studies," *Cultural Studies* 1 (1). January: pp.121~6.

de Certeau, M. (1980). *La culture au pluriel.* Paris: Christian Bourgois Editeur.

Eagleton, T. (1976). *Criticism and Ideology.* London: NLB.

Eliot, T. S. (1943). "Notes Towards a Definition of Culture," *New English Weekly* XXII (14~7). 21 January–11 February: pp.117~8, 128~30, 136 ~7, 145~6, respectively.

—— (1962[1948]). *Notes Towards the Definition of Culture.* London: Faber & Faber.

Febvre, L. (1973). *A New Kind of History.* P. Burke (ed.), London: Routledge & Kegan Paul.

Ferguson, M. & Golding, P. (eds.) (1997). *Cultural Studies in Question.* London: Sage.

Fiske, J. (1987). *Television Culture.* London: Methuen.

—— (1996). "British Cultural Studies and Television," in J. Storey (ed.), *What is Cultural Studies?: A Reader.* London: Edward Arnold, pp.115~46.

Freud, S. (1985[1927]). *The Future of an Illusion, in Civilization, Society and Religion.* The Pelican Freud Library, Volume 12, London: Penguin.

—— (1985[1930]). *Civilization and Its Discontents, in Civilization, Society and Religion.* The Pelican Freud Library, Volume 12, London: Penguin.

—— (1985). *Civilization, Society and Religion.* The Pelican Freud Library, Volume 12, London: Penguin.

—— & Einstein, A. (1985[1932]). *Why War?, in Civilization, Society and Religion.* The Pelican Freud Library, Volum 12, London: Penguin.

Frow, J. (1995). *Cultural Studies and Cultural Value.* Oxford: Clarendon.

—— & Morris, M. (1993). "Australian Cultural Studies," in V. Blundell, J. Shepherd & I. Taylor (eds.), *Relocating Cultural Studies*. London & New York: Routledge, pp.344~67.

Gallagher, C. (1995). "Raymond Williams and Cultural Studies," in C. Prendergast (ed.), *Cultural Materialism: On Raymond Williams*. Minneapolis: University of Minnesota Press, pp.307~19.

Garnham, N. (1997). "Political Economy and the Practice of Cultural Studies," in M. Ferguson & P. Golding (eds.), *Cultural Studies in Question*. London: Sage, pp.56~73.

Gilroy, P. (1988). '*There Ain't No Black in the Union Jack*': *The Cultural Politics of Race and Nation*. London: Hutchinson.

—— (1992). "Cultural Studies and Ethnic Absolutism," in L. Grossberg & C. Nelson & P. Treichler (eds.), *Cultural Studies*. New York & London: Routledge, pp.187~98.

Gitlin, T. (1997). "The Anti-political Populism of Cultural Studies," in M. Ferguson & P. Golding (eds.), *Cultural Studies in Question*. London: Sage.

Gramsci, A. (1971). *Selections From the Prison Notebooks*. Q. Hoare & G. Nowell-Smith (ed. & trans.), London: Lawrence & Wishart.

—— (1985). *Selections From Cultural Writings*. David Forgács & G. Nowell-Smith (ed.), London: Lawrence & Wishart.

Grossberg, L. & Nelson, C. & Treichler, P. (eds.) (1992). *Cultural Studies*. New York & London: Routledge.

Hall, S. (1958). "A Sense of Classlessness," *Universities and Left Review*. 1 (5), Autumn: pp.26~32.

—— (1973). *Encoding and Decoding in the Television Discourse*. Birmingham: CCCS stencilled Occasional Paper.

—— (1980a). "Cultural Studies and the Centre: Some Problematics and Problems," in S. Hall & D. Hobson & A. Lowe & P. Willis (eds.), *Culture, Media Language: Working Papers in Cultural Studies* 1972~9. London: Routledge. pp.15~47.

—— (1980b). "Cultural Studies: Two Paradigms," *Media, Culture and Society* no.2. 1980: pp.57~72.

—— (1980c). "Encoding and Decoding," in S. Hall & D. Hobson & A. Lowe & P. Willis (1992[1980]). *Culture, Media Language: Working Papers in Cultural Studies* 1972~9. London: Routledge, pp.128~38.

—— (1989). "The Meaning of New Times," in S. Hall & M. Jacques (eds.) (1989). *New Times: The Changing Face of Politics in the 1990s.* London: Lawrence & Wishart.

—— (1990). "The Emergence of Cultural Studies and the Crisis of the Humanities," *October* 53: pp.11~23.

—— (1996a). "The Problem of Ideology: Marxism Without Guarantees" in D. Morley & K. -H. Chen (eds.) (1996[1983]). *Stuart Hall: Critical Dialogues in Cultural Studies.* London: Routledge, pp.25~46.

—— (1996b). "On Postmodernism and Articulation," in D. Morley & K. -H. Chen (eds.) (1996[1986]). *Stuart Hall: Critical Dialogues in Cultural Studies.* London: Routledge, pp.131~50.

—— (1996c). "Gramsci's Relevance for the Study of Race and Ethnicity," in D. Morley & K. -H. Chen (eds.) (1996[1986]). *Stuart Hall: Critical Dialogues in Cultural Studies.* London: Routledge, pp.411~40.

—— (1996d). "New Ethnicities," in D. Morley & K. -H. Chen (eds.) (1996[1989]). *Stuart Hall: Critical Dialogues in Cultural Studies.* London: Routledge, pp.441~9.

—— (1996e). "Cultural Studies and Its Theoretical Legacies." in D. Morley & K. -H. Chen (eds.) (1996[1992]). *Stuart Hall: Critical Dialogues in Cultural Studies.* London: Routledge, pp.262~75.

—— (1996f). "The Formation of a Diasporic Intellectual," in D. Morley & K. -H. Chen (eds.) (1996[1992]). *Stuart Hall: Critical Dialogues in Cultural Studies.* London: Routledge, pp.484~503.

—— (1996g). "hat Is This 'Black' in Black Popular Culture?,"n D. Morley & K. -H. Chen (eds.) (1996[1992]). *Stuart Hall: Critical Dialogues in Cultural Studies.* London: Routledge, pp.465~75.

—— (1996h) "or Allon White: Metaphors of Transformation,"in D. Morley & K. -H. Chen (eds.) (1996[1993]). *Stuart Hall: Critical Dialogues in Cultural Studies.* London: Routledge, pp.287~305.

—— (1997). "Culture and Power" (interview), *Radical Philosophy* 86. November–December: pp.24~41.

—— & Jacques, M. (eds.) (1983). *The Politics of Thatcherism.* London: Lawrence & Wishart.

—— & —— (1989). *New Times: the Changing Face of Politics in the 1990s.* London: Lawrence & Wishart.

—— & Jefferson, A. (1976). *Resistance Through Rituals: Youth Subcultures in*

Postwar Britain. London: Hutchinson.

—— & Hobson, D. & Lowe, A. & Willis, P. (1980). *Culture, Media Language: Working Papers in Cultural Studies 1972 ~9.* London: Hutchinson; London: Routledge.

Hebdige, R. (1979). *Subcultures: The Meaning of Style.* London: Methuen.

—— (1988). "Banalarama," *New Statesman and Society* 9. December.

Heinemann, M. (1985). "The People's Front and the Intellectuals," in J. Fyrth (ed.), *Britain, Fascism and the Popular Front.* London: Lawrence & Wishart, pp.157~86.

Herder, J. G. von (1969[1774]). *Herder on Social and Political Culture.* F. M. Barnard (ed. & trans.), Cambridge: Cambridge University Press, 1969.

Hobsbawm, E. (1994). *Age of Extremes: The Short Twentieth Century 1914 ~ 1991.* London: Michael Joseph.

Hoggart, R. (1958). *The Uses of Literacy.* Harmondsworth: Penguin.

—— (1970a). *Speaking to Each Other, I: About Society.* London: Chatto & Windus.

—— (1970b). *Speaking to Each Other, II: About Literature.* London: Chatto & Windus.

—— (1972). *Only Connect: On Culture and Communication.* London: Chatto & Windus.

—— (1990). *A Sort of Clowning. Life and Times* vol.II: 1940~59. London: Chatto & Windus.

—— (1992). *An Imagined Life. Life and Times* vol.III: 1959~91. London: Chatto & Windus.

Jameson, F. (1993). "On 'Cultural Studies'," *Social Text* 34: pp.17~52.

Johnson, R. (1996). "What Is Cultural Studies Anyway?" in J. Storey (ed.), *What is Cultural Studies? A Reader.* London: Edward Arnold.

Jordan, G. & Weedon, C. (1995). *Cultural Politics.* Oxford: Blackwell, 1995.

Kojecký, R. (1971). *T. S. Eliot's Social Criticism.* London: Faber & Faber.

Kraniauskas, J. (1998). "Globalization Is Ordinary: The Transnationalization of Cultural Studies," *Radical Philosophy* 90. July–August.

Kraus, K. (1984). *In These Great Times: A Karl Kraus Reader.* in H. Zohn (ed.), Manchester: Carcanet.

Laplanche, J. & Pontalis, J. -B. (1998). *The Language of Psychoanalysis.* D. Nicholson-Smith (trans.), London: Karnac Books & the Institute of Psychoanalysis.

Leavis, F. R. (1930). *Mass Civillization and Minority Culture*. Cambridge: Minority Press; reprinted in F. R. Leavis.

—— (1933a). *For Continuity*. Cambridge: Minority Press.

—— (1933b). "Restatement for Critics," *Scrutiny* 1 (4). March: 315～23.

Lefranc, G. (1965). *Histoire du Front populaire*. Paris: Payot.

Leroy, G. & Roche, A. (1986). *Les écrivains et le Front populaire*. Paris: Presse de la Fondation Nationale des Sciences Politiques.

Lewis, G. I. (1957). "Candy-flossing the Celtic Fringe," *Universities and Left Review* 2 (1). Summer.

Lloyd, D. & Thomas, P. (1998). *Culture and the State*. New York & London: Routledge.

Lottmann, H. R. (1982). *The Left Bank: Writers, Artists and Politics From the Popular Front to the Cold War*. London: Heinemann.

Löwy, M. (1979). *Georg Lukács — From Romanticism to Bolshevism*. London: NLB.

Lukács, G. (1964). *Essays on Thomas Mann*. London: Merlin Press.

—— (1971). *History and Class Consciousness*. London: Merlin Press.

McGuigan, J. (1992). *Cultural Populism*. London & New York: Routledge.

—— (1996). *Culture and the Public Sphere*. London: Routledge.

McLeish, J. (1957). "Variant Readings," *Universities and Left Review* 1 (2). Summer.

MacKillop, I. (1995). *F. R. Leavis: A Life in Criticism*. London: Penguin.

McRobbie, A. (1996). "Looking Back at New Times and Its Critics," in D. Morley & K. -H. Chen (eds.), *Stuart Hall: Critical Dialogues in Cultural Studies*. London: Routledge, pp.238～61.

Mann, T. (1983a[1918]). *Reflections of a Nonpolitical Man*. W. D. Morris (trans.), New York: Frederick Unger.

—— (1983b). *Diaries 1918～1939*. R. Winston & C. Winston (trans.), London: André Deutsch.

Mannheim, K. (1936). *Ideology and Utopia*. L. Wirth & E. Shils (trans.), London: Routledge & Kegan Paul.

—— (1940). *Man and Society in an Age of Reconstruction*. London: Kegan Paul, Trench, Trubner.

—— (1953). "Conservative Thought," *Essays in Sociology and Social Psychology*. London: Routledge & Kegan Paul.

Marcuse, H. (1972[1937]). "The Affirmative Character of Culture," *Negations*.

Harmondsworth: Penguin, pp.88~133.

Marks, E. & de Courtivron, I. (eds.) (1981). *New French Feminisms*. Brighton: Harvester.

Martin, G. (1958). "A Culture in Common," *Universities and Left Review* 1 (5). Autumn: pp.70~9.

Marx, K. (1970[1859]). "Preface to A Contribution to the Critique of Political Economy," (1859) Karl Marx & Frederick Engels, *Selected Works*. London: Lawrence & Wishart, 1970. pp.180~4.

—— (1973). *Grundrisse: Foundations of the Critique of Political Economy (Rough Draft)*. M. Nicolaus (trans.), Harmondsworth: Penguin,.

—— (1976[1869]). *Capital* vol. 1. London: Penguin.

Mellor, A. (1992). "Discipline and Punish? Cultural Studies in Britain at the Crossroads," *Media, Culture and Society* 14 (4). October: pp.663~70.

Mencken, H. L. (1936[1919]). *The American Language: An Inquiry into the Development of English in the United States*. New York: Knopf, 1919; 4th edn 1936; supplements 1945, 1948.

Modlewski, T. (ed.) (1986). *Studies in Entertainment: Critical Approaches to Mass Culture*. Bloomington, Indiana: Indiana University Press.

Moriarty, M. (1995). "'The Longest Cultural Journey': Raymond Williams and French Theory," in C. Prendergast (ed.), *Cultural Materialism: On Raymond Williams*. Minneapolis: University of Minnesota Press, pp.91~116.

Morley, D. (1997). "Theoretical Orthodoxies: Textualism, Constructivism and the 'Ethnography' in Cultural Studies," in M. Ferguson & P. Golding (eds.), *Cultural Studies in Question*. London: Sage, pp.121~38.

Morpurgo, W. E. (1979). *Allen Lane, King Penguin: A Biography*. London: Allen Lane.

Morris, M. (1996[1988]). "Banality in Cultural Studies," in J. Storey (ed.), *What Is Cultural Studies? A Reader*. London: Edward Arnold, 1996, pp.147~67.

Mulhern, F. (1979). *The Moment of 'Scrutiny.'* London: NLB.

—— (1998[1990]). "English Reading," in *The Present Lasts a Long Time: Essays in Cultural Politics*. Cork: Cork University Press & Notre Dame: University of Notre Dame Press.

New Left Review (1977). *Western Marxism — A Critical Reader*. London: NLB.

O'Regan, T. (1992). "(Mis)Taking Policy: Notes on the Cultural Policy Debate,"

Cultural Studies 6 (3). October: pp.395~408.

Ortega y Gasset, J. (1932). *The Revolt of the Masses.* London: Allen & Unwin.

Orwell, G. (1961). *Collected Essays, Journalism and Letters* vol. 1. London: Secker & Warburg.

——— (1970a). *Collected Essays, Journalism and Letters* vol. 2. Harmondsworth: Penguin.

——— (1970b). *Collected Essays, Journalism and Letters* vol. 3. Harmondsworth: Penguin.

——— (1970c). *Collected Essays, Journalism and Letters* vol. 4. Harmondsworth: Penguin.

——— (1970d[1936]). *The Road to Wigan Pier.* London: Penguin.

O'Shea, A. & Schwartz, B. (1987). "Reconsidering Popular Culture," *Screen* 28 (3). Summer.

Pechey, G. (1985). "Scrutiny, English Marxism, and the Work of Raymond Williams," *Literature and History* 11 (1). Spring: pp.65~76.

Pocock, D. F. (1950). "Symposium on Mr Eliot's Notes (III)," *Scrutiny* XVII (3). Autumn: pp.273~6.

Powys, J. C. (1929). *The Meaning of Culture.* New York: Norton.

Prendergast, C. (ed.) (1995). *Cultural Materialism: On Raymond Williams.* Minneapolis: University of Minnesota Press.

Preston, P. (1987). "The Creation of the Popular Front in Spain," in H. Graham & P. Preston (eds.), *The Popular Front in Europe.* London: Macmillan Press.

Rustin, M. (1989). "The Trouble With New Times," in S. Hall & M. Jacques (eds.), *New Times: The Changing Face of Politics in the 1990s.* London: Lawrence & Wishart.

Samuel, R. (1994). *Theatres of Memory* vol. 1: *Past and Present in Contemporary Culture.* London: Verso.

Sartre, J. -P. (1963). *The Problem of Method.* H. E. Barnes (trans.), London: Methuen.

Schwartz, B. (1989). "Popular Culture: The Long March," *Cultural Studies* 3 (2). May: pp.250~5.

Shiach, M. (1989). *Discourse on Popular Culture: Class, Gender and History in Cultural Analysis 1730 to the Present Day.* Cambridge: Polity.

Sinfield, A. (1997). *Culture and Authority.* São Paulo: Working Papers in British Studies, 3.

Spender, S. (1953). "Comment: On Literaty Movements," *Encounter* 1 (2): pp.66 ~8.

Steele, T. (1997). *The Emergence of Cultural Studies 1945~65: Cultural Politics, Adult Education and the English Question.* London: Lawrence & Wishart.

Storey, J. (1996). *What Is Cultural Studies? A Reader.* London: Edward Arnold.

Storatton, J. & Ang, I. (1996). "On the Impossibility of a Global Cultural Studies: 'British' Cultural Studies in an 'International Frame'," in D. Morley & K. -H. Chen (eds.), *Stuart Hall: Critical Dialogues in Cultural Studies.* London: Routledge, pp.361~91.

Thompson, E. P. (1961). "The Long Revolution" and "The Long Revolution – II," *New Left Review* 9 & 10. May~June & July~August: pp.24~33 & 34~9, respectively.

Trilling, L. (1939). *Matthew Arnold.* New York: Norton.

Valéry, P. (1948). *Monsieur Teste.* J. Mathews (trans.), New York: Knopf.

―――― (1963). *History and Politics.* J. Mathews (ed.), London: Routledge & Kegan Paul.

Vološinov, V. N. (1973[1929]). *Marxism and the Philosophy of Language.* New York: Seminar Press.

White, L. A. (1975). *The Concept of Cultural Systems.* New York & London: Columbia University Press.

Williams, R. (1957). "Working Class Culture," *Universities and Left Review* 2 (1). Summer: pp.31~2.

―――― (1961[1958]). *Culture and Society 1780~1950.* Harmondsworth: Penguin.

―――― (1965[1961]). *The Long Revolution.* Harmondsworth: Penguin.

―――― (1977). *Marxism and Literature.* Oxford: Oxford University Press.

―――― (1979). *Politics and Letters: Interviews With New Left Review.* London: NLB.

―――― (1980). *Problems in Materialism and Culture.* London: Verso.

―――― (1981). *Culture.* London: Fontana.

―――― (1983). *Towards 2000.* London: Chatto & Windus.

―――― (1989). *Resources of Hope: Culture, Democracy, Socialism.* in R. Gable (ed.), London: Verso.

―――― & Hoggart, R. (1960). "Working-class Attitudes" (a conversation), *New Left Review* 1. January~February: pp.26~30.

Williamson, J. (1986). "The Problems of Being Popular," *New Socialist* 41.

September: pp.14～5.

Woolf, V. (1977[1929]). *A Room of One's Own*. London: Grafton.

—— (1942). *The Death oh the Moth*. London: Hogarth Press.

—— (1967). *Collected Essays*. vol. 4, London: Hogarth Press.

Women's Studies Group, CCCS (1978). *Women Take Issue: Aspects of Women's Subordination*. London: Hutchinson.

Wright, P. (1985). *On Living in an Old Country: The National Past in Contemporary Britain*. London: Verso.

찾아보기